台湾研究系列

华侨大学马克思主义理论学科建设丛书

华侨大学高层次人才科研启动项目

台湾社会科教科书“国家认同”教育变迁研究

A Study on the Changes of "National Indentity" Education in Social Studies Textbooks inTaiwan

肖振南——著

九州出版社 JIUZHOUPRESS | 全国百佳图书出版单位

图书在版编目（CIP）数据

台湾社会科教科书“国家认同”教育变迁研究 / 肖振南著. -- 北京 : 九州出版社, 2018.5

ISBN 978-7-5108-7199-3

Ⅰ. ①台… Ⅱ. ①肖… Ⅲ. ①台湾问题－教育研究－台湾 Ⅳ. ①D618②G527.58

中国版本图书馆CIP数据核字(2018)第122787号

台湾社会科教科书“国家认同”教育变迁研究

作　　者	肖振南　著
出版发行	九州出版社
地　　址	北京市西城区阜外大街甲 35 号 (100037)
发行电话	(010)68992190/3/5/6
网　　址	www.jiuzhoupress.com
电子信箱	jiuzhou@jiuzhoupress.com
印　　刷	三河市国新印装有限公司
开　　本	720 毫米 ×1020 毫米　16 开
印　　张	14.5
字　　数	260 千字
版　　次	2018 年 7 月第 1 版
印　　次	2018 年 7 月第 1 次印刷
书　　号	ISBN 978-7-5108-7199-3
定　　价	46.00 元

目　录

第一章　绪论

本章以近年来台湾爆发的三场大规模“反中”学生运动为切入口，阐述“天然独”现象及所涉及的国家认同问题；说明社会科教育与国家认同观形成的关系，明晰本书的研究目的和研究内容；并就本书所采用的研究框架、研究思路、研究方法、研究步骤以及研究所面临的困难和限制等进行深入地说明与阐释。

第一节　研究缘起:“天然独”现象

台湾大大小小的社会运动，自 1987 年解严以来就从未停息过。学生运动是社会运动的一种，其体现为以学生为主体，通过对抗行为来推动社会及文化的部分或全体的变迁[①]。三十年来，台湾著名的学生运动就有“野百合学运”“野草莓学运”“太阳花学运”、反“课纲微调案”学运等。近几年来，不只大学生和研究生，甚至高中生也卷入学运之中。以下就近期的几场大规模学生运动作一简单介绍。

1. 反“旺中案”运动

反“旺中案”[②]运动，又称反媒体垄断运动。其发生于 2012 年 7 月，是由台湾各大学院校学生组成的“反媒体巨兽青年联盟”和“901 反媒体垄断联盟”等团体推动的。该运动以反对“旺中案”、反对壹传媒并购案等为目的，要求制定“反媒体垄断法”。

① 任冬梅 . 试论台湾学运的历史沿革与演变特点 [J]. 台湾研究，2014（6）：79.

② 旺中案，即旺旺中时并购中嘉案，为台湾一个媒体并购案，起因为旺旺中时媒体集团自 2011 年起向“国家通讯传播委员会”（NCC）提出并购“国内”主要有线电视系统业者之一的中嘉网路。

2012年7月25日，时任“中央研究院”法律研究所副研究员的黄国昌（2015年任“时代力量”党主席）等人召开记者会，提出了反对旺中并购中嘉案的意见。记者会结束后,约有百来位学生到“NCC”（“国家通讯传播委员会”）抗议旺中案[①]。

7月31日，台湾大学、台湾清华大学、台湾成功大学、台湾辅仁大学等校32个大学社团的学生，包括北一女、新竹女中等校的高中生，在网络集结组成“反媒体巨兽青年联盟”，举行“我是学生，我反旺中”活动，在网站上得到一万八千人连署支持。当日约700位学生至中天电视台门口抗议，声援学生运动领袖陈为廷，要求旺中集团董事局主席蔡衍明对此事道歉，并退出媒体经营[②]。

8月10日，学生又组成了“反媒体巨兽青年联盟”，并发动了“鬼月反旺中”活动，呼吁消费者抵制购买旺旺食品行动，拒看中天新闻、拒买《中国时报》[③]。

8月13日，包括政治大学、世新大学、辅仁大学、中正大学与北艺大等传播科系的学生共同在脸书上发起名为“传播科系学生拒绝旺中媒体工作”的脸书粉丝团，希望台湾各大学传播系学生在毕业后不到旺中集团工作。

9月1日，台湾新闻史上最大规模的抗议行动，“901反媒体垄断大游行”登场。近百个学生、新闻及民间团体，逾9000人走上街头，要求旺中媒体集团放弃并购中嘉有线电视系统，也呼吁“NCC”监督媒体垄断乱象，这一举动创下了由媒体议题形成公民运动的首例[④]。据《自由时报》报道，1日中午，各行各业人士一波一波地走入游行集结地，邻近《中国时报》大楼的万华车站也走出一批又一批的学生，其中不少是南部各大学专程搭车北上的。主办单位事先预估一千五百人参与，没想到最后涌入近万人。活动开始由台湾清华大学研究生陈为廷、台湾大学研究生学会会长林飞帆、作家张娟芬演讲，之后《自由时报》台北都会组组长、台湾新闻记者协会会长、“901反媒体垄断联盟”召集人陈晓宜向《中国时报》递交抗议书，要求中时处理新闻要秉持专业，并要求蔡衍明放弃购买中嘉集团并道歉[⑤]。

---

① 本报记者．无视学者反对 NCC 果然通过旺中购并中嘉 [N]. 苹果日报，2012-7-26.

② 林晓云等．“拒媒体霸凌 捍卫言论自由”反旺中 700 学生怒吼 [N]. 自由时报，2012-8-1.

③ 本报记者．学生发动 拜拜拒买旺旺 [N]. 苹果日报，2012-8-11.

④ 本报记者．反旺中垄断 九千人上街 [N]. 苹果日报，2012-9-2.

⑤ 刘力仁等．反媒体垄断 近万人上街抗议旺中 [N]. 自由时报，2012-9-2.

11 月 25 日，“反媒体巨兽青年联盟”在壹传媒签约前夕提出四点诉求：（1）政府严审；（2）反垄断入法；（3）反中国因素；（4）声援壹传媒工会[①]。

对以上“反旺中”事件的回顾，我们不禁要问，“反旺中”仅仅是反媒体垄断吗？

2009 年，《旺旺月刊》上刊载蔡衍明在台湾购买“三中”（中天、中时、中视）之后，向国台办主任王毅进行报告的新闻。蔡表示：“借助媒体的力量，可以推动两岸关系的进一步发展”，并说“我们都有依照上面的指示，好好报导祖国的繁荣”；王毅当场就说：“如果集团将来有需要，国台办定会全力支援”。的确，旺旺集团在中国大陆可谓家喻户晓，“掌门人”蔡衍明（2012 年福布斯财富排行榜台湾地区首富）在大陆实现了资本积累，然后收购、挽救了当年岌岌可危的“中时传媒集团”。而“中时传媒集团”，包括所谓的“三中”，也都是深受岛内统派欢迎的亲蓝[②]媒体。蔡的做法显然大招“台独”之忌，于是其被绿营视为眼中钉、肉中刺。而蔡衍明也从来不隐瞒自己的统派立场和对大陆的亲善态度。2012 年 1 月，他在接受《华盛顿邮报》采访时曾说，“无论你喜欢与否，统一的这一天终将到来”，并表示，“我真心希望能够亲眼看到那一天”[③]。

世新大学教授王晓波说，“反旺中”原来是只反“中国（蔡衍明）因素”，不反“美国（黎智英）因素”[④]，民进党苏贞昌也一反常规，居然超越“族群”，挺外省人（黎智英），打本省人（蔡衍明）[⑤]。而这次“反旺中”的“著名”人物，如上文所述黄国昌、陈为廷、林飞帆、张娟芬、陈晓宜等全部都是立场鲜明的“独派”人士，而被反的则是统派立场较为鲜明的蔡衍明及其所属的亲蓝“旺旺中时媒体集团”（包括中时、中天、中视等）。在运动中，学生及市民也明确提出了“反中国因素”“拒绝中国黑手”等诉求。因此，我们不难得出结论：反媒体垄断不过是一个导火索和表象，深层动因则是“反中”；也即不管你是本省

① 本网采编 . 拒黑手 反垄断 要新闻自由——壹传媒签约前夕占领“行政院”行动 [EB/OL]. http://www.coolloud.org.tw/node/71679，2012-11-25.

② 国民党的党旗颜色以蓝色为主，民进党的党旗以绿色为主。以国民党为首的一些党派，包括亲民党、新党等倾向于统一，被称为“泛蓝”阵营；以民进党为首的一些党派，包括“台联党”“时代力量”等主张“台湾独立”，被称为“泛绿”阵营。

③ Russell Flannery. 旺旺掌门人蔡衍明称雄 2012 台湾富豪榜 [EB/OL].http://www.forbeschina.com/review/201205/0017019.shtml，2012-5-24.

④ 香港黎智英在台湾创办的《苹果日报》《壹周刊》具有美资背景，亦是台湾传媒界的重镇，属亲绿媒体。

⑤ 王晓波 . 是反“中国因素”，还是反媒体垄断 [J]. 海峡评论，2013（2）：82.

人还是外省人，只要"亲中"就要反；大学生在运动中起了很大的作用，无论是现场集结、游行还是网络的宣传和鼓动。

2."太阳花学运"（又称"反服贸学运"）

2014年3月，台北爆发了反对《海峡两岸服务贸易协议》（以下简称《两岸服贸协议》）的"太阳花学运"。《两岸服贸协议》是ECFA（《海峡两岸经济合作框架协议》）后续所签协议之一，其着眼于加强海峡两岸经贸关系，促进两岸服务贸易自由化。

据2014年台湾媒体报道，3月18日，随着夜色渐深，"反服贸"学生开始进入"立法院"四处流窜。先到议场门口集结，随后转向议场侧门。在警力不足的情况下，学生打破侧门与窗户玻璃。虽然警方组成人墙挡在门前，但仍不敌学生推挤，失守议场侧门。接着学生纷纷爬进议场，一群人站到主席台上高举布条，宣布将占领"立法院"38小时，并大喊，"国会是人民的，把国家还给我们""反对黑箱服贸，要求逐条审查"，并强调"我们是公民不是暴民"①。

警方并非"无能"或"不作为"，只因学生太过"强悍"。3月18日晚10时半左右，警方试图将学生带出议场，因此爆发第二次冲突。学生高喊"警察后退""把议场还给人民"，学生用身体推挤方式把警察挤出门外，场面混乱。在学生与警方冲突过程中，"立法院"驻卫警中队长钟振强受伤，被送至台大医院急诊。钟警官刚到院时还有意识，没有明显外伤，但不久便意识不清，随后进行插管抢救。为阻止警察冲入，学生仿效"立法委员"行径，把椅子堆叠在门口，也将议场主席椅子搬下来，面对着群众；主席台后方的两个门，也用铁丝绑起来，一群人不是坐在桌上，就是坐在椅子上，也透过群贤楼地下停车场运送物资，将睡袋、水送进议场内②。3月19日入夜后，镇暴部队陆续进驻，警力已达2000人，来自各地的声援民众则有数千人，不少艺人、医师及律师表态力挺学生。抗争学生也准备打"持久战"，组成人墙演练，阻挠警方随时可能发起的"攻坚战"③。

学生占领"立法院"前后超过三周，期间还发动数十万人上街声援，并有部分学生转往"行政院"，一度占领"行政院"而后被警方强势驱离。直至4月

① 杨毅．学生高唱向前行 台湾民主倒退噜[N]. 中国时报，2014-3-19.

② 林思慧等．200学生强攻议场 爆冲突[N]. 中国时报，2014-3-19.

③ 杨毅等．反服贸战火延烧 政荡"国会"沦陷[N]. 中国时报，2014-3-20.

10日，在“立法院院长”王金平宣布“先立法、再协商”后，学生才撤出“立法院”[①]。

占领议场的人员大部分是青年学生。学生如此兴师动众，不惜以身试法占领“立法院”24天，难道《两岸服贸协议》对台湾的未来和年轻人是“灭顶之灾”？

黄恐龙以旁观者的身份考察了整个“太阳花学运”。学运结束后，他以现场所观、所闻（包括街头采访）、所思及照相机获取的大量图片（主要拍摄标语、海报、涂鸦）等为素材，写了《野生的太阳花》一书。他发现，隐藏在“退回服贸，捍卫民主”口号之下的真正议题，其实是“台湾面对中国的焦虑与压力”[②]。他用照相机拍下了大量反映“坚持台湾作为独立政治主体决定自己未来的标语和海报”。在标语和海报里，“我们可以看到把‘两岸’写成‘两国’，‘中华民国’改为‘台湾’，从改变语言来实践台湾中国一边一国的主张”[③]。

3.“反高中课纲微调”

2015年7月，台湾又爆发大规模学生运动，这次运动的发起者变成更为年轻的高中生。他们抗议马英九当局提出的“高中历史课纲微调案”，称其为“反黑箱课纲微调”运动。这批高中生仿效学长们在一年前发动的“太阳花学运”，步行至台湾“教育部”大楼表达抗议，甚至一度占领了“教育部长”的办公室。

7月5日，数千名高中生走上台湾各主要县市的街头，抗议“课纲微调”。在台北现场，由北区反课纲高校联盟和北区高职联盟组织集结和游行。近千人的队伍前往“教育部国教署”陈情，他们撑起黑伞，拉着“撤销黑箱课纲、捍卫国家未来”的布条标语，高喊“撤销黑箱课纲、反对洗脑教育”。队伍绵延整条徐州路。抗议学生还把送给“教育部长”的一封信折成纸飞机，穿越架设的拒马和警察列阵，飞入“教育部”。学生们提出三点诉求：（1）课纲内容须具备多元、专业、连贯及客观等条件；（2）课纲审定程序须公开透明，并符合法律及民主程序；（3）“101微调课纲”须撤下，改用制订程序较完整的“98课纲”[④]。7月13日下午3时，学生集结在“国教署”大门，高喊“退回课

① 蔡佳泓、陈陆辉．“中国因素”或是“公民不服从”——从定群追踪样本探讨“太阳花学运”之民意[J]. 人文及社会科学集刊，2015（4）：574.

② 黄恐龙．野生的太阳花[M]. 台北：玉山社出版事业股份有限公司，2014：16.

③ 黄恐龙．野生的太阳花[M]. 台北：玉山社出版事业股份有限公司，2014：32.

④ 吴柏轩等．上街头怒吼 高中生促撤黑箱课纲 拟升高抗争[N]. 自由时报，2015-7-6.

纲”“拒绝密室晤谈”等口号，抗议“教育部”日前临时取消三场座谈会后又私下邀约学生代表会谈，并且禁止媒体采访。下午3时10分左右，13名学生拉起阻隔内外的铁栏，推开大门后冲进“国教署”五楼，要求“署长”立即出面回应①。

7月23日上午7时，北区反课纲高校联盟成员许冠泽、周子翔于“教育部”前展开预计25天的“徒步环岛反课纲”活动。7月23日深夜，在“教育部”前抗议的学生团体成员入侵“教育部”，进入“部长”办公室破坏公物、架住值勤人员②。

7月28日，作为对“反课纲”团体抗议行动的回应，台湾“行政院”宣示三原则:（1）新旧版教科书并行;（2）新旧版教科书差异部分不列入大学入学考试命题;（3）即刻依程序启动课纲检讨。7月31日，“反课纲”学生仍聚集在“教育部”前并提出两点诉求:“撤销104学年度课纲”、“教育部长”吴思华下台。7月31日凌晨，一对父母到现场寻找儿子周某某，但父子俩人却扭打成一团，儿子甚至将父亲的头夹在腋下，大叫“离我远一点”，甚至还对着父母吼:“我在为台湾的未来努力！你做了什么贡献！”事后该生在网上发文，称“这是他一生最光荣的时刻”③。8月6日晚间8时，“反课纲”团体学生代表发表联合声明，宣布因应台风来袭、诉求阶段性达成及学生压力过大等三个因素即刻退场，结束在“教育部”门口的抗议活动，撤离“教育部”前广场。8月底，社会各界“反课纲”运动由于“教育部”的退让和妥协而渐趋平息④。

在炎炎夏日里，由年轻学子发起的“反课纲”运动持续了一个多月，事件多次占据岛内外诸多媒体的头版，我们不禁要问，这次“高中课纲微调案”是怎么回事？学生“反课纲”又究竟反的是什么？

90年代中后期，在权力稳固之后，李登辉的“台独”倾向逐渐显露出来；2000年陈水扁上台之后，更是堂而皇之地提出了“一边一国论”。2002年在东京召开的第29届“世台会”上陈水扁公开提出“台湾是主权独立国家”。两位“台独总统”领导下的台湾当局推行的“88课纲”和“95暂纲”“98课纲”充满了“台独”色彩。2008年，“根正苗蓝”的马英九成为台湾地区领导人，国

① 吴柏轩.反黑箱课纲 学生冲“国教署”抗议[N].自由时报，2015-7-14.

② 本报记者.反课纲 学生冲进“教育部长”室[N].苹果日报，2015-7-24.

③ 陈鸿伟等.反课纲生呛父亲“离我远一点”[N].中国时报，2015-8-1.

④ 黄政杰.再评高中生反课纲微调事件[J].台湾教育评论月刊，2015（10）：18-32.

民党重新上台执政。马英九在历史教科书的编纂上，基本遵循“中华民国宪法”的精神和国民党的传统政策，遵守“九二共识”。马当局对课纲做出了修订，并于2012年8月推出“101课纲”。该课纲虽淡化“台独”色彩，但与“98课纲”其实相去不远，不少地方依旧与“一中”原则相冲突。鉴于此，在马英九的干预下，2014年1月，台湾“教育部”举行“十二年国教课程审议会”，审议通过了“普通高中国文和社会领域微调课程纲要”。有学者认为，台湾史部分调整幅度达六成，已并非微调[①]；也有学者认为该课纲只不过是拨乱反正，回归正确史观，调整幅度并不大[②]。

且不管是“大调”还是“微调”，我们看看课纲到底修改了什么内容。有学者分析发现主要有：“中国”改为“中国大陆”，“荷西治台”改为“荷西入台”，“郑氏统治时期”改为“明郑统治”，“清代”改为“清廷”，“日本统治时期”改为“日本殖民统治时期”等。另外，强化台湾和中国大陆的联结，例如，说明“甲午战争后清朝面临的挑战，变法运动与辛亥革命，以及台湾与此变局的互动”[③]。另外，亲绿媒体是这样批判“微调课纲”的：(1)“接收台湾”变成“台湾光复”，“慰安妇”变成“妇女被迫做慰安妇”，这些地方应该“避免主观用语”；(2)欠缺专业知识：“原住民”变成“原住民族”，“鸦片战争、开港通商”变成“鸦片战争迫使清廷开港通商”，关于“罗妹号事件”与“牡丹社事件”的介绍，“从原本的台湾看法，转变为中国看法”；(3)大汉族主义：刻意增加汉人描述，例如“国际竞逐时期”变成“汉人来台与国际竞逐时期”，“大航海时代”变成“汉人来台与大航海时代”；(4)争议：“台湾成为当时全中国最先进的省份”，“造成了历史论述错乱”[④]。

如果以两岸同属一中的中国史观来看，以上修改一点问题都没有；但是，对于“台独”分子来说，如此“微调”是不能容忍的。正如王晓波所言，课纲争议的本质是“国家认同之争”[⑤]。

① 黄政杰 . 高中课纲微调的关键问题：台湾史课程的争议焦点 [J]. 课程与教学，2016（1）：3.

② 范凌志 . 王晓波：改回课纲 马英九将成历史罪人 [N]. 环球时报，2015-8-5.

③ 黄政杰 . 高中课纲微调的关键问题：台湾史课程的争议焦点 [J]. 课程与教学，2016（1）：3.

④ 本报记者 . 课纲“懒人包”12张图点出4争议 [N]. 苹果日报，2015-7-30.

⑤ 范凌志 . 王晓波：改回课纲 马英九将成历史罪人 [N]. 环球时报，2015-8-5.

表 1.1　台湾三十年来学生运动基本情况汇总表

运动名称	发生时间	主要参与者	主题或诉求
李文忠事件	1985 年 5 月	李文忠、台大学生	直选学生会会长
“野百合学运”（又叫“三月学运”）	1990 年 3 月	6000 名台湾各地大学生	解散“国民大会”、废除临时条款、召开“国是会议”、出台政经改革时间表等。
“新野百合运动”	2004 年 4 月	台湾各地大学生	抗议“总统”选举不公、公布“319 枪击案”真相等。
“野草莓运动”	2008 年 11 月	全台部分大学生、教授及社会人士	抗议马英九当局使用“国家”暴力侵犯人权；要求“行政院长”道歉；修改“集会游行法”。
“反旺中”事件	2012 年 7 月	黄国昌、陈为廷、林飞帆，大学生、研究生	反旺旺中时集团兼并中嘉集团，反媒体垄断，“反中”。
“太阳花学运”	2014 年 3 月	大学生、研究生	反《两岸服贸协议》，“反中”。
抗议国台办主任来访	2014 年 6 月	魏扬，大学生、研究生	抗议张志军访台，“反中”。
反“高中课纲微调案”	2015 年 7 月	许冠泽、周子翔，高中生	反高中历史课纲微调，“反中”。
抗议“习马会”	2015 年 11 月	陈为廷，大学生，研究生	硬闯华航园区，“反中”。

资料来源：研究者根据相关史料整理，同时参考任冬梅《试论台湾学运的历史沿革与演变特点》① 一文。

从以上学运事件的回顾及表 1.1 可以得出以下几点结论：（1）近几年来台湾学生运动或明或暗的主题都是“反中”，并且是“逢中必反”。绝大多数学生是主张“台湾独立”的，而鲜有统派学生走上街头。这与 10 年、20 年前的学生运动截然不同。（2）参与学生越来越多，规模越来越大，年龄跨度越大越长，不仅有大学生，还有高中生和研究生。（3）持续时间较长，“烈度”较高，冲击

① 任冬梅 . 试论台湾学运的历史沿革与演变特点 [J]. 台湾研究，2014（6）：86.

立法机关，不惜“流血牺牲”。现在的大学生、研究生再过十年、二十年将成为社会的中坚，台湾近几年掀起的大规模“反中”学运无疑令人担忧祖国的和平统一大业。

研究者曾于 2014 年 7 月 13 日赴台湾某大学短期研修 20 天，在与台湾学生的交流中即对年轻学子的“独化”倾向有一些感性认识。在“两蒋”时代，虽然两岸长期分离，可是台湾同胞基本上没有显露出分离倾向。台湾现在的年轻人怎么了？他们的“国家认同观”何以发生如此重大的改变？这与近年来台湾教育政策的改变是不是有直接或间接的关系？这些问题多年来一直萦绕心怀。

2014 年 7 月 19 日，台湾民进党召开全代会，讨论“冻结台独党纲”等提案。作为党主席的蔡英文指出，随着台湾的民主化，“我们建构了深厚的台湾意识”，这个“认同台湾、坚持独立自主”的价值，已经变成年轻世代的“天然成分”，这样的事实、这样的状态，如何去“冻结”？如何去“废除”？①以上蔡英文的表述被认为是“天然独”概念出现的源头。此后“台独教父”“台独理论大师”林浊水在其“华山论剑”专栏内连续发表多篇文章，讨论年轻世代的“自然独”成分，他的补充与论述，催生了“天然独”术语在台湾的流行②③。2014 年 7 月起，台湾媒体陆续出现了“当然独”“天然统”“自然统”等相关概念，其中，“天然独”一词使用频率最高。“太阳花学运”后崛起的新政党“时代力量”的党主席（“太阳花学运”领袖之一）黄国昌于 2015 年 7 月 8 日就该党提出的“国家”定位与两岸主张时直言：“天然独”是“时代力量”的“创党 DNA”。黄国昌提出会将“追求台湾国家地位正常化”的目标列入党纲。

作为“独”派代表人物的蔡英文在“大选”前夕再次提出“天然独”概念。她强调年轻族群自然而然地认同“台湾独立”，或许有基于选战的考虑——即为了赢取年轻世代的选票。不过，年轻世代果真就“独”吗？从学生作为主导力量的“三反运动”（反旺中、反服贸、反课纲微调）来看，年轻世代的“台独”倾向确实相当明显。民调显示，年轻世代（20—29 岁）高达 98% 的人认同自己是台湾人，并有 81.9% 的人认同“台湾未来应独立成一个国家”④。

---

① 李欣芳 . 小英：“台独”是年轻世代的天然成分 [N]. 自由时报，2014-7-20.

② 林浊水 . 年轻世代的自然独（一）[EB/OL]. http://www.thinkingtaiwan.com/content/2275，2014-7-25.

③ 林浊水 . 不知不觉的“台独”和国家人格分裂症——“自然独”（二）[EB/OL]. http://www.thinkingtaiwan.com/content/2317，2014-8-8.

④ 本报记者 . 台湾年轻世代“天然独”逾八成 [N]. 自由时报，2015-11-19.

知名华人学者林泉忠指出，“天然独”强调的是“自然的”“与生俱来”的天性。它不同于传统“台独”的后天属性，“天然独”并不背负过去“台独”在发展过程中所经历的历史“悲情”，也否认此特性受到特定政党的操控或受到“台独”教育的洗脑。亦正因为视“天然独”为一种“天性”，从而认定其为自然生成的观念，故具有拒绝“污名化”的自然反应[①]。那么，“天然独”果真是天生的吗？

第二节 研究目的与研究内容

2016年5月20日，蔡英文在就职仪式上谈及两岸关系时，以“模糊策略”未承认以“一中”为核心意涵的“九二共识”；执政两个月后的7月21日，蔡英文在接受《华盛顿邮报》采访时，又首度清楚回应“九二共识”，称接受大陆所设承认“九二共识”期限的可能性不大[②]。蔡英文是有“底气”的，因为她的“执政合法性”部分来源于善于发声的、不断掀起“反中运动”的、同时引导社会氛围、不断壮大的所谓“天然独”世代[③]。在愈趋“绿化”[④]的形势下，蔡英文当局会更有恃无恐，假借所谓的“民意”（“天然独”的“独立”诉求并不能代表台湾民意，更不能代表全中国14亿人的民意）推出“远中”“反中”的政策。其实，蔡英文拒不承认“九二共识”、大力推行“新南向”政策、撤告“太阳花学运”涉嫌违法学生，南海仲裁案[⑤]之后拒登“太平岛”宣誓“主权”，已足见其“台独”政策的坚定不移。长此以往，两岸关系必然日趋紧张，甚至爆发大规模的军事冲突，和平统一变成遥不可及。如果两岸关系走向恶化，中国大陆不得不依据《反国家分裂法》，启动武力统一的程序。若果真如此，则对两岸同胞将会造成无法挽回的损失，而“天然独”一代亦要承担巨大的历史责任。那

① 林泉忠.何谓“天然独”——台湾与香港新一代“去中国”思维的特征[EB/OL]. http://www.aisixiang.com/data/94859.html，2015-12-8.

② 张红日.蔡英文接受美国媒体专访 对“九二共识”表态[EB/OL].http://www.guancha.cn/local/2016_07_22_368470.shtml，2016-7-22.

③ 罗添斌等.本报封关民调 蔡47.98%朱14.80%宋10.29%[N].自由时报，2016-1-5.该报进一步交叉分析各年龄层选民对三组候选人的支持度，蔡都大幅领先。其中，在20至29岁的年轻族群，蔡英文获得过半54.62%支持，其次是宋楚瑜的13.85%，居末的朱立伦仅获得4.62%支持。

④ “绿化”意指“台独”政治势力增加，社会上的“台独”氛围浓厚。

⑤ 南海仲裁案，即所谓“菲律宾控告中国案”，是一个临时组建的仲裁庭就菲律宾阿基诺三世政府单方面提起的南海仲裁案进行的所谓“裁决”，其实质是披着法律外衣的政治闹剧。

么，追根溯源，“天然独”又是如何养成的呢？

造成台湾年轻人国家认同危机或混乱的原因多种多样，可以从政治学、社会学、历史学等多个视角进行分析和考察。本研究从教育学视角关照“天然独”现象，试图证明一个假设：“天然独”并不天然，“天然独”是形塑出来的，“天然独”的养成与台湾年轻世代所受的社会科教育有紧密的联系。

社会科在推动学习者形成对本国国家形象的认知和认同方面具有其他任何学科不可比拟的重要作用，这是因为社会科通过传授国家的历史、地理、政体、法律、经济发展状况等知识以及价值观念、思想意识等立场与态度，从时间、空间和社会结构等角度塑造和传播国家形象。通过对一个国家社会科教科书的分析，我们可以了解这个国家的社会科向学生传播了怎样一种国家形象，换句话说，我们可以预测这个国家新一代公民将对自己的国家形成怎样一种认识和态度[①]。如下文所述，社会科教育培养能够参与公共事务、促进民主社会发展的公民，社会科教授各种人文及社会科学知识，教导儿童像社会科学家一样思考以做出理性的决定；社会科教授政治、地理、历史、社会等与国家构成要素直接或间接相关的学科知识。基于社会科的课程性质和课程内容，社会科教育必然对儿童“国家认同观”的形成产生重要影响。因此，研究台湾青少年“国家认同观”的形成和转变就不能脱离对社会科教科书内容的分析和考察。

1949年以后，社会科一直是台湾地区小学校的常设课程，同时也是小学生的必修科目。在课时上，社会科仅次于语文和数学或与其相等，该科目也是小学升初中考试的必测科目，由此可见，社会科在台湾学校课程体系中占有重要地位[②]。1975年以来台湾社会科教科书发生了巨大变化,台湾青少年的“国家认同”问题与教科书变迁之间似乎存在着某种联系。有鉴于此，本书对台湾青少年“国家认同观”的变迁，亦将从社会科教科书内容转换的角度去做深入的探讨。一般认为，处于中华文化圈的国家或地区，诸如中国、新加坡、韩国、中国台湾等，应试教育的氛围浓厚，中小学生受到来自学校、教科书的影响更多一些。由此我们不禁产生疑问：台湾这些年走向街头的大学生、研究生和高中生他们在更早的时候接受的是什么样的教育？以至于对自己的祖国如此的疏

① [韩]权五铉、沈晓敏.韩国社会科教科书中的国家形象透析[J].全球教育展望，2010(11)：85.

② 参见附录一：台北某小学2015年度四年级（下）课程表。

离？实际上，的确有很多学者和政治人物认为“天然独”的形成与台湾几十年来推行的“去中国化”教育有着密切的关系[①][②]。

基于以上诸项考量，本书将重点研究以下几方面的内容：

1. 1949年国民党退踞台湾以后，台湾社会科教育中的“国家认同”内容经历了一个怎样的变迁过程？“台湾意识”“台独意识”“中国意识”在教科书中是否呈现，又是如何呈现的？不同时期社会科教科书所蕴含的“国家认同观”是否不同，不同之处又体现在哪里？

2. 政治与教育总是相互影响、相互关联的，所以政府施政的各项发展大多与其所主张的教育政策息息相关[③]。从某种意义上讲，教育是“政治国王”的“婢女”，教育是任政治打扮的“小姑娘”。执政当局往往会利用其所掌握的经济、政策、宣传等资源对教育进行干预，以维护和延续其统治阶级的意识形态和执政的合法性。那么，在台湾社会科教科书“国家认同观”的变迁中，政治起了怎样的作用？台湾地区领导人和教育行政部门是否干预了教科书中“国家认同观”的生成？

3. 90年代中后期，台湾当局放开了民间编写教科书的政策限制，教科书由“统编本”变成“审定本”或“一纲多本”。21世纪初，台湾开始实行“九年一贯课程”，社会科教科书完全由民间出版社组织编写，执笔者则清一色是一线的小学社会科老师。那么，民间版的“九年一贯”社会科教科书的“国家认同”教育内容是否受到出版商、教科书编写者以及社会氛围的影响？如果是，那是一种什么样的影响？

4. 蔡英文上台不久就废除马英九当局推出的“103课纲”[④]（试图回归中国史观的课纲），未来台湾社会科教科书会不会大幅度地“去中国化”？在了解小学社会科教科书变迁的来龙去脉之后，我们可以预测台湾社会科教科书国家认同教育的未来走向，我们必须有所准备：蔡英文当局如果推出一个“台独”色彩更为浓厚的“十二年国教课纲”[⑤]，应如何应对？如果两岸统一了，我们应如何

① 张达智．华邮专访黄智贤：蔡英文的“台独”宣言[N]. 中国时报，2016-7-28.

② 查文晔等台学者：“台独”分子用日据史“去中国化”是毒害青年[EB/OL].http://news.china.com/focus/taiwan/11165943/20151026/20630683.html，2015-10-26.

③ 林天佑等．教育政治学[M]. 台北：心理出版社，2004（1）：6.

④ 蒋永佑．蔡英文当局正式公告废止微调课纲[EB/OL].http://news.ifeng.com/a/20160601/48893591_0.shtml，2016-6-1.

⑤ 台湾即将推出新一轮中小学教育改革，一般称之为“十二年国教”，实行小学到高中一贯制的国民义务教育。

修改台湾的社会科教科书及其他教科书，实施怎样的对台教育政策？这些也是本研究将涉及的内容。

第三节　研究框架与研究限制

一、研究框架

为达成本章第一节所设定的研究目的，聚焦本章第二节拟定的研究内容，本研究制定如下研究思路和研究架构。第一章为绪论，主要阐述问题的由来、研究目的和研究内容，研究方法和步骤等。第二章为文献探讨，介绍本书将涉及的一些核心概念，如社会科、社会科教科书、国家、国家认同等及涉及的相关理论作为后文论述展开的基础和依据；对已有关于台湾社会科“国家认同”教育的相关研究进行梳理、归纳、总结和评价，进而阐明本研究的重点和创新点。第三章为教科书内容分析的具体设计与实施，说明为何选择台湾社会科 70 年代以来三个时期、四套教科书作为研究文本；编制分析工具，拟定主类目和次类目，同时对类目意涵进行详细的解说；制作内容分析类目表并进行效度和信度的检核。第四章在前三章基础上，依据内容分析类目表，统计和分析了二十四本教科书，包括量化和质化两个方面；对统计和分析的结果进行初步的讨论，从国家的四个维度（国土、人口、文化、主权）所呈现的三个时期社会科教科书中蕴含的“国家认同观”及其变迁进行剖析。不同时期、不同社会科教科书的国家认同教育会出现差别，那么，差别产生的根源在哪里？有哪些促成因素？第五章则主要回答以下问题：哪些因素影响了台湾社会科教科书“国家认同观”的生成和变迁？也即探讨社会科教科书“国家认同观”变化的深层动因。第六章是本研究的总结，归纳了第四章和第五章的研究发现，就台湾“天然独”的养成提出教育学的观点。由于台湾社会科教育中的“国家认同观”以及“天然独”的形塑问题涉及面较广，本书亦对未来相关研究提出设想和展望。也许就在不久的将来，两岸将重归一统，本书在第六章也提出一些统一前后对台教育政策与建议。图 1.1 为本研究的逻辑架构图。

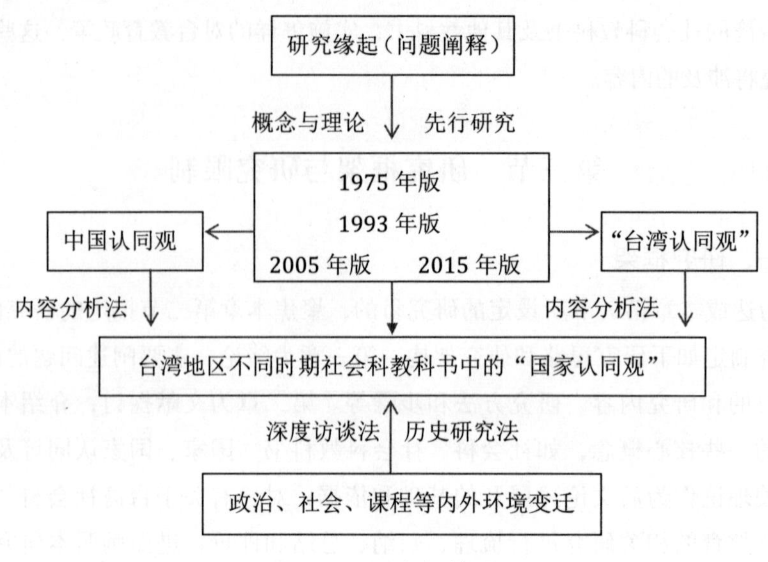

图 1.1 研究架构图

二、研究限制

1.“解严”之后，台湾教科书逐渐从全岛统一的“统编本”变成“一纲多本”，开放民间出版社依据“课标”或“课纲”编纂、出版教科书。各民间版本自由竞争，聘任的编纂顾问和编写人员不一样，导致教科书编写理念、风格、内容、重点存有差异。不同学校，甚至不同教师选择的教科书版本也不一样。本研究教科书内容分析的文本包含统编本之 1975 年版（“国立”编译馆出版）、审定本之 1993 年版（“国立”编译馆出版），“九年一贯制”民间康轩 2005 年版和 2015 年版。限于研究时间及篇幅限制，审定本之 1993 年版仅限于“国立”编译馆版本，“九年一贯制”仅限于康轩版。尽管这几个版本在同期各个版本中的市场占有率、代表性、影响力是最大的，但仍未能代表台湾小学社会科教科书的全部，因此本研究未能呈现台湾小学社会科教科书“国家认同”教育变迁的全貌。

2.“九年一贯制”课纲的“社会学习领域”并无“国编本”（“国立”编译馆出版），故无法作同一编写机构依据不同时期课程标准（纲要）编写教科书的差异性比较。台湾中小学教科书，不管是“统编本”还是“审定本”，均包含“课本”“教师手册”“学生习作”等。“教师手册”和“学生习作”对社会科教学效果同样产生影响，但本书的研究对象仅限定于课本及相关课程标准和课程纲要。

3. 本书主要采用内容分析法、文献研究法、历史研究法和深度访谈法，由于诸多客观条件的限制，未能做更多的实地调查。本研究访谈了十位1993年版、九年一贯制课程社会科课标（纲要）的起草者、教科书编写者、任课教师及出版社相关负责人，但由于时代久远，未能采访到1975年版及以前版本课纲起草者及编书负责人。对“教育部”“行政院”“总统府”可能对教科书编制产生间接或直接影响的“高层人物”也未能接触和采访，只能参考先行研究和其他二级文献。

4. 本研究的重点在于通过三个时期、四套教科书的文本分析探讨台湾社会科“国家认同”教育的变迁。由于“天然独”养成的政治、社会、教育方面的因素很多，可谓错综复杂，故难以从社会科教育的角度做因果分析，也由于篇幅和能力的限制，对于台湾年轻世代“国家认同观”的形成问题未能作更为深入的探讨。

第四节 研究方法与研究步骤

一、研究方法

1. 内容分析法

内容分析法发展于20世纪初，早期的研究对象限于大众传播领域，之后逐渐为社会学、历史学及政治学研究所采用。美国学者伯雷逊（Berelson）在1952年曾为内容分析下过一个定义：“内容分析，是一种对明示的传播内容进行客观、系统和定量描述的调查方法。”[①] 韦伯则认为内容分析法是针对人类沟通的抄本及文献内容做出有效推论的一组程序，它能将文本中许多文字归类成很少的几个内容类别[②]，其重要功用是能产生一种文化指标，指明信仰、价值、意识形态或其他文化系统的状态[③]。台湾教育学者黄光雄认为这种研究方法是为了弥补以往人文社会学科研究在客观性或科学性上的不足而发展出来的一种以归纳为基础的“量化”研究方法。在应用价值上不只是针对传播内容作解说，且

① B. Berelson，*Content Analysis in Communication Research*，Free Press，1952：2.

② R.P.Weber. 内容分析法导论 [M]. 林义男、陈淳文译，台北：巨流图书公司，1989：11.

③ R.P.Weber. 内容分析法导论 [M]. 林义男、陈淳文译，台北：巨流图书公司，1989：6.

可推论传播过程产生的影响①。

以上学者的看法都强调了内容分析的“量化”和“客观”的特性，但也有不少学者认为传播内容中既有“明示讯息”，也有“潜在讯息”，后者是无法直接观测、难以量化的，但却又绝不可以忽视②。还有学者认为对于文献内容的分析不仅要重视次数，更要重视内容；不仅分析内容，也要关注形式；不仅分析文字，也要分析图片；出现于教科书的要分析，被排除在教科书外的相关文献也要分析③；不仅作描述性分析，也要作诠释性分析④。正如韦伯所言，不论使用何种方法，解释都是研究的一个重要部分。因为资料本身并不会说话，所以研究者必须根据理论上及实际上的事物来解释它们的意义⑤。内容分析法可以说是透过量化的技巧与质化的分析，以客观及系统的态度，对文献内容进行研究与分析，借以推论产生该文件内容的环境背景及其意义的一种研究方法。量化适用分析构成文件物质的非推论材料，质化则用于探讨“潜在内容”，即为构成文件材料中的推论所蕴含的潜在意义⑥。80年代以来，内容分析逐渐从狭义向广义发生变化，主张定量考察和定性考察相结合的学者越来越多⑦。

几十年来，内容分析法已成为一种常用的教育研究方法，研究对象亦逐渐扩及教科书、课程纲要(课程标准)、教育政策文本等。运用内容分析法，可以将教材文本中的文字、图表等非量化的文献资料，转变为客观的、可计量的数字和图表，为后续的诠释性分析提供间接资料；可以检视教科书的内容本质，评价教科书导入的偏见或宣传成分，发现教科书与其他书面资料意识形态和政治意涵的差异。

教科书的内容分析分为多种类别：概念的分析(conceptual analysis)、编撰(edition or compilation)、描述性叙述(descriptive narration)、诠释性分析(interpretative analysis)、比较分析(comparative analysis)和普遍化的分析

① 黄光雄、简茂发.教育研究法[M].台北：师大书苑，2003：229-254.

② 郭庆光.传播学教程[M].北京：中国人民大学出版社，2011：268.

③ 欧用生.“我国国民小学”社会科“潜在课程”分析[D].台北：台湾师范大学，1990：14.

④ 王文科、王智弘.教育研究法[M].台北：五南图书出版公司，2006：392.

⑤ R.P.Weber.内容分析法导论[M].林义男、陈淳文译，台北：巨流图书公司，1989：119.

⑥ 欧用生.“我国国民小学”社会课教科书中意识形态的批判[J].新竹师专学报，1985(12)：101.

⑦ 郭庆光.传播学教程[M].北京：中国人民大学出版社，2011：268.

(universal analysis)[①]。本研究主题为台湾社会科教科书的变迁，倾向于描述性叙述(descriptive narration)、诠释性分析(interpretative analysis)及比较分析(comparative analysis)。

本研究主要采用内容分析法，分析文本为几十年来台湾社会科教科书。采用内容分析法可以将教科书文本中具有相同意涵的语词归为同一类目，在量化分析之后呈现该时期社会科教科书的"国家认同"教育倾向，比如是"中国认同"多一些抑或是"台湾认同"多一些。内容分析法适合于长期间研究的纵贯式分析，借以探究研究对象发展的趋势[②]。本研究进行三个时期教科书内容的分析与比较，即属于长期间研究的纵贯式分析与比较研究。运用定量和定性相结合的内容分析法有助于研究不同时期社会科教科书"意识形态"的论述转折和潜在意涵。

2. 深度访谈法

访谈是建立在一种信念之上的研究方法，即通过语言交流和思想的表达，使不同的人之间建立起一种相互的"理解"；同时通过提问和交流，人甚至可以超越自己，并接近主体之间视域的融合，而建构出新的、对双方都有意义的社会现实[③]。一般教科书研究大多着重于文本分析，而少从历史着眼，以致难以窥见教科书发展过程中纵横交织的复杂时空脉络、意识形态、学术潮流与人际互动。本研究则采取深度访谈的研究方法，试图透过关键人物口述其参与教科书编制的经历，去补充教科书文本分析所无法得知的过程资料。深度访谈法通过面对面的交谈，还可以获得接近真相的事实和复杂的细节，了解受访者的心理活动和思想观念。与文本分析相比，访谈更具有灵活性、开放性、即时性和意义解释功能。实际上，本研究正是在与受访者的互动中不断得以推进的。

诚然，通过访谈法所获取信息的信度和效度往往会遭受质疑。受访者可能

① 概念的分析：描述概念的精义或一般的意义、确认概念的不同意义或在各种例子中描述概念的适当用法；编撰：文献的编辑与出版，可按年代顺序保留下来，对以后的研究有所助益；描述性叙述：针对某件事作描述性叙述，依年代告知其始末的故事，虽然叙述的重点在于描述事件的细节，但事实上它是故事的延续性与流程的综合；诠释性分析：将某教育事件与该期间内其他事件联系起来，包括同时发生的经济的、社会的与政治的事件，即对该事件的研究，不采孤立而在较宽阔的脉络中进行分析；比较分析：即把当时与其他期间教育事件的相似性与差异性作质的比较分析，此种分析可以标示一致的趋势、一系列独特的情境或开展新的方向；普遍化的分析：学理的分析或哲学的分析，历史的例证、过去趋势的规则以及事件的顺序所提议的命题，皆可用来解释教育事件的进程。参见：王文科、王智弘 . 教育研究法 [M]. 台北：五南图书出版公司 ,2015：460-462.

② 王文科、王智弘 . 教育研究法 [M]. 台北：五南图书出版公司，2015：466.

③ 陈向明 . 质的研究方法与社会科学研究 [M]，北京：教育科学出版社，2000：169.

因个人的记忆衰退造成事件的描述重复和错误，也可能因为怀旧心理，将过去经验描述得过于美好，或因不愿回顾某些痛苦经历，而予以省略、简化、扭曲或辩护。因此，研究者除了要忠实于记录受访者的叙述之外，还应针对其因记忆、立场、情绪等因素可能引致的混乱、错误、矛盾，而需要补充搜集其他文献资料加以辅正。此外，对于同一个重要问题，笔者会询问多个受访者，以相互核实与印证。深度访谈法是本书主要研究方法——内容分析法的重要补充。

本书主要采访社会科课标（课纲）起草小组的成员、教科书编写者、出版社社会组负责人、使用教科书的教师。访谈对象主要取自课纲及教科书附录之名录，部分来自于访谈对象的推荐。由受访者推荐访谈对象，可以有针对性地了解一些人和事，由此提高访谈的效果和质量[①]。

具体方法是在每次访谈之前，先设计好访谈提纲，以便提高访谈的效率和效果；访谈同时是开放式的，会根据受访者的即兴讲述，适时提出新的问题；受访对象有些是属于“独派”的，在与之建立互信之后，研究者再提出“敏感问题”，越是敏感的问题就越要注意提问的时机。

3. 历史研究法

有学者把历史研究定义为系统搜寻资料以回答有关过去现象问题的过程，其目的是为了更好地理解当前的教育机构、教育实践、发展趋势及存在的问题。历史研究一般被认为是定性研究的一种特殊类型，尽管有些历史学家也运用定量研究的方法[②]。

在历史研究中，“诠释”具有非常重要的地位。历史性研究的对象必然是那些历史学家对之进行研究之前所发生的事件。因此，历史学家必须依靠其他人——比如，记者、法庭记录员、日记作者或摄影师——所做的事件记录。事件的记录意味着诠释行为，因为记录事件者的偏见、价值观和兴趣会使他们注意某些细节而疏忽另一些细节[③]。历史学家在解释历史事件时强调各种不同类型的原因。他们把重要历史事件的发生归因于一些关键人物的行动、强大的意识

① 关于本研究受访人情况请见附录二：访谈记录和附录三：受访人基本情况汇总表。

② [美]梅雷迪斯·D·高尔、沃尔特·D·博格、乔伊斯·P·高尔．教育研究方法导论[M]. 许庆豫等译，南京：江苏教育出版社，2002：526.

③ [美]梅雷迪斯·D·高尔、沃尔特·D·博格、乔伊斯·P·高尔．教育研究方法导论[M]. 许庆豫等译，南京：江苏教育出版社，2002：526.

形态的作用、科学技术的进步或经济的、地理的、社会学的、心理学的因素[①]。

本研究收集了台湾三个时期、四套社会科教科书，多种课标（课纲）及其他相关文献。在分析社会科教科书“国家认同观”生成原因时主要使用了历史研究法，通过诠释其与当时的政治氛围、社会环境与课程变革的关系，把握历史脉络中的关键人物、关键事件并予以考察和分析。

二、研究步骤

本研究源于近年来台湾年轻一代愈演愈烈的“天然独”现象，目的在于比较不同时期社会科教科书中“国家认同观”的异同，揭示台湾小学社会科“国家认同”教育的变迁，也希望通过研究透视“天然独”形塑过程中教育的作用。除了对教科书进行文本分析，本研究搜集了大量文献资料，对教科书、课程标准（课程纲要）编制人员进行了访谈、作了实地调研。最后进行了总结归纳，并就研究结论提出了一些对台教育政策方面的建议。以下即研究的具体步骤：

1. 确认研究问题

台湾近年来发生了多起大规模的学生运动，如“反旺中”“反服贸”“反高中课纲微调”等，一个潜在的主题就是“反中”，而“反中”又显现了年轻学生“台独”的明显倾向。那么何以如此呢？在他们之前所学习的社会科教科书中，“国家认同”教育究竟发生了何种改变？台湾解严前后，社会和历史环境均发生了巨大的变动，政治与教育之间又发生了怎样的联系？笔者试图从小学社会科课程发展的视角，去揭示教科书中“国家认同观”的变迁及台湾“天然独”养成的缘由。研究者于 2015 年 10 月下旬初拟了研究题目与研究思路。

2. 归集及阅读相关文献

自 2015 年 11 月起，研究者着手文献整理与研究主题、纲目的细化，同时办理赴台短期研修的相关手续。研究者于 2016 年 2 月 17 日赴台，2016 年 6 月 27 日返回中国大陆，在台历时四个多月。在入台初期，在教授的指导下，确定了小学社会科、“国家认同”教育、“天然独”等关键研究内容，确定“内容分析法”作为主要研究方法。充分利用“国家”教育研究院之教科书图书馆（收藏有台湾光复后至今全台中小学教科书），“国家”图书馆及其博硕论文资讯网，台湾师范大学图书馆及其馆藏查询系统，归集相关文献并加以阅读，以厚实研

---

① ［美］梅雷迪斯·D·高尔、沃尔特·D·博格、乔伊斯·P·高尔．教育研究方法导论 [M]. 许庆豫等译，南京：江苏教育出版社，2002：544-545.

究者的先备知识。

3. 选取研究文本

根据研究目的，考虑到代表性及研究条件的限制，本研究所选文本为台湾1975版小学社会科四年级至六年级的课本六册，1993年版小学社会科四年级至六年级的课本六册，九年一贯课程民间康轩2005年修订版和2015年修订版四年级至六年级的课本各六册，合计二十四册。关于文本选择，后文再作补充说明。

4. 发展教科书内容分析类目

本研究内容分析类目表以自行研发为主，部分参酌中国大陆和台湾学者的相关研究成果。研究者于2016年6月编制出内容分析工具：台湾小学社会科“中国化”暨“台湾化”分析主题类目表。

5. 检核内容分析主题类目表之效度与信度

研究者初步编制了“台湾小学社会科中国化暨台湾化主题类目表”后，于2016年5月下旬至六月初，联系台湾五位课程领域和社会科教材领域研究专家（详见表3.2），通过发送电子版或登门递送纸质版表格的方式，征求专家修改、调整、补充意见，进行专家效度检测。在此基础上，形成效度较高的成熟的主题类目表。此外，研究者又于2016年6月下旬7月初，邀请三位课程与教学专业研究生，一位社会科教师（教育学硕士）作为评分员（详见表3.4），进行评分员信度检验，以检测内容分析类目表在信度方面是否符合统计学意义上的要求。

6. 访谈与调研

本书在研究过程中不止于教科书内容分析，为了揭示教科书“国家认同”教育变迁背后的政治与社会动因，研究者于2016年5月下旬至6月中旬访谈了十位不同时期、不同版本课纲（课标）起草小组成员、课程理论专家、教材出版商相关负责人、教科书执笔者、使用教科书的任课教师，以此获得大量一手资料，发掘了教科书背后一些鲜为人知的故事①。

7. 教科书内容分析

2016年9月至10月，研究者依据经过信效度检验的“台湾小学社会科中国化暨台湾化主题类目表”，对作为研究对象的文本进行了定量和定性的内容分

① 详见附录二：访谈记录。

析。通过内容分析法客观系统地对 1975 年版、1993 年版、九年一贯民间康轩 2005 年版和 2015 年版社会科教科书文本进行研究与分析，以此呈现了四十年来尤其是近十几年来台湾小学社会科“国家认同”教育变化的轨迹。

8. 撰写和修改

撰写是研究者与研究文献、研究资料互相对话的过程。在撰写过程中，补充资料，调整思路，不断修改与完善，以期做到观点鲜明、论证充分。此阶段自 2016 年 6 月起至 2017 年 3 月底结束。

第二章　文献探讨

本章第一、二节探讨社会科、社会科课程、社会科教科书、国家、国家认同等核心概念的意涵；对这些概念所涉及相关理论进行梳理、阐释和评论。本章第三节为有关台湾“国家认同”问题研究的述评，包括研究内容、研究方法、研究成果与不足等，进而提出本研究创新之处。

第一节　社会科、社会科课程与教科书

在 1911—1949 年，我国曾非常重视社会科的教学与研究，出版了诸多著作，如沈百英的《小学社会科教学法》多次重版重印①，马静轩的《小学社会科教材和教法》是在抗战期间出版的②。在我国台湾地区，70 年代以来也出版了多本有关社会科理论和教学实践方面的专著，影响较大的有司琦的《中美日小学社会课本比较研究》③《社会科教学研究与实习》④，欧用生的《国民小学社会科教学研究》⑤，李绪武、苏惠悯的《社会科教材教法》⑥，程健教《国小社会科教学研究》⑦，陈国彦《小学社会科课程内涵分析》⑧。国外比较有名的社会科研究专著有 Jesus Garcia 和 John U.Michaelis 的 *Social Studies For children: A Guide To Basic*⑨（该书已发行第 12 版），Carol、Sharon、Renee 等人的 *Social studies for the Preschool/*

---

① 沈百英 . 小学社会科教学法 [M]. 上海：商务印书馆，1929，1931，1935.

② 马静轩 . 小学社会科教材和教法 [M]. 长沙：商务印书馆，1939.

③ 司琦 . 中美日小学社会课本比较研究 [M]. 台北：“国立”教育资料馆，1979.

④ 司琦 . 社会科教学研究与实习 [M]. 台北，复兴出版社，1981.

⑤ 欧用生 . “国民小学”社会科教学研究 [M]. 台北：师大书苑，1989，1991，1992.

⑥ 李绪武、苏惠悯 . 社会科教材教法 [M]. 台北：五南图书出版公司，1984，1990.

⑦ 程健教 . “国小”社会科教学研究 [M]. 台北：五南图书出版公司，1991.

⑧ 陈国彦 . 小学社会科课程内涵分析 [M]. 高雄：高雄复文图书馆出版社，2001.

⑨ Jesus Garcia & John U.Michaelis, *Social Studies For children: A Guide To Basic Instruction*,Allyn & Bacon,2001.

Primary Child[①]（该书已发行第 9 版），Ronald W.Evans 的 *The Social Studies Wars—What Should We Teach the Children?*[②]。这些专著不仅探讨了社会科的内涵、性质、意义、功能、目标等基础理论问题，也回答了社会科教学的方法、策略、评量标准等实践问题。21 世纪以来，鲜有新的社会科研究专著面世，学术文章也为数不多，但社会科研究持续受到学界关注，代表作家有欧用生、沈晓敏、刘美慧、陈丽华、周淑卿、Savage.T.V、Armstrong.D.G 等。以下对前人的研究成果作一些梳理和探讨。

一、社会科及其意义

1. 何谓“社会科”

“社会科学（social science）”与“社会科（social studies）”仅有一字之差，意涵却差别甚大，有必要作清晰的区分以便于后文之探讨。社会科学是研究人类社会行为，人类社会之起源，社会组织与发展以及社会生活的演变，尤其是探讨人与人之间关系的知识[③]。人类创造的知识包罗万象，最简单而方便的分法，可分为自然科学、人文科学、社会科学。自然科学较好理解，它是探求宇宙现象的各种科学，如物理学、生物学、化学、地质学等，那么，人文科学和社会科学如何区分呢？人文科学和社会科学有时候也合称人文社会科学或哲学社会科学，但二者确有显著不同。人文科学，是以人类的精神世界及其沉淀的精神文化为研究对象的科学，社会科学则是一种以人类社会为研究对象的科学，前者如文、史、哲及其衍生出来的美学、艺术学、伦理学等，后者如经济学、社会学、政治学、法学、教育学等。社会科学更侧重于运用实证的方法来研究社会现象，一般认为其科学性较人文科学高。

社会科学是一学科群，包括政治学，经济学、心理学、社会学等，社会科一般特指小学阶段的一门综合课程；“社会科学”是“社会科”的母体，“社会科”是“社会科学”的生徒，“社会科学”为“社会科”提供了丰富的课程资源。

Savage 和 Armstrong 关于社会科的本质有三种观点，即公民教育、社会科

① Carol seefeldt,Sharon Castle,Renee C.Falconer, *Social studies for the Preschool/Primary Child*,Pearson Education,2014.

② Ronald W.Evans. 社会科的战争 [M]. 陈巨擘译，台北：巨流图书公司，2008.

③ 程健教 .“国小”社会科教学研究 [M]. 台北：五南图书出版公司，1991：4.

学和问题解决。Barr、Barth 和 Shermis 认为社会科有三种功能，即公民资质的养成，社会科学知识的传授，反思能力的培养[①]。Garcia 和 Michaelis 认为，社会科是探讨在民主社会中如何培养负责任公民的学科[②]。杜威认为，社会科的目的在于帮助儿童理解他们自己以及他们所处的社会和世界，以便于他们作出理性的负责任的行为[③]。

Woolever 和 Scott 则强调，社会科可以从五种观点来分析，即公民教育的社会科，主要目的是传递公民资质，训练儿童成为一个好国民；个人发展的社会科，主要目的在协助儿童将其社会的、情绪的、生理的和认知的潜能发展到最高点；反省思考的社会科，主要目的在协助儿童发展，并使用反省思考的能力；社会科学的社会科，主要目的在传递给儿童社会科学知识，包括政治学、经济学、历史学、地理学、社会学等学科知识；作理性决定和社会行动的社会科，主要目的在教导学生如何做理性的决定，并依据这些决定采取行动[④]。

李绪武认为，社会科以探讨人类行为、团体组织与发展、社会生活之演变及人群关系为主体。个人行为、家庭组织、社会形态、国家形成、民族要素、世界形势及国际局势等，都属于社会科所要研讨的范围[⑤]。欧用生认为，教导儿童熟悉社会科学的知识结构（内容）和探究方法（过程），澄清价值，以作理性的决定，并依据这种决定采取行动，儿童在此过程中获得的经验的总和就是社会科[⑥]。

美国社会科协会（National Council for the Social Studies，简称 NCSS）在 1992 年 NCSS 代表大会上提出的社会科定义为：社会科是社会科学和人文科学的统整研究，旨在增进公民能力。学校的社会科课程对取自人类学、考古学、经济学、地理学、历史学、法律学、哲学、政治学、心理学、宗教学、社会学等学科的材料，以及人文科学、数学和自然科学中的适当内容，进行关联性和

① Barr,R.,Barth,J.L.,shermis,s.s.（1978）.*The nature of the social studies.Palm Spring,CA:ETC Publioations.*

② Jesus Garcia & John U.Michaelis, *Social Studies For children: A Guide To Basic Instruction*,Allyn & Bacon,2001：9.

③ 转引自 Jesus Garcia & John U.Michaelis, *Social Studies For children: A Guide To Basic Instruction*,Allyn & Bacon,2001：10.

④ Woolever,R., K.P.Scott:*Active Learning in Social Studies*,Illinois:Scott Foresman and Company,1988.

⑤ 李绪武、苏惠悯 . 社会科教材教法 [M]. 台北：五南图书出版公司，1990：23.

⑥ 欧用生 . “国民小学”社会科教学研究 [M]. 台北：师大书苑出版社，1992：10.

系统性的研究。社会科的基本目的，是要帮助年轻人在互相依赖、文化多元和民主的社会中，发展做周全而合理决定的能力，以增进公共福祉[①]。

综上所述，研究者认为，社会科有如下几个意涵和特征：社会科是为了培养成熟理性的公民以便参与公共事务、促进公共福祉的学科；社会科的课程资源主要来自于社会科学但不限于社会科学，社会科的教学内容可能包括政治学、社会学、心理学、人类学、经济学、地理学、历史学等；中学及以上学习阶段学科分化，社会科是小学阶段的一门课程的名称。目前中国大陆小学的课程中没有《社会》一门，相类似的科目是《品德与社会》《品德与生活》《道德与法治》等[②]。

2. 社会科的意义

不管在哪个国家，在哪个学习阶段，社会科都是非常重要的科目。那么，我们为什么要学习“社会科”，“社会科”有何功用？关于社会科的意义，有以下几种说法。

美国 NCSS 认为：社会科是幼稚园至中学（K-12）的基本科目，（1）其目的在于培养民主社会的公民，使其与世界中其他国家和国民密切合作；（2）其内容包括历史、社会科学、人文学和自然科学；（3）其教学方法要能反映个人的、社会的和文化的经验，以及学习者的发展阶段[③]。Maxim 认为，社会科是在用各种社会科学的概念、原理原则和探究方法，以协助儿童了解他们自己、他人，他们所处的环境，及这些构成因素间的相互关系[④]。Woolever 和 Scott 认为，社会科是儿童经验的总和，其目的在教导儿童利用科学的方法探究知识，系统地澄清价值，依据这些知识和价值做合理的决定，并采取行动[⑤]。

日本爱媛县教育研究所木户保先生认为，社会科教育是“要使青少年们对社会生活有所理解，进而养成良好的态度和能力，使青少年们的社会经验得以丰富，加深并继续不断地发展，这是最重要的课题”，他又说“社会科的教学，

---

① 转引自 Jesus Garcia & John U.Michaelis, *Social Studies For children: A Guide To Basic Instruction*,Allyn & Bacon,2001:9.

② 参见：沈晓敏、高峡 . 小学品德与社会（生活）课程研究 [M]. 上海：华东师范大学出版社，2015：4-14.

③ NCSS:*In Search of a Scope and Sequence for Social Studies*, Social Education,48,1984:251.

④ Maxim,G.W.：*Social studies and the Elementary School Child*, Columbus:Merrill Pub.1987:41.

⑤ Woolever,R., K.P.Scott: *Active Learning in Social Studies*,Illinois:Scott Foresman and Company,1988:18.

是促使日本国实现民主主义教育的最重要职责之一”①。

台湾著名教育学者孙邦正教授认为，社会科的教学在于扩充儿童社会生活的经验，使他们认识社会生活的环境，了解社会生活的方式，养成服务社会的热诚，以期成为健全的公民。司琦教授认为，社会科是小学课程的一部分，偏在人的研究，其目的在培养儿童适应环境所需要的知识、技能、态度和习惯，使其充分发挥其潜能，成为社会上健全的一份子②。李绪武将社会科的功能归纳为（1）传授知识；（2）发展正确的推理能力与判断力；（3）训练独立研究能力；（4）建立良好的习惯；（5）培养理想行为模式；（6）改善态度，变化气质等六个方面③。

综上所述，社会科培养能够参与公共事务、促进民主社会发展的公民，社会科传授各种人文及社会科学知识，社会科教导儿童像社会科学家一样思考以作出理性的决定和社会行动。这些知识、技能、价值对个人和社会发展的重要性不言而喻，而学校教育中的其他课程，如语文、数学、外语等，很难实现这样的“功用”。

二、社会科课程

胡适先生说，要怎么收获，先怎么栽。种瓜得瓜，种豆得豆。如前文所述，社会科是要培养合格公民的，学校教育中培养合格公民的责任主要由社会科承担，那么，社会科如何才能真正地承担起培养合格公民的责任呢？这涉及两个问题，其一，社会科教什么，社会科课程的编制或发展问题；二是社会科怎么教才有效，社会科教法的问题。第二个问题，与本研究关系较小，以下重点探讨社会科课程理论兼及社会科课程教学论。

1. 社会科课程的特性

有学者认为社会科课程具有完整性（综合性）、动力性（动态性）、联系性、平衡性和发展性五大特性。所谓综合性，是指社会科课程既不遗漏传统文化，也不忽视现代生活，所涉及的知识不仅包括社会科学，也包括人文科学和自然科学。所谓动态性，是指社会科课程能适应变迁的社会，接受新社会的挑战，让儿童遇到问题能解决，遇到冲突能协调，遇到价值纷杂能澄清，遇到意

① 转引自程健教．“国小”社会科教学研究 [M]. 台北：五南图书出版公司，1991：7.

② 司琦．社会科教学研究与实习 [M]. 台北，复兴出版社，1981：2.

③ 李绪武、苏惠悯．社会科教材教法 [M]. 台北：五南图书出版公司，1990：25.

思多元能选择决定。就联系性来说，社会科课程要给儿童一个完美的社会雏形，因此，各学科间，各学习领域间，各年级间，彼此联系着、衔接着、沟通着。就课程的平衡性来说，社会科课程除主学习外，同时兼重附学习和联学习，因此，除教科书或讲义的主要教材外，应多提供他类补充教材以便学习，如乡土教材、时事教材、节令教材、道德教材等。社会课程的研究，不仅是社会科本身的教材学习，还包括社会事实与事象，社会静态与动态，社会传统与文化的单元，因此，相关性、潜在性、替代性、交流性、特殊性及创造性的资源学习都相当重要。从课程的发展性来说，社会科课程含有指导社会变迁，激发社会发展，创造人类未来的职责。社会科课程是研究人类的课程，促进人类关系的课程，亦是追求人类幸福的课程①。

关于社会科课程的特征，欧用生教授表达了以下几个观点：（1）社会科课程内容大部分取自社会科学，主要包括历史、地理、政治学、经济学、社会学、心理学和文化人类学等领域，社会科学的概念、通则、价值和争论问题成为社会科课程的骨干；（2）社会科课程及教学宜采取社会科学的研究方法，也就是说，社会科教学要多采用实验、调查、田野研究、文件分析、观察、个案研究等方法，儿童针对某一特定问题、选择、搜集和处理资料，并像社会科学家一样，去推理、思考、批判，以推论这些资料的意义；（3）社会科课程和教学宜重视情意领域。一方面要教导探究或批判思考的能力，能发现问题，搜集、分析资料，验证假设，以获得结论；另一方面要教导评价过程，经由价值澄清、价值分析、解决对立等策略，发展并建立个人的价值体系；（4）社会科宜采取科际整合的方式。社会科课程以社会科学的概念、通则、价值为课程组织的基础，并注意整合和联系。先以一个概念为中心加以组织，然后融合各种社会科学的概念成为一个有机的联接；（5）社会科课程内容不仅包括社会科学，还包括生态学、生涯教育、法律教育、时事、性教育等，哲学、艺术等人文科学也应包括在课程之内②。

由是观之，社会科是一门非常不同于语文、数学、外文及其他科目的学科，作为社会科的载体和主要表现形态，社会科课程也因此表现出独有的特性和内涵。

① 程健教．“国小”社会科教学研究 [M]. 台北：五南图书出版公司，1991：100-101.

② 欧用生．“国民小学”社会科教学研究 [M]. 台北：师大书苑，1992：10-12.

2. 社会科的课程形态及其演变

Kaltsounis 认为有三种社会科课程形态：叙述性（descriptive）、概念性（conceptual）及动态性（dynamic）[①]。传统的社会科课程都是叙述性的，例如，历史科都采取编年体的方式，强调某件事情的原因、后果及有关人物；地理科则集中于政治地理的区域，描述该地区的山脉、河流、特产、资源等自然特征，强调很多零碎的事实[②]。叙述性课程着重历史、地理、社会生活等事实知识的陈述，但由于未将事实、事件提升到更高层次的意义理解，以致忽略了思辨能力与社会技能的培养。概念性课程着重历史、地理、社会科学、文化人类学等各学科的知识结构与探究方法，旨在让学生像专家一样思考，虽然顾及学科概念的系统性，却较忽略社会生活问题的批判。另外，概念性课程过分强调社会科学的内容，如概念、通则和探究的形式过程，而忽视了重要的人文因素。动态性课程则注重协助学生了解自己在社会中的位置，养成个人的价值判断与行动能力。动态的课程依据一个前提，即教育是一个过程或一系列的过程，在这个过程中，儿童获得求知能力，发展认知作用，增进批判能力，成为有弹性、有适应性、有教养的个人，以适应变化莫测、变动不居的现代社会。这些认知素质不是记忆的知识量或行为表现的改变所能测出来的。因此，教育不仅在获得有用的知识或技能，更要发展求知能力；不仅在获得讯息，更在达成理解；不仅在学习，更要完成智慧[③]。

20 世纪 60 年代的课程改革运动中，传统的叙述性课程受到批判，代之而起的是以学问间结构为基础的新社会科，也即概念性课程。到了 80 年代，社会科更强调解决对立或冲突的方法以及作出决策，即动态性课程[④]。90 年代至 21 世纪初，多元文化论、后现代论等思潮将社会科课程导向社会行动的取向[⑤]。叙述性课程重视学科知识传递，倾向社会适应观点；概念性课程着重学科概念与方法，学术理性的观点浓厚；动态性课程兼含学生经验与社会重建观。这三类课程型态从技术的知识兴趣演化至解放的兴趣，几十年来，台湾的小学社会科课程也有类似的演变方向。

社会科课程形态的界限并非很明确，很难说叙述性课程没有概念性课程的

---

① Kaltsounis, T: Teaching School Social Studies in the Elementary School.N.J.:Prentice-Hall,1979.

② 欧用生．“国民小学”社会科教学研究 [M]. 台北：师大书苑出版社，1992：36.

③ 欧用生．“国民小学”社会科教学研究 [M]. 台北：师大书苑出版社，1992：45.

④ 欧用生．“国民小学”社会科教学研究 [M]. 台北：师大书苑出版社，1992：35.

⑤ 陈丽华、彭增龙、张益仁．课程发展与设计 [M]. 台北：五南图书出版有限公司，2004：11.

意涵，概念性课程没有动态课程的成分，但从半个世纪的时间跨度来看，社会科课程的确从“知识传授”走向了“思辨和批判”，并进一步导向“社会行动”。这是社会科课程理论发展的缩影，从根本上说，也是社会政治环境变化的产物。

3. 社会科课程发展的影响因素

课程的发展一般经由课程目标，课程选择，课程实施，课程评价等，那么在这一过程中，什么因素影响了课程目标制定、课程编排及课程修订与调整？有学者认为，国家的哲学背景、文化传统和价值观念会影响正式课程的选择，其次学校所处的政治、经济环境决定教育内容，这些背景、传统和大环境是经由教科书编辑过程的运作和编者意识形态的过滤后，才被选进教科书内或被排除在教科书之外[①]。欧用生认为影响台湾小学社会科课程内容的主要因素有：（1）儒家传统政治的臣属文化观；（2）党化教育的思想；（3）台湾历史的特殊性；（4）教科书编辑的政治性；（5）教科书编辑的意识形态[②]。

4. 社会科教学策略

如上所述，社会科是为了培养成熟理性的公民以便参与公共事务、促进公共福祉；社会科不仅传授人文及社会科学知识，而且要教导儿童像社会科学家一样思考；社会科的课程形态从“叙述性课程”走向了“概念性课程”“动态性课程”，并进一步导向“社会行动”。社会科所传授和探讨的知识、技能、价值明显不同于中小学语文、数学、外语及其他学科。社会科及其课程的独特性决定了社会科必须采取特有的教学策略，才能达成社会科人才培养的目标。

关于社会科教学策略所涉内容极广，课程标准（纲要）中的教学指导、师生的教学心理、教学模式和教学流程、教学原理和原则，都是理应涉及的内容。因篇幅所限，本小节就社会科典型的教学策略择要阐述如下：

（1）价值澄清法

价值澄清法主要在协助儿童决策自己和他人的价值并由此建立自己的价值体系[③]。价值澄清的主要意义，是面对吾人今日生活的种种需要，教导青少年能面对问题、决定行动，有所选择[④]。价值澄清法依据一个前提，即任何人都没有正确的价值传递给他人，价值源于个人的经验，而非顺应预先决定好的架构。

① 陈国彦 . 小学社会科课程内涵分析 [M]. 高雄：高雄复文图书馆出版社，2001：36.

② 欧用生 .“我国国民小学”社会科潜在课程分析 [D]. 台北：台湾师范大学，1990：206.

③ 欧用生 .“国民小学”社会科教学研究 [M]. 台北：师大书苑出版社，1992：36：190.

④ 程健教 .“国小”社会科教学研究 [M]. 台北：五南图书出版公司，1991：473.

因此，价值澄清法依据人类自身的智慧，决定价值是积极的或消极的。价值澄清法，简要说来有三个阶段，七个步骤：（一）选择：①自由选择；②从各种选择可能的途径中选择；③对各种选择可能途径的后果三思后选择；（二）珍视：④重视和珍惜所做的选择；⑤愿意公开表示自己的选择；（三）采取行动：⑥根据自己的选择采取行动；⑦重复地实行[①]。

（2）探究教学法

探究教学法的起源可以追溯至苏格拉底的产婆术。先问学生一些带有引导性的问题，层层追问，使其无法回答，在谈话中激起儿童内在的兴趣，协助儿童发展自己的理念而非灌输某些知识和理念给儿童。在探究教学的过程中，学生是主动的，教师是协助者，学生生产知识，答案由学生自行提供和发现。因此，社会科探究教学法并非直接将各种事实、概念直接教导学生，它是应用归纳法的过程，让学生观察周遭的事物，诱导其自行去发现问题，继之协助他们去广泛搜集资料——尝试去解决问题[②]。欧用生认为探究教学法的重点在于归纳“统念”或“通则”[③]。探究教学法的具体模式如下：（一）引起动机和概念分析：①引起动机；②例举事实；③讨论分类；④确定名称；（二）归纳统念：①整理资料；②提出假说；（三）证明应用：①验证假说；②应用统念；（四）价值判断及选择[④]。

（3）问题解决教学法

儿童每天都要面临很多难题，发展儿童作决定、提高解决问题的能力，是社会科教学的重要目标。解决一般的无争议的问题，靠知识就够了；解决有争议的问题就需要一定的方法和程序，这也是社会科教师发挥作用之处。杜威在《我们如何思维》一书中提出解决问题的五个步骤：①感受到的困难、难题；②它的定位和定义；③想到可能的答案或解决办法；④对联想进行推理；⑤通过进一步观察和实验肯定或否定自己的结论，即树立信念或放弃信念[⑤]。这样一套思维方式，也被转用到了社会科教学上。周经媛提出的社会科问题解决教学法模式可以看作是杜威理论的延伸：①呈现问题；②了解问题（探讨问题内涵、表现问题）；③提出方法；④决定方法（澄清、预估后果、选择）；⑤练习（角

① 欧用生．“国民小学”社会科教学研究 [M]. 台北：师大书苑出版社，1992：36：190-193.

② 程健教．“国小”社会科教学研究 [M]. 台北：五南图书出版公司，1991：369.

③ 欧用生．“国民小学”社会科教学研究 [M]. 台北：师大书苑出版社，1992：147.

④ 陈国彦．社会科教育之有效教学 [M]. 台北：学富文化事业有效公司，2014：129-130.

⑤ 杜威．我们如何思维 [M]. 北京：新华出版社，2010：60.

色扮演）；⑥结论[①]。

台湾社会科教学采用了什么方法，效果如何，有没有实现培养成熟理性公民的目标？这与我们的研究主题又有什么关系呢？后文将会有相关论述。

三、社会科教科书

1. 教科书

教科书是课程论与教学论的综合体，是从课程到课程实施（教学）的桥梁。教科书还反映了一个国家的经济实力、教育政策、教育理念和文化特性等[②]。有学者认为教科书是指政府依明令公布之课程标准（纲要），选择适当材料编辑而成书本形式之教材，作为学校教师教学及学生学习之主要依据，其体例大都为“分年级”“分学科”“分单位（课）”[③]。例如，本研究之教科书文本即为台湾小学“社会科”“四年级至六年级”教科书中的所有“单元（课）”。为什么要研究教科书，研究教科书的意义何在？教科书是达成教学目标的工具，是学生获得知识的主要来源，是课程与教学间的主要联结，是文化遗产的精华，是维持社会安定团结的利器[④]。关于教科书的重要性，石鸥教授给出更为明确有力的阐述：一切教育战略的实施和各种教育学派的主张，最终必须进入学校，进入课堂才有价值与意义，而进入学校、进入课堂的途径主要是这些小课本。他说，任课程理念多么先进，任教育思想多么进步，唯有转化为课本才可能起应有作用；任人的全面发展的目的如何清晰，任民族素养的提升需求多么迫切，也唯有借助课本才能得以不同程度地实现[⑤]。

在我国，教科书的作用尤为重要。且不谈历史上“四书五经”等作为教科书是读书人考取功名的“敲门砖”，入仕之后“治国平天下”的“利器”，现今看来，学校主要教的是教科书、学生主要学的是教科书、考试考的主要也是教科书，且此种情形恐怕短期内无法改变。教科书在我国中小学几乎就是教育的圣经[⑥]。从某种意义上讲，指挥中小学教育的基本上不是教育部，而是教科书，

---

① 转引自陈国彦．社会科教育之有效教学 [M]. 台北：学富文化事业有效公司，2014：128.

② 沈晓敏．社会课程与教学论 [M]. 杭州：浙江教育出版社，2003：330.

③ 蓝顺德．教科书政策与制定 [M]. 台北：五南图书出版股份有限公司，2006：3.

④ 蓝顺德．教科书政策与制定 [M]. 台北：五南图书出版股份有限公司，2006：8-11.

⑤ 石鸥：《教科书内容的选择与形成》序，参见：刘丽群．教科书内容的选择与形成——知识准入课程中的国家介入 [M]. 长沙：湖南大学出版社，2013：1.

⑥ 石鸥：《教科书内容的选择与形成》序，参见：刘丽群．教科书内容的选择与形成——知识准入课程中的国家介入 [M]. 长沙：湖南大学出版社，2013：2.

它在学校是压倒一切的头号文本。教科书如此重要，我们却对教科书缺乏足够的批评和研究，长期被教育学界所忽视[①]。本书属于社会科教科书研究。

2. 社会科教科书

社会科教科书是社会科课程实施的主要载体，是社会科从课程到课程实施（教学）的中介，是实现社会科教育目标的主要工具。诚然，社会科课程的外延要远大于社会科教科书，如社会科课程的实施离不开与教科书配套的《习作》《教师指引》以及课堂内外的教学讨论和活动，但社会科教科书在课程实施中的核心地位并未因此而动摇。可以说，所有的教学活动都围绕着课程标准或课程纲要及根据课标（课纲）编写的教科书展开。这也是本研究以教科书文本作为内容分析对象的重要原因。

社会科教科书不同于其他数学、物理、化学等学科的教科书，具有鲜明的特色。其一，社会科教科书具有较强的政治性。由于社会科课程关照的是公民的养成，关涉民主与自由，公平与效率等价值领域，涉及诸多意识形态问题，因此，政治力量干预社会科教科书的编纂成为一种常态。其二，社会科教科书具有较强的时效性。社会科关注社会环境的变迁，所用素材更多地来自于当代世界与国内的热点问题，如经济全球化、气候问题、环境保护问题等，因此社会科教科书的修订较为频繁，不同时期教科书内容会有较大的变化。其三，社会科教科书具有较强的综合性。社会科教科书所涉内容涵盖了多个细分学科，如经济学、政治学、历史学、地理学、社会学等，这就导致了社会科教科书编纂的难度较高，社会科教学较为不易。

台湾社会科教科书受到政界和教育界的重视，历次课纲修订，都会成立专门的社会科课纲起草小组，一流的专家、学者领衔教科书编写。70 年代以来，社会科教科书的编辑经历了板桥模式、舟山模式、南海模式[②]，几十年来反复试验，不断修订和完善，有关部门和社会各界对社会科教科书的重视可见一斑。

---

① 石鸥、张增田 . 教科书评论 2013[M]. 北京：首都师范大学出版社，2014：2.

② 杨智颖 . 课程史研究 [M]. 台北：学富文化事业有限公司，2015：181-182.

第二节　国家与国家认同

“国家”与“国家认同”是本研究的核心概念，本节通过探讨民族国家的核心意涵和国家的四大构成要素，梳理“国家认同”的相关理论，为制定教科书内容分析表类目及后文论述的展开做好铺垫。

一、国家及其构成要素

《辞海》是这样定义国家的：世界上各个有疆域、人民、独立地位和主权的不同于地区的政治实体。现代国家一般为联合国所承认①。有学者认为，国家可以分为广义的和狭义的两种用法。广义的国家，指涉一切治权独立的政治共同体，它可以笼统的包括希腊的“城邦”、罗马的“帝国”，近代的“民族国家”、东方的“专制王朝”以及非洲的“部落”等。狭义的国家一般指近代以来兴起的民族国家②。国家是人类政治共同体的一种特定形式（其他政治共同体比如联合国、州、县市等），民族国家又是国家的一种特定形式。在当代政治生活中，民族国家既是全球政治的基本单位，也是各国国内政治生活的基本架构，一般简称为国家③。那么，何谓“民族国家”？美国政治学家罗斯金认为，国家权力与占有一块领土并有着许多共同点（历史、文化、语言）的民族的概念合并到了一起，就是民族国家，一个民族和政府结构（国家）的结合体④。以下归纳几个具有代表性的关于民族国家组成要素的论述。

美国政治学者查尔斯·蒂利总结了国家的构成要素和特征：（1）控制大片连续的领土。国家都有领土，领土与土地不一样，前者有着明确的边界；国家的领土是连续的，呈块状分布。（2）中央集权。国家将民间的许多权力都统统“收归国有”，由国家来统一安排。由于权力的集中，国家对其管辖范围内的人口也就负有全面的责任。（3）垄断强制手段。国家垄断了对暴力的合法使

① 辞海编辑委员会 . 辞海（第六版缩印本）[Z]. 上海：上海世纪出版股份有限公司，2010：668.

② 江宜桦 . 自由主义、民族主义与国家认同 [M]. 台北：扬智文化事业股份有限公司，1998：6.

③ 赵丽江 . 政治学 [M]. 武汉：武汉大学出版社，2008：33.

④ [美] 迈克尔·罗斯金等 . 政治科学 [M]. 林震译，北京：华夏出版社，2001：32.

用，只有国家可以行使生杀予夺的大权。(4) 独一无二的政府机构。由于国家垄断了权力和责任，也就需要建立一个政府，将原来政治单位中的权力接揽过来。(5) 统一的行政安排。国家产生之后，为了提高行政效率，就对行政安排进行统一化管理,“书同文,车同轨”[①]。罗斯金认为民族国家有几个显著的特征，像领土、人口、独立性和政府等。所谓“独立”，是指“它是作为一个主权实体来管理自己的”。殖民地，如法属阿尔及利亚，只是在它们正式独立时才成为国家，像阿尔及利亚在 1962 年所做的那样[②]。罗斯金所指的独立或独立性，其实就是“主权”。

赵丽江认为国家有以下几个构成要素:(1) 领土是一个国家拥有的确定的管辖范围。(2) 每个国家在其疆域内都有一定的人口。每个国家都只认定一些人是它的公民，而把其他人看作外国人。现代民族国家对于公民资质有两种不同的标准：文化的和政治的。文化取向以血缘权利为根据，从语言、文化、种族的角度对国民进行界定；政治取向认为公民资质是个人选择和对政治实体的忠诚问题。(3) 拥有主权。国家对内部一切事物具有排他性的最高统治权，对外有独立自主的决定权。现代国家由人民主权代替王权。(4) 国家拥有代表公共权威的政府，国家以政府的形式代表公共利益行事。(5) 国家的终极目标是为了维护在社会经济上占统治地位阶级的利益[③]。就此，我们可以归纳出国家的构成要素：领土、人口、主权、政府等。

吴玉军认为国家是内含制度、文化、民族血缘的共同体。国家除了表征历史上形成的领土、人口等自然因素外，还表征“政治—法律”共同体和“历史—文化”共同体。作为一种政治共同体，国家表现为一整套的制度设计，是一种合法武力的垄断与行政机构的设置，对外代表不容侵犯的主权，对内拥有裁决一切争端的最高权力。作为一种文化共同体，国家表现为拥有共同的语言、文化、历史记忆等因素。同时，对于多民族国家而言，国家的存续有赖于各民族认同中央政权，认同超越各个民族文化特征的共同的民族文化[④]。吴玉军提到的国家组成元素主要有：领土、人口、政治（主权)、文化（语言、历史记忆）等。

在回答“个别公民产生国家认同时，其所认同的标的是什么”的问题时，

---

① 转引自孙关宏、胡春雨、任军锋 . 政治学概论 [M]. 上海：复旦大学出版社 ,2008：57.

② [美] 迈克尔·罗斯金等 . 政治科学 [M]. 林震译，北京：华夏出版社 ,2001：32.34.

③ 赵丽江 . 政治学 [M]. 武汉：武汉大学出版社 ,2008：38-39.

④ 吴玉军 . 论国家认同的基本内涵 [J]. 中国特色社会主义研究 ,2015（1）：48.

江宜桦实际上是在探讨国家的构成要素。他认为，国家对不同的国民来讲，可能是“族群国家”（族群血缘关系的联结），也可能是“文化国家”（历史文化传统的熏染）或“政治国家”（政治社会经济体制的认同）。这三个层面通常汇合在一起，但可能以某一层面为主要依据，再辅之以其他层面的支持[①]。族群认同在国家层面指涉你是哪国人，在台湾就是你是中国人、汉人，还是不同于中国人的台湾人。文化认同指的是一群人由于分享了共同的历史传统、习俗规范以及无数的集体记忆，从而形成对某一共同体的归属感。政治认同指的是一个人基于对特定的政治、经济、社会制度有所肯定所产生的政治性认同。江宜桦点出了国家构成的三个要素：民族（族群）、文化、制度。

当“国家”意指“民族国家”之时，它同时表达了“治权独立”的政治性格以及“民族统一”的族群文化意涵。但江宜桦并不认同这样的观点：只有十六世纪左右萌芽的西方民族国家，以及随后全世界模仿此种典则而建立的新兴国家，才是真正的国家。他言及，“民族不必然是带有建国意图的集体人群（赫德的德意志民族主义基本上是文化性质的，希伯来民族有一段很长的时间也不积极考虑复国建国），而国家也不必然预设民族基础的统一性（如澳洲、新西兰、加拿大）”[②]。所谓民族国家，他认为，只是“文化族群”与“政治共同体”相互组合的众多可能情形之一，不是唯一的可能[③]。

从以上我们可以看出，江宜桦强调民族国家的文化意涵和政治意涵（治权、政府），淡化了民族国家的民族意涵，即单一的民族并非一个国家获得合法性必不可少的因素。但对于民族国家来讲，“民族”真的不重要吗？实际上，民族的统一性、聚合性是现代国家稳定的重要基础，多少国家因为民族冲突导致内战连连，甚至分崩离析。中国虽然拥有众多的民族，但由于同属中华文化，共享中国文明，几千年来互相融合成为中华民族，所以中国是一个稳定的民族国家。在澳大利亚、加拿大、新加坡等移民国家，外来族群在长期的融合发展中也形成了较为松散的民族结构和具有聚合性的族群文化，所谓“美国人”“美国精神”“美国梦”亦是如此。所以，我们认为民族也是国家构成必不可少的要素。

所谓民族，是在一定历史阶段形成的，有共同语言、共同地域、共同经济

---

① 江宜桦. 自由主义、民族主义与国家认同 [M]. 台北：扬智文化事业股份有限公司，1998：15.

② 江宜桦. 自由主义、民族主义与国家认同 [M]. 台北：扬智文化事业股份有限公司，1998：7.

③ 江宜桦认为，民族所代表的族权单元与国家所代表的政治单元可以有四种不同的组合：（1）单一民族国家，（2）多民族国家，（3）同一民族成立不同国家，以及（4）众多的多民族国家。

生活和表现为共同文化特点基础上的共同心理素质的稳定的共同体。基本要素包括语言、地域（聚居地）、生产方式、文化传统和价值观念等同一性[①]。每个民族团体的内在特性最终都由其自然环境、气候和自然地理所决定，这三个因素塑造了人们的生活方式、劳动习惯、态度和创造癖好。语言则成为一个民族的独特传统和历史记忆的具体体现。民族拥有一种“民族灵魂”，它蕴藏在歌曲、神话和传说当中[②]。以上所谈及的“语言”“生产方式”“神话”“习俗”“传说”“态度”“价值观念”，用一个词概括，就是“文化”。可以说，同质性文化是民族的典型特征。不同的文化孕育了不同的民族，维系了不同民族的生存和发展。如前文所述，民族国家是民族和政府结构的结合体，那么，文化实际上也是民族国家得以维系的重要因素，国家也通过文化的统一、强化和扩散塑造着民众的国家认同。有学者认为，国家努力去塑造一些历史、传统、宗教的共同认同符号，让其人民相信他们拥有共同的血脉、文化和历史传统，从而“想象”、认同他们是一个由来已久的统一的民族，认识到为这个民族牺牲是值得的[③]。因此，我们认为，族群的文化统合性是民族国家的坚实基础，文化是民族国家重要的构成元素。

综上所述，疆域、领土、人口、民族、语言、文化、政府、主权是一个民族国家必不可少的构成要素。由于以上概念多有交叉重复之处，我们将之概括为四大要素：国土（领土）、人口（民族）、文化（语言）、主权（政府）。

二、国家认同

何谓“国家认同”？简言之，就是在政治或法律的意义上，一个公民属于哪一个国家？你是哪一国的公民？你要遵守哪一国的法律？享受哪一国的公民权？你会拿出哪一国的护照？爆发战争时，你会为哪一个国家而战？在中华人民共和国大部分地区居住的绝大多数公民，在面对这些问题时，想来都会毫不犹豫地给出答案。然而，对于极少数分离分子（“台独”“藏独”“疆独”）来说，国家认同问题恐怕要复杂得多了。为方便后文展开论述，我们有必要深入探讨“国家认同”究竟是什么。

---

① 辞海编辑委员会 . 辞海（第六版缩印本）[Z]. 上海：上海世纪出版股份有限公司，2010：1311.

② 赵丽江 . 政治学 [M]. 武汉：武汉大学出版社 ,2008：30.

③ 孙关宏、胡春雨、任军锋 . 政治学概论 [M]. 上海：复旦大学出版社 ,2008:62.

个人有多重身份，群体在较小的程度上亦是如此。identities 包括归属性的，地域性的，经济性的，文化的，政治的，社会的以及国别的。随着时间和情况的变化，这些 identities 的各自轻重分量也会变化，它们有时是相辅相成的，有时也会彼此相冲突①。随着人类历史的发展，个体认同从一个家族、部落扩散到市镇、城邦。亚里士多德说，等到由若干村坊组合而为“城市（城邦）”，社会就进化到高级而完备的境界，在这种社会团体以内，人类的生活可以获得完全的自给自足；我们也可以这样说：城邦的长成出于人类“生活”的发展，而其实际的存在却是为了“优良的生活”②。近代以至当今，成熟和稳定的政治共同体不是城邦或城市，一般认为是前述的“民族国家”。国家认同所涉之“国家”也即民族国家。

关于国家认同的定义，可谓众说纷纭。有学者认为，国家认同是指公民对民族国家的政治权利和统治权威的认可、接纳、服从、忠诚。国家通过颁布法律和制定政策保证公民的权利，公民则履行相应的义务③。有学者认为，国家认同是人们所有的政治认同当中处于最高层次的认同，即国家认同是政治认同的最高形式④。也有学者认为，国家认同是指一个国家的公民对自己祖国的历史文化传统、道德价值观、理想信念、国家主权等的认同，是一个民族确认自己的国族身份，将自己的民族自觉归属于国家，形成捍卫国家主权和民族利益的主体意识⑤。吴玉军认为，国家认同是在他国存在的语境下，国民所建构出来的属于自己国家的身份感，即在心理上认为自己归属于这个国家，意识到自己具有这个国家成员的身份⑥。

江宜桦对国家认同的定义作了深层次的探究，他先阐明“认同”的三种涵义，进而讨论“国家认同”的三种用法。“认同”的第一种意义是“同一、等同”（oneness、sameness），是指某种事物与另一时地之另一事物为相同事物的现象。虽然在中文的日常用法里，我们很少以“认同”指涉“同一”，但这层含义在特定情况下是存在的。“认同”的第二个意义是“确认、归属”

① [美]塞缪尔·亨廷顿．我们是谁？——美国国家特性面临的挑战 [M]. 程克维译，北京：新华出版社，2005：21.

② 亚里士多德．政治学 [M]. 吴寿彭译，北京：商务印书馆，1983：7.

③ 陈茂荣．论民族认同与国家认同 [J]. 学术界，2011（4）：58.

④ 周平．论中国的国家认同建设 [J]. 学术探索，2009（6）：35.

⑤ 贺金瑞、燕继荣．论从民族认同到国家认同 [J]. 中央民族大学学报，2008（8）：7.

⑥ 吴玉军．自由主义国家认同观及其困境 [J]. 哲学研究，2012（7）：86.

（identification，belongingness）。“确认”是指一个存在物经由辨识自己的特征，从而知道自己与他物的不同，肯定了自己的个体性。“归属”是指一个存在物经由辨识自己与他物之共同特征，从而知道自己的同类何在，肯定了自己的群体性。“认同”的第三种意义是“赞同、同意”（approval，agreement）。当一个人说“我十分认同您的想法”，意思是说“我赞同您的想法”。这个用法虽然有点突兀，但不是毫无根据的。因为“赞同”还是与“同一”有关，是指一个主体某个意见与另一个主体的某一意见表现吻合，因此纵然两个主体并非同一个存在物，也未必归属于同类，却出现偶然性的会通。这个用法表达出相当明显的“主观意志”[①]。相应地，“国家认同”的第一种用法是表示“一个政治共同体与先前存在的政治共同体是同一个政治共同体”，也就是指涉一个国家的延续性与同一性问题。江宜桦认为，目前台湾社会所泛称的“国家认同危机”，其中一个意义就是争论“在台湾的中华民国还能不能代表中国”以及“中华民国如果改名为台湾，是否还是同一个国家”。“国家认同”的第二个涵义表示“一个人确认自己归属于哪一个政治共同体，并且指认出这个共同体的特征”。江举例，当一个台湾人被迫回答“我究竟是中国人还是台湾人？我究竟属于台澎金马所构成的国度还是整个秋海棠所构成的国度”时，很容易陷入“国家认同危机”，这显示了“国家认同”的第二层涵义。第三，国家认同还可以指涉“一个人表达自己对所欲归属的政治共同体有何期待”，也就是说“一个人究竟赞同哪一个国家？愿意支持哪一个国家？”这是呼应主观意志选择的认同含义。在台湾现实中，这种情绪表现为“我赞成独立，还是赞成统一”[②]。

综合来看，江宜桦认为国家认同可以有三种不尽相同的意义：（1）政治共同体本身的同一性；（2）一个人认为自己归属于哪一个政治共同体的辨识活动；（3）一个人对自己所属的政治共同体的期待，或甚至对所欲归属的政治共同体的选择。简言之，江定义国家认同为“一个人确认自己属于哪个国家，以及这个国家究竟是怎样一个国家”的心灵性活动[③]。

① 江宜桦．自由主义、民族主义与国家认同 [M]. 台北：扬智文化事业股份有限公司，1998：8-11.

② 江宜桦．自由主义、民族主义与国家认同 [M]. 台北：扬智文化事业股份有限公司，1998：11-12.

③ 江宜桦．自由主义、民族主义与国家认同 [M]. 台北：扬智文化事业股份有限公司，1998：12.

关于国家认同的论述有三种理路：民族主义、自由主义和共和主义。民族主义国家认同论述的兴起系受近代“民族国家”产生所影响，认为民族国家是由同一民族（或主要由一个民族）所构成之政治共同体。民族主义主张所有具备相同种族血缘、历史文化、语言、宗教或共同生活习惯的人构成一个民族，这群人珍惜他们的民族遗产，不接受其他民族的统治，因此要求政治上的独立自主或自治[①]。就民族与国家之间，民族主义者主张民族具优先性，民族是目的而国家是实践民族使命的工具，也要求对于民族之忠诚必须高于个人利害之选择。以民族主义思考国家认同，大抵主张国家必须以民族为基础。这里所指民族，或为单一民族，或为以某一主要族群为主体，结合其他少数民族，形成具有相当程度同质性的共同体。对于民族的构成或形成因素，有人认为血缘或种族最为根本，有人认为文化、语言、宗教等才是主要因素。

自由主义国家认同观认为，一个国家不必以民族为建立其成员认同感的基础，国家要注意的是本国的宪政制度及人权保障是否完备合理，合理的宪政制度及人权保障机制才是公民认同的关键。它鼓励公民多想想自己所要认同的国家在政治、经济、社会制度方面的设计是不是足够合理，而不是思索自己认同的国家是不是由一个具有同质性的族群所构成。自由主义抗拒族群或民族主义的召唤，因为它认为这种虚构的集体认同固然有助于团结，但现实的代价太高。此外，自由主义国家认同观反对文化认同在国家认同上扮演积极的角色[②]。自由主义国家认同观不排除民族因素对国家存在的重要意义，例如国家必须尊重不同民族之权利，但国家认同不必以之为基础，不必遵循民族主义的思维，毕竟国家性质不同于民族性质，公民对国家认同的关键在于是否认可国家的宪政制度。

此外，关于国家认同，还有共和主义一说。共和主义认为，每个公民生为一个民族国家的成员，在从国家获得权利保障的同时，需承担对国家的责任和义务，“公民们首先把自己看作民族历史的载体并从中汲取某些道德教训”[③]。在日常生活中，每个公民会自觉和不自觉地生发出对国家的特定情感以及同胞之间密不可分的手足之情。对国家的忠诚和献身、同胞之间休戚与共的情感，成

① 江宜桦．自由主义、民族主义与国家认同 [M]．台北：扬智文化事业股份有限公司，1998：140.

② 江宜桦．自由主义、民族主义与国家认同 [M]．台北：扬智文化事业股份有限公司，1998：110.

③ [美] 丹尼尔·贝尔．社群主义及其批评者 [M]．李琨译，三联书店，2002：129.

为民族国家强大的聚合力。国家从表面上看是一种制度设计，从实质上说则是一种富有生命力的命运共同体。热爱祖国是一种激情；更准确地说，它是对共和国及其公民的一种仁慈的富于同情的热爱……这样一种激情成长于平等的公民之中，并可以转化为共同善和敬神服务的行动[①]。

以上三种论述国家认同的理路，本研究偏向于民族主义。首先，本书所指国家即指一般意义上狭义的“民族国家”，以民族及文化为基础的国家才是民族国家。其次，自由主义国家认同以政治制度认同为基础，但纵观现当代的一些国家，如叙利亚、伊拉克等，正是由民族矛盾、宗教（文化）冲突引起社会“撕裂”以至于引发国家认同危机。从世界范围来看，不以民族为基础而有稳固政治秩序的国家寥寥无几。第三，共和主义国家认同承认公民和国家之间权利和责任的关系，这一点与民族主义国家认同并不冲突，但共和主义的国家认同缺乏民族和文化作为中介和载体同样是不稳固的。另外，台湾并未发展出成熟稳固的政治共同体，恰恰是“民族问题”、“统独议题”导致了“国家认同”危机及社会的“撕裂”。因此，本研究以民族主义国家认同作为论述的逻辑起点之一。

结合上文所述国家的四大构成要素，关于台湾“国家认同”的讨论主要体现在：首先，“台澎金马”与中国大陆地区是什么关系，是否都是中国的领土？其次，台湾人是不是属于中国人，是不是属于中华民族的一部分？第三，台湾所谓的“多元文化”是不是足以和中国大陆的汉文化相区别？作为台湾主流语言的“国语”“闽南话”“客家话”是不是已经充分“台湾化”，成为台湾自己的语言？第四，民众是否认同台湾的“中华民国政府”就是“国家政权”？结合本书的研究主题，台湾的社会科教科书是如何回答或反映以上相关问题的？这些问题在本书第四章将会重点讨论。

第三节　先行研究及述评

如第一章第一节所述，台湾年轻世代“国家认同”危机或所谓“天然独”现象就发生在最近几年，尚未引起大陆学者或台湾学者足够的重视。研究者查阅台湾“国家”图书馆及其博硕论文资讯网，台湾师范大学图书馆及其馆藏查

① ［意］莫里奇奥·维罗里．共和主义的复兴及其局限．刘训练译，载应奇、刘训练主编《公民共和主义》，北京：东方出版社，2006：164。

询系统，大陆各大数据库如中国期刊全文数据库（知网）、万方资源数据库、超星数字图书馆等，有关该问题的研究文献实为不多。在国外文献方面，研究者只能以“国家认同”为主题去查询相关资料，这在本章第二节已有所阐述。现将为数不多的先行研究归纳如下并做简单述评，进而提出本研究创新之处。

一、大陆地区有关台湾“国家认同”问题的研究

《台湾“国家认同”问题概论》是目前唯一一本系统研究台湾“国家认同”问题的专著。刘红教授提出了台湾“国家认同”问题的特殊性：1. 多元性，外省人、闽南人、客家人、少数民族等不同族群在各种政治势力影响下形成多种“国家认同”；2. 可变性（历史性），早期移民在开发建设台湾过程中形成的“台湾认同”，荷西入侵后激起台湾民众的“祖国意识”，“明郑时代”坚持“反清复明”形成的汉民族意识，清朝统治时期，热爱台湾的“地方意识”“汉族意识”“中国意识”，日本入侵后形成的“中华意识”和“祖国意识”；3. 功能性，台湾“国家认同”问题经常表现为统“独”议题，作为民意的重要组成部分，对各政党产生重大影响，发挥着不可低估的政治功能；4. 初始性，变化大而缺少稳定，情绪化而缺少理性，认识浅而缺少深度；5. 逆反性，不少民众总觉得受到大陆的“压制和迫害”，对大陆不信任，对于大陆包括“国家认同”在内的各种政治主张持怀疑态度。刘教授还分析了影响台湾人民“一中认同”的因素，如岛内族群矛盾，“台独”政党的运作，两岸发展道路的不同，美国对台湾问题的干预、传媒政治的误导等。瓦解“台独国家认同”倾向的现实难点在于两岸的实质性分治和政治对立。刘教授认为，中华文化维系了台湾“一个中国的国家认同”，必须加强两岸文化交流，营造“一中认同”的社会氛围①。刘教授从政治、文化、社会的视角分析台湾的“国家认同”问题，阅读本书有助于从宏观层面了解“天然独”养成的政治、社会环境，但对起重要作用的教育政策及教科书问题，该书并无涉及，这不能不说是本书作为“概论性”专书的一大缺憾。

有学者采用历史研究法，以公民教育的视角考察自1923年至2008年间台湾“文化认同”“国家认同”教育的变迁。1945年至1987年，国民党当局通过以“去皇民化”为中心的公民教育，以“反共复国”为目标的政治教育，强调

① 刘红. 台湾“国家认同”问题概论 [M]. 北京：九州出版社，2013.

民族文化、民族精神培育的道德教育，强化了中小学生“一个中国”的国家认同。在这一阶段，岛内由于日本殖民统治50年而形成的“亲日”“皇民”思想受到打压，“台独”势力受到强有力地遏制，学校教育自然没有脱离一个中国的论述。1987年以后，尤其是李登辉和陈水扁时期，台湾的公民教育发生了根本性的变化，从“中国化”教育逐步走向“台湾化”教育。无论是课纲标准、课纲的修订，教材的编辑，课程科目的调整，还是辅助课程，诸如“乡土教育活动”“母语教学”“现代社会”“深化认识台湾行动”的实施等，所具有的鲜明特色便是“去中国化”，一切向“本土”看齐，即要处处体现，层层渗透“台湾特色”。国民党是在对“大中国意识”的认同下，将“复国”与公民教育相结合，李、陈则是在“台湾主体意识”的认同下，将“独立”与公民教育相结合[①]。该研究主要从文化和政治的视角，阐述了台湾从“中国化国家认同”向“台湾化国家认同”的演变历程，认为在这一过程中公民教育的政治化及李、陈的政治干预起了很大的作用。不过尽管洋洋洒洒近30万字，但该书总给人“未尽其详”之感：1. 研究的时间横跨近百年，大量篇幅阐述1945年之前民国时期的公民教育问题；2. 尽管作者关照的是“文化认同”和“国家认同”，但对这两个研究对象并没有聚焦，涉及了公民教育很多其他方面的内容；3. 作者研究中小学校的公民教育，涉及小学、初中、高中不同学习阶段，涉及公民科、历史科、“国文”科、地理科、社会科、生活与伦理等科目，泛化的研究对象不利于研究的深入；4. 作者分析了台湾地区不同时期的“课程标准”和“课程纲要”，但由于研究篇幅的限制，未能对教科书内容进行解读与透视[②]。台湾在本世纪初实行九年一贯课程后，课纲条文非常简要，实有必要分析教科书文本已补课纲内容之不足。

有学者认为由于台湾社会分离主义思潮的影响，台湾青少年的政治认同呈现疏离倾向，年龄越小，对于台湾人的认同度越高，而对于中国人的认同度越低[③]；有学者认为台湾“年轻世代”的国家认同对象渐趋一致，即逐渐从“中国”

① 尚红娟．台湾地区公民教育发展过程中“文化认同”变迁之研究（1945-2008）[M]. 上海：上海人民出版社，2014：261.

② 尚红娟．台湾地区公民教育发展过程中“文化认同”变迁之研究（1945-2008）[M]. 上海：上海人民出版社，2014：23.

③ 张文生．台湾青少年的政治认同问题研究 [J]. 北京联合大学学报（人文社会科学版），2015（3）：43-49.

转为“台湾”(或“在台湾的中华民国”)[①]；有学者认为台湾年轻人在“身份认同”上存在严重的“去中国化”与“台湾化”倾向，在“国家认同”上，已出现严重异化[②]。对于台湾“年轻世代”的“国家认同”观，大陆学者的研究大都认为已经转向“台湾认同”，不过所引用的数据皆来源于台湾媒体及研究机构，如：TVBS(台湾无限电视台)、《联合报》、《远见》杂志、台湾指标民调公司、政大选举研究中心。对于年轻世代“国家认同观”形成的原因，可将大陆学者的分析归纳为以下几点：政治上，“台独”政党及团体的鼓噪，国民党在90年代以来的姑息、妥协；社会上，各种媒体包括网络媒体的“分裂主义”政治社会化；历史上，日本50年的殖民统治和解严前国民党“反共仇共”宣传；教育上，“去中国化”的教育毒害了青少年的政治认同[③]。有学者认为，年轻世代成长、学习和生活过程中与中国的关联逐渐减弱甚至完全消失：小学课本里面再也没有过去要背诵的中国城市、河流名称，更多地开始关注台湾的乡野和历史小故事，在电视上看到的政治人物也总是以“爱台湾”自许[④]。

二、台湾地区有关台湾“国家认同”问题的研究

有学者基于多种民调数据，探讨台湾自1992年至2012年二十年间“中国人认同”在台湾逐渐消失的现象和问题，其实是间接讨论了台湾的“国家认同”问题，因为没有中国人的身份认同就难以认同“中国”作为祖国[⑤]。台湾中山大学政治学所所长陈文杰教授对该文的评价是“用简单的统计方法来说明一个复杂的历史背景下的社会现象，让人浅显易懂”[⑥]。量化分析的方法为主，辅之少量质性分析，是该书的一大特点，也似乎显得研究很有说服力。作者衡量中国人认同的变量有族群身份、政治世代、教育程度、政治事件，在多变量分析后，作者得出的结论是：政治事件才是影响台湾民众在中国人认同上急速下降的主

① 郭艳.台湾“年轻世代”国家认同的现状及成因分析[J].台湾研究，2011(3)：30.

② 罗筱霖.新变局下台湾民众两岸认同异化及解决路径探讨[J].台湾研究，2016(3)：10-20.

③ 详见：郭艳.台湾“年轻世代”国家认同的现状及成因分析[J].台湾研究，2011(3).罗筱霖.新变局下台湾民众两岸认同异化及解决路径探讨[J].台湾研究，2016(3).刘凌斌.两岸大交流背景下台湾青年的“国家认同”研究[J].台湾研究，2014(5).王磊、林冈.台湾民众政治认同的代际差异分析[J].江淮论坛，2016(2).张文生.台湾青少年的政治认同问题研究[J].北京联合大学学报(人文社会科学版)，2015(3).

④ 郭艳.台湾“年轻世代”国家认同的现状及成因分析[J].台湾研究，2011(3)：31.

⑤ 黄志呈.在台湾演变中的中国人认同[M].台北：致知学术出版社，2015.

⑥ 陈文杰为黄志呈专书所作之序，转引自黄志呈《在台湾演变中的中国人认同》，第6页。

要因素，而并非第一世代在台湾的大陆各省市人的消失促使台湾民众在中国人认同上急速下降。在政治事件冲击下，过去台湾民众所受到的中国人认同教育才受到考验；然后才接着第四世代台湾民众，由于不同的教育内容，导致中国人认同的低落①。这一结论未免太过牵强。作者所指政治事件主要有两件：其一，1996 年中国政府在台海的军事演习；其二，2000 年中国政府总理“朱镕基在国际记者招待会上的恫吓”②。的确，据作者所引数据，1992 年台湾民众中国人认同比例为 33.0%，但 1996 年“飞弹事件”之后，降到了 18.2%，之后这个比例也确实逐步下降③。政治事件具有偶发性和时效性，这如何能解释之后十几年台湾民众“中国人认同”的持续下滑呢？另外，该文的“第四世代”指的是 1981 年后出生的台湾人，这与本书研究的“年轻世代”（20—29 岁）、“天然独”有较大出入。2014 年，蔡英文提出的“天然独”概念，是指 1985 年后出生的台湾人。1996 年，年龄最大的“天然独”也才 11 岁，大部分年龄居于 3 到 8 岁之间。该研究引入“教育程度”的变量，也就是在探讨不同学历的台湾人在其他变量下的中国人认同，并没有谈及最近二十年来台湾学校中“国家认同”或中国人认同教育变迁的情况。也就说，作者在得出政治事件是冲击“中国人认同”最主要因素的结论时，忽视了“教育”这个重要的变量。另外，鉴于该文所引台湾政治民调数据的虚假性④，其立论依据及推论也值得怀疑。

许毓峰探讨小学社会科中台湾的“图像”与定位，也涉及“国家认同”问题。其研究重点有二：其一统计解严前后社会科教科书中涉及台湾内容所占的比重，其二分析不同时期教科书对于“台湾图像”⑤是如何描绘的，亦即台湾在教科书中是如何被呈现的⑥。许研究发现，影响小学社会科教科书中“台湾图像”的因素主要有三点：首先是课程标准，其次则是编写者的背景，再则为外在环境的变化（中华文化复兴运动、本土化运动、政治民主化下的“教育松绑”等）。许认为，教科书中的“台湾图像”未因解严及教科书政策的开放而变得清新，

① 黄志呈 . 在台湾演变中的中国人认同 [M]. 台北：致知学术出版社，2015：208.

② 黄志呈 . 在台湾演变中的中国人认同 [M]. 台北：致知学术出版社，2015：207-208.

③ 黄志呈 . 在台湾演变中的中国人认同 [M]. 台北：致知学术出版社，2015：158-159.

④ 朱素恕 .30.7% 台湾人对中共有好感，数据靠谱吗 [EB/OL].http://www.guancha.cn/ZhuSuRu/2016_08_14_371147.shtml，2016-8-14.

⑤ “台湾图像”指台湾的意义与台湾的定位等相关论述，引自《解严前后台湾“国小”社会科教科书中的台湾图像》，第 24 页。

⑥ 许毓峰 . 解严前后台湾“国小”社会科教科书中的台湾图像 [M]. 台北：稻香出版社，2007：24.

关于台湾的论述仍然遭到强大阻力。教科书中与台湾相关的内容也未因教科书政策的开放而有较多篇幅或有较深入明确的论述[①]。许并没有明确提出台湾应成为一个“独立的国家”或政治实体，也没有明确提出台湾是中国的一部分，但其认为1993年版社会科教科书对“台湾主体性”的强调还不够。台湾如果是中国或“中华民国”的一个省，那么教科书中关于台湾的论述够不够呢？许没有明确提出本人的“统独”立场，但过于强调“本土化”和“台湾主体性”，实际上是要编制一种适宜“台独”生长的教科书。由于研究范围和篇幅的限制，该研究并未涉及变动更大的九年一贯社会科教科书。

有学者采用教科书内容分析法，研究1975年版“统编本”、1993年版“国编本”、2003年翰林版小学社会科教科书中“台湾意识”和“大中国意识”[②]变迁情况[③]。其研究发现，在1975年版中，“大中国意识”占有全面性的优势；在1993年版中，“台湾主体意识”与“大中国意识”分庭抗礼；在2003年翰林版中，“台湾主体意识”后来居上，逐渐取得优势。“台湾主体意识”与“大中国意识”在教科书中的变迁趋势竟和现实政治的发展走向如出一辙，教科书反映了所处的政治权力结构。教科书内容分析关键之一是主题类目表的编制。该研究以“政治”“民族”“文化”三个面向作为区别“台湾主体意识”与“大中国意识”的主类目。“政治”类目分为“国家认同”“国家前途”两个次类目；“民族”类目分为“族群认同”“族群的集体记忆”两项；在“文化”主类目下，分成“文化类型”“文化主体”“文化渊源”“文化褒贬”四个次类目。关于“国家认同”次类目，研究者作如下说明：“我们的国家”领土范围为台澎金马，人口数二千多万人的“中华民国或台湾”，这样的课文叙述属于“台湾主体意识”；“我国的领土还包含中国大陆，甚至是蒙古，人口数有十几亿”，这是“大中国意识”。研究认为，几十年来社会科教科书中“台湾主体意识”不断崛起，但这不等于“台湾国意识”的崛起。该文涉及台湾小学社会科“国家认同”教育变

① 许毓峰．解严前后台湾“国小”社会科教科书中的台湾图像[M]．台北：稻香出版社，2007：155.

② 其所谓“台湾意识”是指认同”台湾是一个独立自主的个体，不需依附于中国，并且能依照岛内人民的自由意志让台湾永续发展的一套信念或价值系统，是经由人民不断反省醒觉建构成的”；其所谓“大中国意识”是指认同台湾与中国大陆在政治、民族、文化上具有不可分割的渊源，并且认为台湾的发展终必须依附于中国的一套信念或价值系统。参见：林文贤．“国小”社会科教科书中的台湾主体意识变迁之研究[D]．台北：台北教育大学，2008：8.

③ 林文贤．“国小”社会科教科书中的“台湾主体意识”变迁之研究[D]．台北：台北教育大学，2008.

迁的内容不多，相关类目制定和分析过于简单，不过其研究架构和内容分析主类目和次类目表可作为本研究的参考。

有学者探讨了台湾小学社会科 1993 年版课标与九年一贯制课纲编制的背景与经过，分析了社会科课程修订的原因，阐述了社会科课程发展的社会动因[①]。研究发现，从 1993 年版课标到九年一贯课纲，专家的主导作用在弱化；民间力量不断崛起，深刻地影响了课纲发展。勇于发声的民间团体，极易受到政治力量的左右，其诉求未必能遵循课纲发展的规律。九年一贯课程纲要需由"立法院"通过才能生效，具有一定的民意基础，但研究者认为教育政策需充分尊重专家的意见，由社会各界形成共识后再予定案；课程专家所批评的对象不应仅是课程纲要的内容，还应包括课程纲要决定过程的合法性与合理性。研究者进而提出有待深入探讨的问题：课程纲要制定的背后隐藏着什么样的利益纠葛与权力争夺？这也是本书试图回答的问题之一。

陈盈宏探讨小学社会科教科书中"国族"概念的变迁过程，其研究发现：旧课程（指 1975 年版）呈现大中国国族论述的国族概念；新课程（1993 年版）教科书内容中，"大中国"与"大台湾"国族概念交杂，呈现出"政治台湾，文化中国"的教科书内容架构；九年一贯课程则呈现以"大台湾国族"论述为依归的国族图像。陈认为，不同版本教科书所呈现的国族概念皆有其特定的历史脉络情境：旧课程所呈现的国族概念符应当时国民政府的国族论述，即以"大中国"国族论述为依归；新课程所呈现的国族概念符应当时台湾呈现"大中国"与"大台湾"的国族论述交互错杂的状态，亦即虽有出现"大台湾"国族论述的国族概念，但并未完全扬弃"大中国"国族论述的国族概念，且在民间版本中，多以模糊忽略的策略来处理不同立场国族概念的冲突；九年一贯课程呼应民进党的"国族"论述，即以"大台湾国族"论述为依归——这其实点明了"政治势力"影响了教科书中的国族论述，但政治是如何干预课程发展的？陈的论文并没有充分论证。"国族"英文为"nation"，既有"民族"之意，又有"国家"之意，国族可以说是民族和国家的结合，因此与本研究涉及的国家（民族国家）概念有相通之处。民族的意义重在文化，国家的意义重在政治。研究者从政治与文化两个维度去制定内容分析表的主类目和次类目，发展"国族概念

① 王瑞祥 . 台湾"国小"社会科课程标准与纲要制定过程之研究 [D]. 台北：台北教育大学，2011.

分析主题类目表”，这对于本研究颇有参考价值[①]。

三、本研究创新之处

大陆学者的研究普遍认为年轻人的“独化”倾向与台湾二十年来的政治变迁、社会转型、“去中国化”教育有关系；对于教育因素的分析不够深入，缺乏实证分析，尤其欠缺教科书文本的分析（这或许与缺乏研究文本有关）。台湾学者的研究较少直接指向“国家认同”，一般用“台湾主体性”“大中国意识”等作为研究关键词，较少出现“台湾国”或“中华民国”；注重教科书文本的分析，较少从宏观层面探讨台湾的“国家认同”危机；研究结论倾向于教科书中“台湾主体意识”崛起，有不少学者认为教科书的“大中国”“大汉族”意识还比较浓厚。在价值取向上，大陆学者倾向于批判台湾教育在国家认同问题上的“独化”倾向，台湾学者倾向于批判教科书中的“大中国主义”[②]。

本书试图在前人研究的基础上，设计社会科教科书“中国化”暨“台湾化”国家认同分析类目表，量化研究和质性分析相结合，考察三个时期、四套教科书台湾“国家认同”教育的变迁，深入发掘教科书发展背后政治、社会及课程本身的动因，并初步探讨台湾“天然独”现象形成的教育因素。本研究有以下几点创新：其一，自行设计的国家认同类目分析表具有较强的原创性和科学性；其二，将研究聚焦于社会科教科书文本及其蕴含的国家认同观，提供台湾教育“去中国化”的有力证据；第三，本研究采访了十位台湾社会科教科书变迁的见证者和参与者，他们为本研究提供了大量的有效信息，推动了研究的深入和扩展；第四，本研究为首次从教育（社会科）的视角探讨台湾“天然独”现象这一颇具前瞻性和现实意义的问题。第五，本研究基于事实和结论提出统一前后诸多对台教育政策建议。

---

① 陈盈宏．解严后“国小”社会科教科书中国族概念之转变 [D]. 台北：台湾师范大学，2006.

② 详见：陈盈宏．解严后“国小”社会科教科书中国族概念之转变 [D]. 台北：台湾师范大学，2006. 林文贤．“国小”社会科教科书中的“台湾主体意识”变迁之研究 [D]. 台北：台北教育大学，2008. 翁耀裕．战后“国小”社会科台湾史教材之演变 [D]. 台北：台北教育大学，2008. 许毓峰．解严前后台湾“国小”社会科教科书中的台湾图像 [M]. 台北：稻香出版社，2007. 尤玉文．台湾“国小”教科书中“国家认同”概念之演变——以 1949 年后之社会与音乐教科书为例 [D]. 新竹：新竹师范学院，2003. 叶宪峻．二次世界战后初期台湾之中国化教育：以初等教育为例 [D]. 台北：台湾师范大学，1993.

第三章　教科书分析的设计与实施

本章说明教科书内容分析的设计与实施过程。全章共分三节：第一节依据研究主题和研究目的，阐释教科书文本选择的理由；第二节为分析工具，说明分析单位的拟定和分析类目的设计；第三节为内容分析类目表信度与效度的检验。

第一节　文本选择

一、1975 年之前台湾社会科课程标准的简单回顾

课程标准或课程纲要[①]是教育行政部门依据各级学校教育目标而厘定的各学科有关的规定，作为编制教科书的准绳，其目的在于“统一教育内容，齐一实施步骤，提高教育水准，增进教育效率”[②]。先有课标（课纲）才有教科书，课程标准（纲要）的理念、条文决定了教科书的内容和形式。在教科书编写过程中，课程标准（纲要）处于引领地位。

1928 年 10 月，台湾“教育部”聘任专家组织专门委员会，起草课程标准并颁行暂用。此后直至 1948 年，这一课程标准经历七次修订。第七次修订历时最久，动员人数最多，课程标准的内容比较理想[③]。由于所谓的“共匪作乱，大陆各省相继沦陷”，“国语”和“社会”两科课程标准不能和“反共抗俄”的基本国策以及“戡乱建国教育实施纲要”密切配合，台湾中小学课程标准于 1952 年再行修订。第八次修订变动最大的是“国语”和“社会”两科[④]。1952 年 11 月，台湾“教育部”出台修正后的“国民学校课程标准”，台湾教育学界一般称

① 下文简称“课标”或“课纲”。在台湾实行九年一贯制之前，中小学教科书编制依据课程标准，自九年一贯制起，课程标准改为课程纲要。

② 欧用生．“国民小学”社会科教学研究 [M]. 台北．师大书苑，1989：15.

③ 台“教育部普通教育司”．“国民学校”课程标准 [M]. 台北：台湾商务印书馆，1953：183.

④ 台“教育部普通教育司”．“国民学校”课程标准 [M]. 台北：台湾商务印书馆，1953：181-184.

之为“1952课标”。该课标的“目标”部分，强调要“激发其爱护国家民族的情绪”，“增进其发扬固有文化的信心”，“培养保护国土的精神”。在课标附录部分之“教学要点”中，要求教科书要“足以发扬三民主义精神”，将“共党危害人权、破坏家庭、摧残文教、侵略我国”等“事实”编入教科书中[①]。依据“1952课标”所编的小学社会科内容较少，只在高年级即五年级和六年级开设这一课程。另外，从该版课标可以看出，这一时期社会科教科书所有章节均无涉台湾内容。

1959年6月，“教育部”为“顺应变化了的世界潮流，配合当前国策”，开始组织人力修订课程标准。1961年12月修订完成，台湾教育学界一般称之为“1962课标”。这一课程标准出台的一个重要背景是蒋介石作了《民生主义育乐两篇补述》，对教育方面有一些新的指示。蒋指出：目前的教育有三大缺点：一是升学主义，二是形式主义，三是孤立主义。今后的教育，必须注重身心平衡，手脑并用，智德兼修，文武合一，以培养健全国民[②]。该社会科课程标准“目标”部分中，仍旧强调“激发其爱护国家民族的精神”，“保护国土的知能”[③]。这里的“国家”当然指“中国”，这里的“民族”意指“中华民族”。“1962课标”的社会科“教学实施要点”中，同样提及要针对“共匪危害基本人权及身体自由”“拆散家庭”“摧残文教”“愚骗儿童”“俄共侵略我国”等“事实”补充材料相机教学[④]。该版社会科课程设置时段从原来的高年级调到中年级即三年级（上册）和四年级（下册）。每册各四个单元，总共八个单元。在四年级有一个单元是介绍台湾的，单元名为《中华民族的复兴基地》，有四课：《台湾省概要》《台湾的开发和光复》《台湾光复后的建设工程》《三民主义的模范省——台湾》，内容涉及台湾简史、地理及政经现状[⑤]。也就是说，该版社会科教科书八个单元中，只有一个单元是关于台湾的，且将之作“为中华民国的复兴基地”“三民主

---

① 台“教育部普通教育司”.“国民学校”课程标准[M].台北：台湾商务印书馆，1953：131-132.

② 台“教育部国民教育司”.“国民学校”课程标准[M].台北：“教育部国民教育司”编印，1962：367.

③ 台“教育部国民教育司”.“国民学校”课程标准[M].台北：“教育部国民教育司”编印，1962：261.

④ 台“教育部国民教育司”.“国民学校”课程标准[M].台北：“教育部国民教育司”编印，1962：272.

⑤ 台“教育部国民教育司”.“国民学校”课程标准[M].台北：“教育部国民教育司”编印，1962：261-270.

义模范省”介绍。

1967年6月，蒋介石召集“教育部部长”阎振兴、台湾省主席黄杰、台湾省政府教育厅厅长潘振球及台北市教育局长刘先云，指示筹划延长国民教育为九年事宜。在“总统”发表谈话后，“行政院”与“教育部”组织专家成立专案小组，研订法令，筹措经费，预备于1968年9月起施行“九年国民教育”。根据1968年“行政院”颁布之“九年国民教育实施纲要”，中小学课程标准进行再次修订。此次修订自1967年9月至12月，历时四个月。由于修订时间较短，预计短期内会再行修订[①]，台湾教育学界一般称之为“1968暂标”。

本次修订遵照“总统”指示，以“加强民族精神教育、生活教育及职业陶冶为中心”[②]。这也是首次将小学课标和初中课标分编成册。在小学社会科部分，名为《中高年级社会暂行课程标准》，供三、四、五、六年级使用，一年级和二年级没有社会科。在课程标准的“目标”部分，强调课程要能够“明了中华文化的渊源与现代生活的关系”“激发其爱护国家、团结奋斗的精神与观念”[③]。该版社会科教科书共有八册，每册两个单元，共十六单元。其中，有两个单元涉及台湾:《台湾的历史》与《建设三民主义的模范省》，内容包括台湾的光复、早期的经营、台湾的地理、台湾的当代建设等[④]。比之“1962课标”，“1968暂标”社会科教科书中的台湾内容有所增加，但比例并未提高，仍为八分之一左右。换言之，有关中国历史、地理的内容占社会科教科书的绝大部分，且在“大中国”的论述下介绍台湾。

综上所述，虽然在1975年之前，台湾中小学课程标准经过多次修订，小学社会科教科书相应地也做了多次改编，但都是在台湾当局强势主导下的教育行政活动，民间力量从未涉及；就社会科来讲，主题是爱国主义教育、民族主义教育、传统文化教育、“反共复国”教育，课程目标为培养效忠蒋家王朝、仇恨共产主义及中共政权、时刻准备“反攻大陆”的国民；在教科书中，有关台湾的内容有所涉及，但分量极少，是把台湾作为中国的一个省来介绍的，“台湾意识”并没有在教科书中体现，“大中国意识”鲜明。

① 这一课程标准实际实行至1975年。

② 台“教育部国民教育司”.“国民小学”暂行课程标准[M].台北：正中书局，1968：351.

③ 台“教育部国民教育司”.“国民小学”暂行课程标准[M].台北：正中书局，1968：161.

④ 台“教育部国民教育司”.“国民小学”暂行课程标准[M].台北：正中书局，1968：162-172.

二、1975 年以来台湾社会科课程标准的发展

为适应时代的发展、社会的变迁和社会各界人士对于修改课程标准的呼吁，台湾当局于 1975 年 1 月组织专门委员会，着手修订“1968 暂标”①。历经七个月，于 1975 年 8 月编制完成并公布施行，台湾教育学界称之为“1975 课标”。这一课程标准社会科部分中“目标”的规定较之旧版更为详尽，例如：“养成适应社会、服务社会的基本能力”，“实践我国固有的伦理道德”，“发扬固有的民族精神”，“明了中华文化的渊源与现代生活的关系”，“培养爱民族、爱国家的情操”②等。课程目标增加了一些内容，也作了小幅修改，但“爱国家”“爱民族”“发扬民族精神”主旨并没有改变。该版社会科教科书共 12 册（每册有一个主题），供小学一至六年级 12 个学期使用。其中，第 7.8 册主要讲述台湾的故事，名为《台湾与大陆》《台湾的建设》，内容涉及台湾的地理环境、历史发展、五大建设等。

1975 年版课程标准有两个鲜明特点。其一，在“1968 暂标”中，一、二年级为“常识”科，三至六年级为“社会”科，此次修订将“常识”中之“社会”部分，与中高年级“社会”合而为一，统整为社会科；其二，社会科教科书内容包括公民、历史、地理三部分，但三者在社会科中并非独立的系统知识，而是“构成浑然一体的生活圈”。教科书的组织以生活问题为中心，特别重视现代生活，以民族精神为依归，采用单元编制③。

1987 年解严之后，政治的民主化、经济的自由化、社会的多元化、文化的中国化④，台湾各个方面发生巨变。“教育部”有鉴于此，于 1989 年 1 月成立“国民小学课程标准修订委员会”，着手课标修订⑤。1993 年 9 月，新的课标公布，台湾教育学界称之为“1993 课标”。这一课标之社会科从一年级始设直至六年级，共分 12 册，内容不仅包括历史、地理、公民等知识系统，且扩及经济、政治、心理学等学科内容。

为迎接 21 世纪的来临，因应世界各国之教改脉动，台湾当局致力于教育改革，期以整体提升国民素质和地区竞争力。“教育部”依据“行政院”核定之

---

① 台“教育部国民教育司”．“国民小学”课程标准 [M]. 台北：正中书局，1976：384-385.

② 台“教育部国民教育司”．“国民小学”课程标准 [M]. 台北：正中书局，1976：153.

③ 台“教育部国民教育司”．“国民小学”课程标准 [M]. 台北：正中书局，1976：406-407.

④ 直至 60 年代，台湾由于受日本 50 年殖民统治，仍残留“日本化”现象。

⑤ 台“教育部”．“国民小学”课程标准 [M]. 台北：台捷国际文化实业股份有限公司，1993：346.

"教育改革行动方案"，进行"国民教育"阶段之课程与教学革新[①]。1994年9月21日，台湾"行政院"成立"教育改革审议委员会"（简称"教改会"），由"中央研究院院长"、诺贝尔奖获得者李远哲担任总召集人。教改会成立后，通过发行通讯、举办研讨会、文献研阅、委托研究、建立资料库、分组和全体委员会方式，归集、咨议和研讨社会各界的教改意见，并陆续于1995年4月22日，11月4日，1996年6月28日，12月2日，分别发表一到四期的咨议报告书，最后于1996年12月提出总咨议报告书[②]。总咨议报告书提出的教改理念是进一步给教育松绑，加快教育自由化，减少当局对教育的过多干预。在此背景下，以课程纲要取代课程标准，于1998推出"国民教育阶段九年一贯课程总纲纲要"，于2000年、2003年推出"国民中小学九年一贯课程暂行纲要"和"国民中小学九年一贯课程纲要"。改课程标准为课程纲要，改学科为学习领域（如小学社会科和初中历史、地理、公民等合并为"社会学习领域"）是这次课程改革的最大特点，具体内容后文还将详细阐述。

三、分析文本的确定

以上简单回顾了战后台湾地区课程标准（课纲）及小学社会科课程发展历程，我们可以发现以下几点：

1."1952课标"小学社会科在中年级（三年级和四年级）开设，"1962课标"在高年级（五年级和六年级）开设，"1968暂标"则在中高年级（即三年级、四年级、五年级和六年级）开设。由于课程开设的年级和年限不同，必然导致教科书内容广度和深度的显著差异，因此不便于作比较研究。"1975年版课标""1993年版课标"和"九年一贯制课纲"之小学社会科的课程设置较为稳定，每个年级都有开设且采取合科教学（社会科统和了历史、地理、公民、政治等学科知识）。

2."1962课标""1968暂标"教科书所涉及台湾内容数量极少，"1952课标"则只字未提。从课程标准的内容来看，在1975年版之前，社会科中"国家认同"教育指向"一个中国"是非常明确的，毫无"台湾意识"迹象。

3.较之"1993年课标"和"九年一贯制课纲"，"1952课标""1962课

① 台"教育部"."国民中小学"九年一贯课程纲要[M].台北："教育部"编印，2010：1.

② 黄嘉雄."国民中小学"九年一贯课程纲要该增订课程内容要素吗？[J].教育研究集刊，2007（4）：36-37.

标”“1968 暂标”和“1975 年版课标”在教科书编写理念、体例及政治社会化方面具有较高的同质性，分析“1975 年版课纲”教材也基本能了解之前几个版本社会科教材的性质和特点。

因此，本书选择“1975 年版课标”“1993 年版课标”“九年一贯制课纲”之社会科教科书文本作为研究对象，研究的时间跨度约为四十年。

从“1975 年版课标”起到目前台湾正在实行的“九年一贯制课纲”，小学社会科或“社会学习领域”从一年级或三年级开设至六年级。一年级至三年级之小学生识字量较少，课本中图片、拼音多，文字少；主题多为“人与自己”“人与家庭”“人与学校”等，而本研究主要关涉“人与国家”“人与社会”，故一年级至三年级的社会科课程不列入分析文本。

“1993 年版课标”起，民间出版社可以编写教科书，由原来的“国立”编译馆统编本变为审定本，台湾“教育部”下属教材审查委员会审核民间书商出版的教科书。在 1990 年代，民间出版的教科书市场占有率很低，“国立”编译馆所编教科书仍占主流。1990 年代末期以来，尤其是九年一贯制实行以后，民间教科书逐步取代了官办教科书。2001 年之前台湾社会科教科书有多个版本，如康轩版、翰林版、南一版、新学友版[①]等，2002 年以后逐渐演变成康轩、翰林、南一“三足鼎立”的情势（详见表 3.1）。

九年一贯制小学社会科教科书 2001 年起陆续启用。2001 年只出版一年级教科书，到 2002 年，二年级、四年级也有了，2003 年扩展到三年级、五年级，2004 年增加了六年级，也就是说 2004 年的时候九年一贯制社会科教科书就全部出齐了[②]。因此，本研究选择 2005 年出版的社会科教科书作为分析文本。康轩版社会科教科书市场占有率较高且较为稳定（见表 3.1），故选择康轩版。在 2000 年代初至 2015 年，各版本社会科教科书几乎每年都有小幅修订，为了比较最新版与九年一贯制刚实行时教科书的差异，呈现课程近期发展脉络和预测未来发展趋势，本研究还选择了 2015 年出版的康轩版教科书作为分析文本。

基于以上考量，本研究选择 1975 年版“统编本”、1993 年版“统编本”“九年一贯制”2005 年和 2015 年康轩版社会科教科书各六册，共计二十四册社会科教科书作为内容分析的文本。另外，与教科书配套的《习作》《教师指引》等书，课本中的“想一想”“知识库”“动动脑”“社会小学堂”“学习重点”“问题

① 台湾教育学界一般按照出版社名称命名社会科教科书版本。

② 参见附录二：访谈记录 2.1。

讨论”等栏目内容，课本中的图片及图片中之注释，皆不列入分析。不列入的考量有二：其一，受研究篇幅和精力的限制；其二，由于各个版本非正文文本的文字量、图片数量等差异太大，不利于作比较研究。

表 3.1 “九年一贯制”社会科各版本市场占有率一览表

出版时间 出版社	2000 年	2004 年	2005 年	2015 年
康轩	36.5%	40%	36%	40%
翰林	18.2%	32%	43%	43%
南一	22.3%	23%	17%	17%
“国编”	11.7%	无	无	无
新学友	6.8%	未知	未知	无
牛顿	4.1%	未知	未知	无
其他	0.4%	未知	未知	未知

资料来源:《台湾“国小”社会科教科书中台湾意识变迁之研究》[①] 与研究者调研所得。

第二节　分析工具

一、分析单位

分析单位是指内容量化时依循的标准，内容分析单位最常使用的有：字（words）、主题（themes）、人物（characters）、项目（items）、时间及空间单位（space and time units）、课、章、段、词、句、页等，各种分析单位均应配合研究的目的而设定[②]。

台湾社会科教科书编排体例为：每册有 3 到 6 个单元，每单元有 3 到 12 课，每课若干主题，每一主题下有若干自然段。本研究以“主题”(即每课中的“小标题”)作为分析单位，理由如下：其一，本研究内容分析文本囊括三个时期、四个版本二十四本教科书，若以词、句或段作为分析单位，数量极大且“切割”

① 林文贤.“国小”社会科教科书中的“台湾主体意识”变迁之研究 [D]. 台北：台北教育大学，2008：7.

② 黄光雄、简茂发. 教育研究法 [M]. 台北：师大书苑有限公司，2003：236.

过细，实无必要；其二，若以“课”或“单元”作为分析单位，则未免过于概略，分析单位过少，难以保证研究的信度和效度；其三，不同时期的教科书，“单元”和“课”的数量差异极大，但每册的“主题”数从 48 到 60 不等，一般在 55 个左右，相对较为稳定，有利于提高研究信度。

二、分析类目

在内容分析中，类目是重要的分析工具，是内容归类的标准。伯雷逊（Berelson）将类目分为两大类：

（1）“说什么”类目（“what is said” categories）：用以测量内容的实质，包括主题、方向、特征、主角、权威或来源、出处等类。

（2）“如何说”类目（“how it is said” categories）：用以测量内容的形式，包括传播的类型、叙述的形式、感情的强度、策略等类[①]。

本研究主题为台湾小学社会科的变迁，欲了解台湾三个时期（1975 年—2015 年）小学社会科教科书中“国家认同”教育的变动情况，所以本研究分析类目采取“说什么”类目的方式，以便于呈现和分析教科书三个时期变动的特征与性质。

类目是决定内容分析品质好坏的关键因素。类目的开发主要有两种方式，一是依据理论或过去研究成果开发而成，二为由研究者自行开发[②]。本研究并没有可直接采用之类目分析表，故在借鉴已有研究成果基础上自行开发。在开发分析类目表时，本研究做到以下四点：一是审读相关文献，充分借鉴已有最新研究成果；二是明晰研究目的，紧扣研究主题和教科书文本；三是多方征询专家意见，包括课程专家、小学社会科教材研究专家、小学社会科教师等；四是反复琢磨，精益求精，不断地修改和调整。现将“台湾社会科中国化暨台湾化主题类目表”主类目与次类目开发过程说明如下：

1. 主类目之拟定

本研究首先要揭示台湾小学社会科教科书四十年来“国家认同”教育的变迁。如前文所述，本研究之“国家”系“民族国家”，由四大要素组成：国土

① 转引自黄光雄、简茂发．教育研究法 [M]. 台北：师大书苑有限公司，2003：236.

② 黄光雄、简茂发．教育研究法 [M]. 台北：师大书苑有限公司，2003：237.

（领土）、人口（民族）、文化（语言）、主权（政府）①。基于此，将四大要素作为主类目编制的主要依据。内容分析类目彼此之间要具有互斥性与独立性，加之台湾解严后“国家认同”论述存在着“大中国”与“大台湾”两种对立的力量②，研究者据此设计了“台湾社会科中国化暨台湾化主题类目表”。本研究内容分析主类目概念架构如图 3.1 所示：

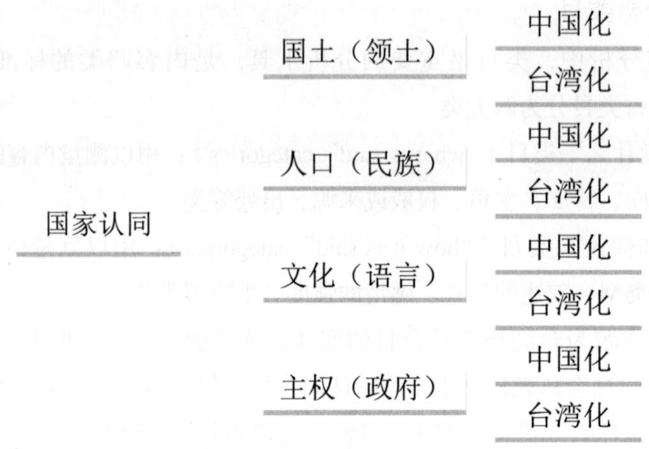

图 3.1 主类目概念架构图

2. 次类目之拟定

有学者采用内容分析法研究台湾小学社会科教科书中国族概念变迁，其主类目分为“国家定位”“国族身份”“政治符号”“历史记忆”“民族文化”“语言”“共同血缘”“民族意识”等。“国家定位”主类目下有“中国地理景观”“台湾地理景观”，“台湾为中国一省”“台湾是国家”等次类目；在“国族身份”主类目下有“中国人”“中华民族”“台湾人”“台湾民族”等次类目；在“历史记忆”主类目下有“在中国发生的中国故事”“与中国相关的台湾故事”“在台湾发生的台湾故事”“中国历史人物”等；在“民族文化”主类目下有“中国文化”“源于中国的台湾文化”“台湾文化”等次类目；在“语言”主类目下有

① 后文也称为“国土（领土）”维度、“人口（民族）”维度、“文化（语言）”“主权（政府）”维度。

② 参见：陈盈宏．解严后“国小”社会科教科书中“国族”概念之转变 [D]. 台北：台湾师范大学，2006：71.

“闽南语”“客家话”“原住民语”等次类目[①]。另外,有学者设计了“社会科教科书本土化内容分析类目表”[②],有学者设计了“社会科台湾主体意识与大中国意识评判指标表”[③]，因其与本研究主题相近，亦可作为开发次类目的重要参考。在参考前人研究成果、浏览教科书文本和征询专家意见的基础上，研究者拟定了“中国地理景观”“中国大陆各省市或地区名称（包括蒙古）”“台湾各县市”“汉语、国语、普通话”“原住民文化”“与台湾相关的中国故事”等次类目。在拟定主类目和次类目之后，对相关类目进行解释、说明和举例以便于信度检验和量化统计（详见表 3.3）。

第三节 效度与信度

一、效度

核证令人可以更加信赖科学研究的结果，为发展出理论和在现实中造成实际影响提供基础。效度是研究结果的质素，令我们接受其为真实的，是关于真实的人、现象、事件、经验和行为的。如果一个测量工具能测量出使用者声称它所测量的，那便是有效的测量工具。如果从现有文本中得出的推论，经得起独立存在的证据、新的观察、其他理论或诠释的考验，或可以影响行为的话，那内容分析便是有效的[④]。

如上所述，本书研究工具以自行研发为主，同时借鉴相关研究成果和已有研究量表。内容分析类目表拟定之后，交由专门从事台湾课程理论研究专家、社会科教育研究专家、社会科教科书编写者等审阅，为本研究工具进行检视与修正。本研究邀请了台湾师范大学公民教育与活动领导系资深社会科教科书研发专家邓毓浩副教授，台湾师范大学课程与教学研究所社会科教育研究专家刘美慧教授，原台北教育大学校长、社会科研究专家欧用生教授，台湾教育研究院资深社会科教科书研究专家秦葆琦副研究员，康轩版社会科教科书编写者、

① 陈盈宏 . 解严后“国小”社会科教科书中“国族”概念之转变 [D]. 台北：台湾师范大学，2006：89-91.

② 胡育仁 .“国小”社会科教科书本土化之分析研究 [D]. 台北：台湾师范大学，2000：86.

③ 林文贤 .“国小”社会科教科书中的“台湾主体意识”变迁之研究 [D]. 台北：台北教育大学，2008：84-85.

④ [美]Klaus Krippendorff. 内容分析：方法学入门 [M]. 曹永强译，台北：五南图书出版股份有限公司，2014：365.

小学社会科教师章五奇博士，作为研究工具内容效度检核专家[①]。专家背景资料如表 3.2 所示。

表 3.2 专家背景资料一览表（按姓氏笔画排序）

姓名、职称、学历	专业背景	
邓毓浩副教授（法学博士）	研究专长	公民教育、社会学习领域教材教法
	与本研究相关重要著作	《近年台湾公民及政治教育课程内容演变》《青少年法治教育及公民社会之建构》《迈向二十一世纪的公民教育——公民教材发展取向之探讨》
	曾任与本研究相关职务	康轩版九年一贯小学社会科教材编写委员会指导委员，九年一贯制社会学习领域课纲重大议题审议小组委员
刘美慧教授（教育学博士）	研究专长	社会科课程与教学、多元文化教育、民主公民教育
	与本研究相关重要著作	《多元文化取向的社会科教育研究》《国小社会课程本土化论述变迁历程之分析》
	曾任与本研究相关职务	台湾师范大学教育学院课程与教学研究所教授，台湾师范大学师资培育与就业辅导处处长
欧用生教授（教育学博士）	研究专长	社会科教育、课程基本理论、课程史
	与本研究相关重要著作	《国民小学社会科教学研究》《我国国民小学社会科潜在课程分析》《我国小学社会科教科书意识形态之分析》《课程改革：九年一贯课程改革的经验与启示》
	曾任与本研究相关职务	1993 版“国民小学”课程标准总纲组修订委员会委员，道德与健康组修订小组成员、90 年代台湾小学乡土教材专案负责人
秦葆琦研究员（教育学硕士）	研究专长	社会领域之课程发展、教材教法与媒体制作，生活课程之课程发展与教材教法
	与本研究相关重要著作	《社会学习领域四年级教科书县市教材转化策略及其成效，我国社会类课程的内涵与取向》《社会领域四年级之乡土教材研究》
	曾任与本研究相关职务	1993 版“国民小学”课程标准社会组修订小组成员，“国家”教育研究院、“国立”编译馆副研究员，台湾省“国民学校”教师研习会副研究员

① 本研究内容分析效度检验步骤参考：卓佩颖．“国中”社会领域教科书阶级意识形态之内容分析 [D]. 台北：台湾师范大学，2010；林文贤．“国小”社会科教科书中的“台湾主体意识”变迁之研究 [D]. 台北：台北教育大学，2008.

续表

姓名、职称、学历	专业背景	
章五奇（教育学博士）	研究专长	社会科教材教法、社会科课程发展史
	与本研究相关重要著作	《从实验教材到官方课程——小学社会科板桥模式教材与改编本教科书的发展》《由屠炳春口述史探究解严前小学社会科教科书的发展》《建构道德主体性课程之自传民族志研究》
	曾任与本研究相关职务	康轩版九年一贯小学《社会》科教材编写委员，新北市新店区某小学社会科教师

资料来源：本表根据五位专家所在单位网站所载信息和采访所得汇整而成。

专家对研究者设计的内容分析类目表进行逐条考量，提出“适合”“修改后适合”或“不适合”的评判。根据多数专家的意见，对“修改后适合”次类目，要求专家给出修改意见；删除“不适合”次类目；另外，补充了一些新的次类目（详见表3.3）。

表3.3　专家建议与修改考量整理

类目与说明	适合度		
主类目：国土（领土）			
“中国化”类目	适合	修改后适合	不适合
1-1 台湾为我国（指中国或“中华民国”）最大岛屿；我们的国家位于亚洲东部……；全国分为……省；我们中国为……文明古国；其他类似论述；	5	0	0
1-2 中国大陆各省市或地区名称（包括蒙古）：教科书中出现大陆省、直辖市、自治区名称的，如福建，北京，新疆等的，属之；“中华民国”历来不承认蒙古独立，提及蒙古的，属之；	3	2	0
1-3 中国地理景观：在教科书中，出现关于中国地理景观描述的，如长城、长江、黄河、青藏高原等。	4	1	0
“台湾化”类目	适合	修改后适合	不适合
1-4“中国领土不包括台湾”：如在教科书中若出现“中国为一个……国家”；	4	1	0
1-5 台湾各县市：在教科书中提及高雄、台北、台中、澎湖、金门、马祖、花莲、台东等县市的；	5	0	0

续表

<table>
<tr><td>1-6 台湾地理景观：在教科书中，出现关于台湾地理景观描述的，如阿里山、玉山、日月潭等。</td><td>4</td><td>1</td><td>0</td></tr>
<tr><td colspan="4">专家修改、建议与补充：
1.1-2“北京”应改为“北京（北平）”，台湾课本中一般不会出现“北京”二字；
2.1-2 补充“热河”“察哈尔”“西康”等“中华民国”旧地名；
3.1-3 尽可能多的举例，如四川盆地、帕米尔高原、珠江三角洲、云贵高原、黄土高原等，以保证内容分析的信度；
4.1-4 要注意语境；
5.1-6 要尽可能多的举例，以便于提高内容分析的信度，如太武山、浊水溪等。</td></tr>
<tr><td colspan="4">研究者修改考虑：
1.1-1 类目全部专家持保留、不做修改的意见，因此不做修改；
2.1-2“北京”改为“北京（北平）”，并补充若干省份，以便于做信度检核时更加一目了然；
3.1-3 增加若干中国著名景观，如泰山、喜马拉雅山、珠江三角洲，帕米尔高原等；
4.1-4 根据专家建议，补充：语境中暗含“中国的领土不包括台湾”之义的；
5.1-5 根据专家建议，补充：台南、彰化、云林、苗栗、基隆、屏东等县市；
6.1-6 根据专家建议，补充：太武山、浊水溪、中央山脉等。</td></tr>
<tr><td colspan="4">主类目：人口（民族）</td></tr>
<tr><td>“中国化”类目</td><td>适合</td><td>修改后适合</td><td>不适合</td></tr>
<tr><td>2-1 中国人（民）：略。</td><td>4</td><td>1</td><td>0</td></tr>
<tr><td>2-2 中华民族：中华民族的概念最早由梁启超在 1902 年提出。作为政治和文化概念，“中华民族”在清末、1911—1949 年和 1949 年至今的三个时期具有相近的定义。</td><td>4</td><td>1</td><td>0</td></tr>
<tr><td>2-3 汉人：汉人占中国人的多数。</td><td>5</td><td>0</td><td>0</td></tr>
<tr><td>2-4 大陆少数民族：提及壮族、彝族、布依族等中国大陆少数民族的（不包括高山族）。</td><td>3</td><td>2</td><td>0</td></tr>
<tr><td>“台湾化”类目</td><td>适合</td><td>修改后适合</td><td>不适合</td></tr>
<tr><td>2-5 台湾人（民）：略</td><td>5</td><td>0</td><td>0</td></tr>
<tr><td>2-6“原住民”：略</td><td>4</td><td>1</td><td>0</td></tr>
<tr><td>2-7“原住民族”：略</td><td>4</td><td>1</td><td>0</td></tr>
<tr><td>2-8 台湾少数民族：提及平埔族、“原住民族”及阿美族、排湾族、泰雅族等台湾细分之少数民族。</td><td>3</td><td>2</td><td>0</td></tr>
</table>

续表

<table>
<tr><td colspan="4">专家修改、建议与补充：
1.1-1 要注意语境，是另外一个国家意义上的“中国人”，还是“中华民国国民”的简称；
2.2-2 不应只分三期，“中华民族”一词在解严后已产生改变，尤其九年一贯课程后，“中华民族”之意已经是指台湾，不及于中国大陆了；
3.2-4 台湾关于大陆少数民族的划分与大陆不一样，比如说，没有壮族，一般分为满、蒙、回、藏、苗、傜等民族；
4.2-6 与 2-7 合并为“原住民（族）”；
5.“原住民族”一般认为包括平埔族、高山族，这两个“原住民族”现在被细化分为 16 个少数民族；
6. 补充：新住民、大陆配偶、台湾新移民、外籍配偶等。</td></tr>
<tr><td colspan="4">研究者修改考量：
1.2-1 补充说明“参考语境”；
2.2-2 根据多数专家的意见，保留“中华民族”类目；
3.2-4 改为：大陆少数民族：提及满族、蒙古族、回族、藏族、苗族、傜族等中国大陆少数民族的；
4.2-6 改为“原住民族”，2-7 删掉；
5.2-8 改为：2-7 台湾少数民族：提及平埔族、高山族，及阿美族、排湾族、泰雅族等台湾细分之少数民族的；
6. 增加 2-8（台湾）新住民、（台湾）新移民，提及外籍配偶、大陆配偶等的。</td></tr>
<tr><td colspan="4">主类目：文化（语言）</td></tr>
<tr><td>“中国化”类目</td><td>适合</td><td>修改后適合</td><td>不適合</td></tr>
<tr><td>3-1 中国文化：教科书中提及书法、京剧、功夫、中医、中国国画、中国传统节日等。</td><td>3</td><td>2</td><td>0</td></tr>
<tr><td>3-2 源于中国的台湾文化：在教科书中提及源于中国大陆的台湾文化习俗，如宋江阵、木偶戏、高跷阵等。</td><td>2</td><td>3</td><td>0</td></tr>
<tr><td>3-3 汉语、“国语”、普通话：略</td><td>5</td><td>0</td><td>0</td></tr>
<tr><td>3-4 闽南语（话）：闽南语（话）作为中国大陆现行方言之一，历史悠久，具有“中国化”倾向。</td><td>1</td><td>4</td><td>0</td></tr>
<tr><td>3-5 客家语（话）：客家语（话）作为中国大陆现行方言之一，历史悠久，具有“中国化”倾向。</td><td>1</td><td>4</td><td>0</td></tr>
<tr><td>3-6 在中国发生的中国故事：教科书内容中出现在中国发生的中国历史故事，如“五胡乱华”“八国联军”等。</td><td>4</td><td>1</td><td>0</td></tr>
<tr><td>3-7 与台湾相关的中国故事：在教科书内容中出现与台湾相关的中国历史故事，如《马关条约》《清朝末年建设台湾》《甲午战争》等。</td><td>4</td><td>1</td><td>0</td></tr>
</table>

续表

3-8 中国历史人物（不包括台湾历史人物）：在教科书中提及中国历史人物，如秦始皇、唐太宗、张骞、郑成功等。	2	3	0
“台湾化”类目	适合	修改后适合	不适合
3-9 台湾文化：教科书中提及非源于中国大陆的台湾本土文化，如歌仔戏、台东炸寒单爷、台湾独有的节庆等。	2	3	0
3-10“原住民”文化：教科书中提及“原住民”文化，如赛夏族的矮灵祭，排湾族的五年祭，阿美族的海神祭，布农族的打耳祭等。	4	1	0
3-11“台语”（台湾话）：略	2	3	0
3-12“原住民”语：略	5	0	0
3-13 在台湾发生的台湾故事：在台湾发生的台湾历史故事，如雾社抗日、三七五减租等。	3	2	0
3-14 在台湾的中国历史人物：在教科书中提及的历史人物虽出生于中国大陆，但其主要事迹发生在台湾，如郑成功、沈葆桢，刘铭传等。	2	3	0
3-15 台湾历史人物：在教科书中提及的出生于台湾的历史人物，如林茂生、蒋渭水等。	5	0	0
专家修改、建议和补充： 1.3-1 中国文化可纳入饮食文化和服装，饮食文化如馒头、北平小吃、川菜馆，服装如旗袍等均源自大陆（内容分析除文字分析外，应纳入图片分析）。 2.3-2 大陆叫掌中戏，台湾是改良后叫木偶戏，木偶戏被视为台湾化，而不是中国化； 3.3-4.3-5 闽南语和客家话被视为地方语言，不会被视为是“中国化”象征，因在台湾，闽南语和客家话已发展出各地不同的语音； 4. 争议性议题的删除，也是台湾化象征，例如吴凤故事的删除； 5. 争议性历史事件的增加，也是台湾化象征，例如“二二八事件”“美丽岛事件”（党外争取民主权事件）； 6. 郑成功”应为“台湾化”类目，“沈葆桢、刘铭传”应为“中国化类目”； 7. 提及“篮球”为“中国化”，提及“棒球”为“台湾化”； 8. 中国文化：教科书中提及书法、京剧、功夫、中医、中国国画、中国传统节日、旗袍、川菜（饮食文化）、三合院、宫殿等。 9. 删除 3-2 中的“木偶戏”； 10.3-6 与 3-7 改为“中国故事”改为“中国故事（事件）”； 11.3-13“台湾故事”改为“台湾故事（事件）”； 12.3-9 原住民文化增加“圆山文化”、“卑南文化”等； 13. 增加中国古代科技，如火药、指南针、印刷术、浑天仪、本草纲目等； 14. 在“郑成功”之后，增加“郑经”。			

续表

<table>
<tr><td colspan="4">研究者修改考虑：
1.3-1 补充举例，如川菜、旗袍、传统建筑（三合院、宫殿）等；
2.3-2 布袋戏目前在中国大陆闽南地区一直有，台湾布袋戏源于中国大陆，但根据多数专家的建议，布袋戏改为“台湾化”类目；
3.3-3 补充“中国话”；
4. 根据多数专家的意见，闽南话与客家话已被视为“本土语言”，因此，3-4“闽南话”与 3-5“客家话”改为“台湾化”类目，尽管台湾的闽南话与客家话源于中国大陆，且大陆一直在使用；
5.3-6.3-7.3-13 有些实例不能算“故事”，称之为“事件”更为恰当，故改为“故事（事件）”；
6.3-8“郑成功”删除，改为“台湾化”类目，并在“郑成功”后增加“郑经”；
7.“中国化”类目补充“中国古代科技”；
8.3-9 增加“布袋戏”；
9.3-10 增加“圆山文化”“卑南文化”“十三行文化”等；
10.3-11 改为：台湾“本土”语言，闽南话、客家话、“台语”等；
11.3-13 增加“二二八事件”“美丽岛事件”等；
12.3-14 沈葆桢、刘铭传为清朝派出管辖台湾省的官员，改为“中国化”类目。</td></tr>
<tr><td colspan="4">主类目：政府（主权）</td></tr>
<tr><td>“中国化”类目</td><td>适合</td><td>修改后适合</td><td>不适合</td></tr>
<tr><td>4-1 中国有……个省；有……个直辖市；</td><td>3</td><td>2</td><td>0</td></tr>
<tr><td>4-2 台湾为中国一省：教科书中，对于台湾定位的描述，有明确指出“台湾为中国一省”或提及“台湾省（政府）”的。</td><td>4</td><td>1</td><td>0</td></tr>
<tr><td>4-3 提及“日治”的；</td><td>5</td><td>0</td><td>0</td></tr>
<tr><td>“台湾化”类目</td><td>适合</td><td>修改后适合</td><td>不适合</td></tr>
<tr><td>4-4 台湾是“独立的国家”：有提出“台湾是一个……经济强国”，“台湾是一个……民主国家”，“台湾是一个……贸易大国”等相关论述的。</td><td>5</td><td>0</td><td>0</td></tr>
<tr><td>4-5 提及日据的。</td><td>5</td><td>0</td><td>0</td></tr>
<tr><td colspan="4">专家修改、建议、补充：
1.4-1 补充“南京市为我国首都”；提及“台湾省（政府）”；
2.“中国化”类目增加“光复”，“台湾化”类目增加“终战”；
3.“中国化”类目增加“明郑”，“台湾化”类目增加“郑氏王朝”；
4.4-1 与 4-2 合并。</td></tr>
</table>

续表

研究者修改考量： 1.“中国化”类目增加“提及光复或台湾光复的”“提及明郑或明郑王朝（时代）的”； 2.“台湾化”类目增加“提及终战或台湾战后的，注意语境”“提及郑氏或郑氏王朝（时代）的”； 3.4-1 与 4-2 合并； 4. 补充：“南京市为我国首都”、提及“台湾省（政府）”。

依据上述五位专家、学者的建议和补充修改意见，研究者对于次类目的名称、说明、次序等皆有调整与修改。经过修改后的内容分析类目表如表 3.4 所示。

表 3.4　内容分析类目表说明与示例

主类目	次类目	说明与示例
国土（领土）	1-1 台湾为我国（指中国或中华民国）最大岛屿；我们的国家位于亚洲东部……；全国分为……；我们中国为……文明古国等	涉及领土问题，语境中台湾属于中国领土的一部分；
	1-2 中国大陆各省名称名称	教科书中出现大陆的省、直辖市、自治区名称的，如福建，北京（北平），天津市，重庆市，上海市，新疆等的，属之，省级以下市、县，不属之；“中华民国”历来不承认蒙古独立，提及蒙古的，属之；提及热河、察哈尔、绥远、西康省等中华民国旧地名的，属之；
	1-3 中国地理景观	在教科书中，出现关于中国地理景观描述的，如长城、长江、黄河、青藏高原、黄土高原、云贵高原、珠江三角洲、蒙古高原、喜马拉雅山、泰山、四川盆地、帕米尔高原等；
	1-4“中国领土不包括台湾”	如在教科书中若出现“中国为一个……国家”，语境中暗含“中国的领土不包括台湾”之义的；
	1-5 台湾各县市	在教科书中提及澎湖、金门、马祖、高雄、台北、台中、台南、台东、花莲、彰化、云林、苗栗、云林、基隆、屏东、新竹等县市的；
	1-6 台湾地理景观	在教科书中，出现关于台湾地理景观描述的，如阿里山、玉山、日月潭、阳明山、太武山、浊水溪等。

续表

人口（民族）	2-1 中国人（民）	需参考语境；
	2-2 中华民族	中华民族的概念最早由梁启超在 1902 年提出。作为政治和文化概念，“中华民族”在清末、1911-1949 年和 1949 年至今的三个时期具有相近的定义；
	2-3 汉人（族）	汉人（族）占中国人的多数；
	2-4 大陆少数民族	提及满族、蒙古族、回族、藏、苗、傜族等中国大陆少数民族的；
	2-5 台湾人（民）	略
	2-6 原住民（族）	略
	2-7 台湾少数民族	提及平埔族、高山族，及阿美族、排湾族、泰雅族等台湾细分之少数民族的；
	2-8 新住民	台湾新移民，新住民，提及外籍配偶、大陆配偶等的。
文化（语言）	3-1 中国文化	教科书中提及书法、京剧、功夫、中医、中国国画、中国传统节日、川菜、旗袍、中国传统建筑（三合院、中式宫殿）等；
	3-2 源于中国的台湾文化:	在教科书中提及源于中国大陆的台湾文化习俗，如宋江阵、高跷阵等；
	3-3 汉语、“国语”、普通话、中国话	略
	3-4 在中国发生的中国故事（事件）	教科书内容中出现在中国发生的中国历史故事，如五胡乱华、大禹治水、八国联军（犯华）等；
	3-5 与台湾相关的中国故事（事件）	在教科书内容中出现与台湾相关的中国历史故事，如马关条约、清朝末年建设台湾、郑和下西洋，甲午战争（甲午海战）等；
	3-6 中国历史人物（不包括台湾历史人物）	在教科书中提及的中国著名历史人物，如孔子、孟子、老子、秦始皇、屈原、张骞、唐太宗、郑和、王阳明、刘铭传、沈葆桢等；
	3-7 中国古代科技	火药、指南针、印刷术、浑天仪、本草纲目、地震仪等；
	3-8 台湾文化	教科书中提及非源于中国大陆的台湾本土文化，如歌仔戏、布袋戏、台东炸寒单爷及其他台湾独有的节庆；

续表

文化（语言）	3-9“原住民文化”	教科书中提及“原住民文化”，如赛夏族的矮灵祭，排湾族的五年祭，阿美族的海神祭，布农族的打耳祭等；圆山文化、卑南文化、十三行文化等；
	3-10 台湾“本土”语言	闽南语、客家语、“台语”等；
	3-11“原住民语”	包括提及各种细化之少数民族语言的；
	3-12 在台湾发生的台湾故事（事件）	在台湾发生的台湾历史故事，如雾社抗日（事件）、三七五减租、牡丹社事件、大湖事件、二二八事件、美丽岛事件等；
	3-13 在台湾的中国历史人物	一般认为是中国历史人物，但“台独”人士认为是台湾历史人物的，如郑成功、郑经；
	3-14 台湾历史人物	在教科书中提及的出生于台湾的历史人物，如林茂生、蒋渭水等。
政府（主权）	4-1 语境中，台湾是中国的一个省，台湾隶属于中国或“中华民国”	中国有……个省，有……个直辖市；南京市为我国首都等；台湾为中国一省；提及“台湾省（政府）”等
	4-2 提及光复或台湾光复的	略
	4-3 提及明郑或明郑王朝的	略
	4-4 提及日据或日据时期的	略
	4-5 台湾是“独立”的“国家”	有提出“台湾是一个……经济强国”，“台湾是一个……民主国家”，“台湾是一个……贸易大国”等相关论述的；
	4-6 提及“终战”或台湾战后的	注意语境；
	4-7 提及郑氏或郑氏王朝（时代）的；	略
	4-8 提及“日治”或“日治时期”的。	略

二、信度

对于过去现象的实证研究，无可避免地要假设数据是对所有使用者都有着同一意义。对内容分析来说，这意味着文本数据与研究结果的阅读，必须可以在别的地方重复，显示研究者对他们所讨论的事有共识。信度因此是一个指定团体的成员在阅读、诠释、反应或使用既有文本或数据的一致性的程度。任何一个方法都好，研究者都需要以测量信度来示范他们数据的可信任程度，如果信度测试的结果具说服力，研究者可以继续分析数据，否则数据成疑，很难证明分析有用①。

内容分析的信度问题包括了稳定性、再现性与正确性②。王文科认为，交互评分者或观察者的信度宜达 0.85-0.90③。本研究采用的信度计算方式为评分者信度。内容分析法的评分者信度检验是测度不同评分者是否能将同一内容归入相同的类目中。不同评分员所作归类的一致性越高，内容分析的信度也越高；一致性越低，内容分析的信度也越低。评分者信度检验的计算公式和步骤如下④：

（1）求相互同意值：

相互比较同意值：$P_i = 2M/(N_1+N_2)$

M：彼此同意的项目数

N1：第一评分员分析之单元主题数；

N2：第二评分员分析之单元主题数

（2）求平均相互同意值（P）

$P=\sum P_i/N$

N：相互比较的次数

$\sum$ Pi 全体评分员间相互比较同意值之和

（3）求评分者信度（R）

R=nP/1+〔(n-1)P〕

n：评分者的人数

① [美]Klaus Krippendorff. 内容分析：方法学入门 [M]. 曹永强译，台北：五南图书出版股份有限公司，2014：296.

② 稳定性系指内容分析的结果在时间上是恒久不变的；再现性又称为“编码者间信度”，意指不同的编码者对相同文件做编码时，会产生相同的“内容分类”；“正确性”意指文件分类符合某一标准或规范。参见：Robert P. Weber. 内容分析法导论 [M]. 林义男、陈淳文译，台北：巨流图书公司出版，1989：21-23.

③ 王文科、王智弘 . 教育研究法（增订十六版）[M]. 台北：五南图书出版股份有限公司，2015：442.

④ 卓佩颖 .“国中”社会领域教科书阶级意识形态之内容分析 [D]. 台北：台湾师范大学，2010：102.

以下说明本研究内容分析信度检验的步骤①：

1. 确定类目分析表后，研究者于 2016 年 6 月底 7 月初，邀请四位评分员，进行评分者信度检验。在研究人员的选取上，考虑如下几点：

（1）对社会科教育有所了解，在研究者作出说明后，能够领会研究意图，明白主类目和次类目之意涵；

（2）必须有整段较长的空闲时间，至少两个小时；

（3）因仅作文本分析，所以在理论水平及教学经验上没有太高要求；

（4）耐心细致，具有较高的语文阅读理解能力；

（5）主修与本研究相关专业的研究生或已毕业硕士。

2. 四位评分员基本情况如下：

表 3.5　评分者基本情况一览表

姓名	学历	工作或学习经历	修习与本研究有关的课程
A 刘坤 ×	研究生	台北市吉林区某小学社会科教师，台北市立大学教育学硕士（社会科教育方向）	1. 课程与教学 2. 课程史 3. 社会科教育研究
B 李 × 霖	研究生	就读于台北教育大学课程与教学传播科技研究所	1. 教育研究法 2. 课程理论 3. 教学理论
C 王 ×	研究生	就读于某重点师范大学课程与教学系	1. 社会课程教材分析 2. 社会科课程专题研究 3. 社会科课程与教学研究 4. 课程与教学论
D 陈 ×	研究生	就读于某重点师范大学课程与教学系	1. 社会课程教材分析 2. 社会科课程专题研究 3. 社会科课程与教学研究 4. 课程与教学论

3. 研究者随机挑选了 1975 年版、1993 年版、康轩 2005 年版和 2015 年版教科书各两册，共计八册；每册各随机选择 10 个分析单元，共计 80 个分析单

① 本研究信度检验步骤参考：陈盈宏 . 解严后“国小”社会科教科书中“国族”概念之转变 [D]. 台北：台湾师范大学，2006；卓佩颖 .“国中”社会领域教科书阶级意识形态之内容分析 [D]. 台北：台湾师范大学，2010；林文贤 .“国小”社会科教科书中的“台湾主体意识”变迁之研究 [D]. 台北：台北教育大学，2008.

元作为信度检验的抽样文本。评分原则如下：

（1）在一个分析单元中，如果重复出现“类目”中的内容，该分析单元的“类目”只划计一次；

（2）同一“类目”内容如果在不同分析单元出现，每一分析单元划计一次；

（3）划计依“类目”中的解释说明进行，但不限于说明中的列举项目；

（4）仅以教科书正文作为分析文本，“图”或“表”中之文字及所附说明文字，“动动脑”，“研究与讨论”，“学习加油站”，“小词典”“社会小学堂”等补充栏目之文字不作为分析对象。

4. 研究者将如下“台湾社会科中国化暨台湾化主题类目表”（表 3.5）和随机抽中的教科书文本分发给四位评分员阅读，解释外延较广、意义较模糊的概念，说明以上归类原则及划计方法，回答评分员的问题，请评分员就抽中的分析单元依照类目表归类与划计。

表 3.6 台湾社会科“中国化”暨“台湾化”主题类目表

主类目：国土（领土）	
“中国化”次类目	分析单元划计及次数
1-1 台湾为我国（指中国或“中华民国”）最大岛屿；我们的国家位于亚洲东部……；全国分为……；我们中国为……文明古国；其他类似论述；	
1-2 中国大陆各省名称名称（包括蒙古）：教科书中出现大陆的省、直辖市、自治区名称的，如福建，北京（北平）、天津市、重庆市、上海市、新疆等的，属之，省级以下市、县，不属之；“中华民国”历来不承认蒙古独立，提及蒙古的，属之；提及热河、察哈尔、绥远、西康省等“中华民国”旧地名的，属之；	
1-3 中国地理景观：在教科书中，出现关于中国地理景观描述的，如长城、长江、黄河、青藏高原、黄土高原、云贵高原、珠江三角洲、蒙古高原、喜马拉雅山、泰山、四川盆地、帕米尔高原等；	
“台湾化”次类目	分析单元划计及次数
1-4 “中国领土不包括台湾”：如在教科书中若出现“中国为一个……国家”，语境中暗含“中国的领土不包括台湾”之意的；	

续表

1-5 台湾各县市：在教科书中提及澎湖、金门、马祖、高雄、台北、台中、台南、台东、花莲、彰化、云林、苗栗、云林、基隆、屏东、新竹等县市的；	
1-6 台湾地理景观：在教科书中，出现关于台湾地理景观描述的，如阿里山、玉山、日月潭、阳明山、太武山、浊水溪等。	
主类目：人口（民族）	
“中国化”次类目	分析单元划计及次数
2-1 中国人（民）：参考语境；	
2-2 中华民族：中华民族的概念最早由梁启超在1902年提出。作为政治和文化概念，“中华民族”在清末、1911—1949年和1949年至今的三个时期具有相近的定义；	
2-3 汉人（族）：汉人（族）占中国人的多数；	
2-4 大陆少数民族：提及满族、蒙古族、回族、藏、苗、傜族等中国大陆少数民族的；	
“台湾化”次类目	分析单元划计及次数
2-5 台湾人（民）：略	
2-6 “原住民（族）”：略；	
2-7 台湾少数民族：提及平埔族、高山族，及阿美族、排湾族、泰雅族等台湾细分之少数民族的；	
2-8（台湾）新住民、（台湾）新移民，提及外籍配偶、大陆配偶等的。	
主类目：文化（语言）	
“中国化”次类目	分析单元划计及次数
3-1 中国文化：教科书中提及书法、京剧、功夫、中医、中国国画、中国传统节日、川菜、旗袍、中国传统建筑（三合院、宫殿）等；	
3-2 源于中国的台湾文化：在教科书中提及源于中国大陆的台湾文化习俗，如宋江阵、高跷阵等；	
3-3 汉语、“国语”、普通话、中国话：略；	
3-4 在中国发生的中国故事（事件）：教科书内容中出现在中国发生的中国历史故事，如“五胡乱华”、大禹治水、八国联军（犯华）等；	

续表

3-5 与台湾相关的中国故事（事件）：在教科书内容中出现与台湾相关的中国历史故事，如《马关条约》、清朝末年建设台湾、郑和下西洋，甲午战争（甲午海战）等；	
3-6 中国历史人物（不包括台湾历史人物）：在教科书中提及的中国著名历史人物，如孔子、孟子、老子、秦始皇、屈原、张骞、唐太宗、郑和、王阳明、刘铭传、沈葆桢等；	
3-7 中国古代科技：火药、指南针、印刷术、浑天仪、本草纲目、地震仪等。	
"台湾化"次类目	分析单元划计及次数
3-8 台湾文化：教科书中提及非源于中国大陆的台湾本土文化，如歌仔戏、布袋戏、台东炸寒单爷及其他台湾独有的节庆；	
3-9"原住民"文化：教科书中提及"原住民"文化，如赛夏族的矮灵祭、排湾族的五年祭、阿美族的海神祭、布农族的打耳祭等；圆山文化、卑南文化、十三行文化等；	
3-10 台湾"本土"语言：闽南语、客家语、"台语"等；	
3-11"原住民"语：略；	
3-12 在台湾发生的台湾故事（事件）：在台湾发生的台湾历史故事，如雾社抗日（事件）、三七五减租、牡丹社事件、大湖事件、二二八事件、美丽岛事件等；	
3-13 在台湾的中国历史人物：一般认为是中国历史人物，但"台独"人士认为是台湾历史人物的，如郑成功、郑经；	
3-14 台湾历史人物：在教科书中提及的出生于台湾的历史人物，如林茂生、蒋渭水等。	
主类目：政府（主权）	
"中国化"次类目	分析单元划计及次数
4-1 中国有……个省，有……个直辖市；南京市为我国首都等；台湾为中国一省；提及"台湾省（政府）"；	
4-2 提及光复或台湾光复的；	
4-3 提及明郑或明郑王朝的；	
4-4 提及日据或日据时期的。	
"台湾化"次类目	分析单元划计及次数

续表

4-5 台湾是“独立的国家”：有提出“台湾是一个……经济强国”，“台湾是一个……民主国家”，“台湾是一个……贸易大国”等相关论述的；	
4-6 提及“终战”或台湾战后的，注意语境；	
4-7 提及郑氏或郑氏王朝（时代）的；	
4-8 提及“日治”或“日治时期”的。	

5. 四位评分员就评分对象，依类目表归类，并根据上述公式计算评分者信度。

本研究之评分者两两间相互同意值如表 3.6 所示，可得出评分者间平均相互同意值为 0.76，由相互同意值得出评分者信度为 0.93。

表 3.7　评分员相互同意值表

	A	B	C	D
A		0.85	0.77	0.81
B	0.85		0.69	0.72
C	0.77	0.69		0.71
D	0.81	0.72	0.71	

全体平均同意值 P=0.76，评分者信度 =0.93

第四章　教科书分析结果与讨论

本章依据第三章所制定“台湾小学社会科中国化暨台湾化”主题类目表，对台湾小学社会科自 1975 年至 2015 年三个时期、四套教科书，共计二十四本教科书中有关“国家认同”的内容作量的和质的分析。定性分析和定量分析相结合，相辅相成，互为印证。通过教科书的文本分析，揭示台湾不同时期社会科“国家认同”教育的意涵变化及其走向。如第二章所述，国家有四个构成要素，即“国土（领土）”“人口（民族）”“文化（语言）”“主权（政府）”。本章第一节到第四节，分别从四个维度开展，呈现每个时期社会科教科书中“国家认同”教育的“中国化”和“台湾化”倾向特征。其中，第三时期两套教科书与研究主题的联系更为紧密，为分析和讨论的重点。第五节，归纳前四节的研究发现，概述台湾小学社会科“国家认同”教育变迁的要旨。

第一时期教科书一般称为“1975 年版教科书”，根据台湾 1975 年 8 月出台的社会课程标准编写，使用至 90 年代中期。其中，四年级至六年级用书第七册至第十二册分别有 57.58.81.55.56.57 个分析单元，共计 364 个分析单元。第二时期教科书一般称为“1993 年版教科书”，根据台湾 1993 年 9 月公布的社会课程标准编写，从 90 年代中期使用至本世纪初。其中，四年级至六年级用书第三册至第八册分别有 55.56.56.61.57.44 个分析单元，共计 329 个分析单元。第三时期教科书一般称为“九年一贯制”教科书，由各书商组织专家、一线教师根据 2000 年、2003 年、2008 年公布的“九年一贯课程纲要（社会学习领域）”[①] 编写，从 2002 年起陆续发行。本研究采用了台湾康轩文教事业股份有限公司 2005 年和 2015 年出版的两套教科书。2005 年版教科书四年级至六年级用书第三册至第八册共分别有 44.56.63.58.51.61 个分析单元，共计 343 个分析单元；

① 台湾地区“教育部”2000 年颁布“国民中小学九年一贯课程暂行纲要”，一般称为“89 暂纲”；2003 年颁布“国民中小学九年一贯课程纲要”，一般称为“92 正纲”；2008 年颁布“国民中小学九年一贯课程纲要”，对“92 正纲”进行了微调。

2015年版教科书四年级至六年级用书第三册至第八册分别有45.44.67.57.62.52个分析单元，共计327个分析单元。

第一节 国土（领土）维度之“国家认同”教育

本节统计了社会科教科书中“中国大陆省市”和“台湾县市名称”“大陆地理景观”和“台湾地理景观”出现频次的变化，考察不同时期教科书中“中国大陆”与“台湾”在“国土（领土）”维度给予儿童印象多寡之变化。教科书谈及中国大陆的频次少了，儿童对“中国”“中国为本国”的印象也会变得模糊。反之，谈及台湾的多了，“台湾主体性”观念、“台湾化”的“国家认同观”就会在儿童心中生长。此外，在国土（领土）维度，不同时期的教科书是如何阐述“台湾与中国”关系的——台湾属于中国、“台湾和中国地位平等”抑或其他特殊的关系？不同时期的台湾社会科教科书是如何定位台湾的，教科书中的“台湾”在中国地理、历史上处于何种地位？这些也是本节探讨的问题。

一、1975年版教科书

由表4.1可以得知，次类目1-1“台湾为我国最大岛屿；我国处于亚洲东部；我国为……文明古国”在1975年版六本教科书中共计出现了12次，所占比例为3.3%（12/364，下同）；次类目1-2“中国大陆各省名称（包括蒙古）”共计出现了76次，所占比例为20.88%；次类目1-3“中国地理景观”共计出现46次，所占比例为12.64%。在“国土（领土）”维度上，“中国化”次类目所占比例合计为36.81%(12+76+46/364)。从“台湾化”次类目来看，1-4“中国领土不包括台湾”、1-5“台湾各县市名称”、1-6“台湾地理景观”出现的次数分别为0次、38次、9次，合占比例仅为12.91%（0+38+9/364）。因此，从“国土（领土）”维度的量化分析来看，1975年版社会科教科书的“中国化”倾向明显。

在“台湾化”倾向方面，1975年版教科书四年级（上）用书第七册出现了35次（27+8），在六册中所占比例高达74.5%，其他五册所占比例合计仅为25.5%。盖台湾教科书编制遵循“同心圆”理论，社会科教科书在中低年级中关于社区、乡土的内容较多之故。不同于“台湾主体性”教育“独立”的政治倾向，“本土化教育”在政治上较为中立。因此，虽然1975年版教科书“台湾化”倾向12.91%的比例本就不高，但真实意涵可能更低。另外，尽管第七册出现的

“台湾化”次类目不少，但依旧是在“大中国”的框架下谈及台湾，这从第七册的册名《台湾与大陆》及各单元和各课的名称就可以看出[①]。

表 4.1　1975 年版国土（领土）维度之“国家认同”次数分布表

册目	1975-7	1975-8	1975-9	1975-10	1975-11	1975-12	小计	占比
单元数	57	58	81	55	56	57	364	100%
1-1	5	2	2	3	0	0	12	3.30%
1-2	13	4	21	15	21	2	76	20.88%
1-3	1	0	21	15	6	3	46	12.64%
小计	19	6	44	33	27	5	134	36.81%
1-4	0	0	0	0	0	0	0	0.00%
1-5	27	5	1	3	2	0	38	10.44%
1-6	8	1	0	0	0	0	9	2.47%
小计	35	6	1	3	2	0	47	12.91%

在 1975 年版教科书中多次明确台湾为中国的一部分。例如，在第七册中，描述台湾为“它是我国最大的岛屿，它是我国的模范省”，“台湾在我国东南沿海”，“要把台湾建设成为三民主义模范省”，“台湾是中国大陆东南方的海岛”[②]。第八册第四单元，借文中人物“心健”的口说：台湾是中国的一部分，大陆也是中国的一部分。作为“反共复国”基地的“台湾”也多次反复出现，如第七册，“台湾——复兴的基地”，“台湾是民族复兴的基地，也是坚强的堡垒”，“台湾成为教育平等、经济繁荣、社会安定、军力强大的复兴基地，也是反共的坚强堡垒”[③]。第七册第一单元作小结时谈道：台湾是复兴基地，我们反攻大陆后，台湾和大陆当然就连在一起了。教科书中台湾被视为“复兴基地”，深化了儿童心中“台湾属于中国”，“台湾和中国大陆是一个整体”的印象。关于中国的地理位置，领土的边界，区域的划分，教科书文本都有明确的说明。如，“我们的

① 台湾 1975 年版社会科教科书不同于 1993 年版和“九年一贯制”教科书，每册皆有册名，为本册主题。参见附录五：台湾 1975 年版四年级至六年级社会科教科书目录。

② “国立”编译馆．“国民小学”社会第七册（四上）[M]. 台北．“国立”编译馆，1981：4.8.23.78.

③ “国立”编译馆．“国民小学”社会第七册（四上）[M]. 台北．“国立”编译馆，1981：6.94.98.

国家位于亚洲东部……是世界上最大的温带国家”，“喜马拉雅山是我国和印度、尼泊尔的界山”[①]。1975年版教科书非常清晰地将“中国”定位为“我国”。

从以上分析可以看出，在国土（领土）维度，1975年版社会科教科书“中国化”色彩非常浓厚，多处强调台湾和中国大陆是一个统一的整体，台湾是“反共复国”的基地，有关台湾的介绍并不涉及政治层面的“台湾主体性”教育。因此，1975年版社会科教科书灌输给学生的是“一个中国”“台湾属于中国”的国家认同观。

二、1993年版教科书

如表4.2所示，次类目1-1“台湾为我国岛屿等”在1993年版六册教材中仅出现1次，所占比例仅为0.3%；出现“大陆省市名称”的频次为15，所占比例为4.56%；次类目1-3“中国地理景观”出现了15次，所占比例为4.56%。在该类目范畴，1993年版教科书“中国化”倾向比例合计为9.42%，与1975年版相较，有明显的下降。在“台湾化”倾向方面，次类目1-4保持“0”的记录；次类目1-5“台湾各县市名称”出现了21次，所占比例为6.38%；次类目1-6“台湾地理景观”出现3次，所占比例为0.91%；“台湾化”倾向合计所占比例为7.29%。可以看出，1993年版社会科教科书不管是“中国化”还是“台湾化”倾向的比例，比之1975年版都有所下降。其中，“中国化”倾向比例下降更为显著。

为何“中国化”倾向次类目出现的频次陡然减少呢？这跟1993年版社会科教科书有关中国篇幅的减少有关系。在1975年版六册社会科教科书中，有三册是专门讲中国的，即第九、十、十一册[②]。如表4.1所示，这三册出现的“中国化”次类目次数分别为44.33.27，合计占比高达77.61%。但在1993年版六本社会科教科书中，第七、第八册专门讲台湾，第九册三个单元中的第二单元及第十册讲中国，其余内容讲中外交流、世界政治、经济、文化和科技及其他无关“中国化”或“台湾化”的经济、政治、社会常识，如第九册第一单元《社会的经济活动》、第三单元《和谐有序的生活》，第十一册第二单元《文明与生活》[③]。也就是说，1993年版社会科教科书有关中国的内容少了，相较于1975年

① “国立”编译馆．“国民小学”社会第九册（五上）[M]. 台北．“国立”编译馆，1982：48.

② 参见附录五：台湾1975年版四年级至六年级社会科教科书目录。

③ 参见附录六：台湾1993年版四年级至六年级社会科教科书目录。

版，替补了很多无关“中国化”或“台湾化”的内容。

表 4.2　1993 年版国土（领土）维度之“国家认同”次数分布表

册目	1993-7	1993-8	1993-9	1993-10	1993-11	1993-12	小计	占比
单元数	55	56	56	61	57	44	329	100%
1-1	1	0	0	0	0	0	1	0.30%
1-2	4	0	1	5	5	0	15	4.56%
1-3	0	0	0	12	2	1	15	4.56%
小计	5	0	1	17	7	1	31	9.42%
1-4	0	0	0	0	0	0	0	0.00%
1-5	15	3	1	1	1	0	21	6.38%
1-6	3	0	0	0	0	0	3	0.91%
小计	18	3	1	1	1	0	24	7.29%

“中国化”内容的较少并不意味着 1993 年版教科书就是一个“台湾化”的或强调“台湾主体性”的教材。1993 年版教科书在第七册中仍明确台湾为中国的一部分。在第七册第一单元关于台湾地理环境的介绍中谈到，“台湾岛位于中国大陆的东南方，是我国最大的岛屿”①；1993 年版教科书仍强调台湾和大陆的联结，如在第七册开篇就讲到，“台湾地区、金门和马祖合称台闽地区”②。此外，1993 年版教科书仅在第七册就 12 次出现“台湾地区（包括澎湖群岛和台湾岛）”一词，部分代替了 1975 年版的“台湾省”“模范省”等用词。从语境及该词本义可以看出，1993 年版“台湾地区”一词带有鲜明的“中国化”色彩。在 1993 年版社会科教科书中，第十册的第一单元阐述中国大陆的地理环境。相较 1975 年版，虽然篇幅减少很多，但用的是“大陆地区”的概念，并在文中多次与“台湾地区”相提并论③。言下之意，两岸同属一个国家，只不过暂时分为两个地区。

综上所述，在国土（领土）维度，1993 年版社会科教科书介绍中国的内容减少，“中国化”色彩淡化不少，但仍主张台湾是中国的一部分，台湾和中国大陆密不可分的国家认同观。当然，相较于 1975 年版教科书，1993 年版教科书

① “国立”编译馆．“国民小学”社会第七册（四上）[M]. 台北．“国立”编译馆，2001：6.
② “国立”编译馆．“国民小学”社会第七册（四上）[M]. 台北．“国立”编译馆，2001：6.
③ “国立”编译馆．“国民小学”社会第十册（五下）[M]. 台北．“国立”编译馆，2003：6.

“大中国”的“国家认同”教育显得比较“柔和”，比如已经不谈台湾是“反攻复国”的基地了。

三、“九年一贯制”教科书

如表 4.3 和表 4.4 所示，在 2005 年版和 2015 年版社会科教科书中，次类目 1-1“台湾为我国最大岛屿；我国处于亚洲东部；我国为……文明古国”1 次都没有出现；次类目 1-2“中国各省份名称”在 2005 年版教科书中出现了 9 次，在 2015 年版中出现了 11 次，所占比例分别为 2.62% 和 3.36%。2005 年版教科书 1-3 次类目，“中国地理景观”1 次都没有出现，在 2015 年版中出现了 1 次，所占比例极低。那么，在国土（领土）维度，2005 年版和 2015 年版“中国化”倾向次类目合计所占比例分别为 2.62%（9/343）和 3.67%(12/327)，所占比例非常低。

表 4.3　2005 年版国土（领土）维度之“国家认同”次数分布表

册目	2005-3	2005-4	2005-5	2005-6	2005-7	2005-8	小计	占比
单元数	44	56	63	58	61	51	343	100%
1-1	0	0	0	0	0	0	0	0.00%
1-2	0	3	5	0	1	0	9	2.62%
1-3	0	0	0	0	0	0	0	0.00%
小计	0	3	5	0	1	0	9	2.62%
1-4	0	0	0	0	0	0	0	0.00%
1-5	4	3	14	0	5	0	26	7.58%
1-6	0	2	7	0	6	0	15	4.37%
小计	4	5	21	0	11	0	41	11.95%

在“台湾化”倾向方面，2005 年版和 2015 年版社会科教科书次类目 1-4“语境中暗含中国的领土不包括台湾之义的”出现的次数皆为 0。在次类目 1-5“台湾各县市名称”，2005 年版出现了 26 次，所占比例为 7.58%；在 2015 年版教科书中所占比例为 10.40%，34 次。次类目 1-6“台湾地理景观”，2005 年版和 2015 年版社会科教科书中都出现了 15 次，所占比例分别为 4.37% 和 4.59%。三项次类目合计，2005 年版教科书“台湾化”倾向出现比例合计为 11.95%，2015 年版则为 14.98%（详见表 4.3，表 4.4）。

表 4.4 2015 年版国土（领土）维度之"国家认同"次数分布表

册目	2015-3	2015-4	2015-5	2015-6	2015-7	2015-8	小计	占比
单元数	45	44	67	57	62	52	327	100%
1-1	0	0	0	0	0	0	0	0.00%
1-2	0	3	2	5	1	0	11	3.36%
1-3	0	0	0	0	0	1	1	0.31%
小计	0	3	2	5	1	1	12	3.67%
1-4	0	0	0	0	0	0	0	0.00%
1-5	5	1	10	8	10	0	34	10.40%
1-6	1	0	11	0	3	0	15	4.59%
小计	6	1	21	8	13	0	49	14.98%

"九年一贯制"2005 年版和 2015 年版社会科教科书在国土（领土）维度的"国家认同"教育发生了显著的变化。在 1-1 次类目，两版教科书出现的次数皆为零，也就是说，新版教科书再无出现"台湾为我国最大岛屿，我们的国家位于亚洲东部，我们中国为……文明古国"等相关语句。在 2005 年版，代之的是未明确表明中国和台湾统属关系的表述，例如第五册第一单元第 2 课《台湾在哪里》关于台湾地理位置的描述如下：

台湾位于中国大陆的东南方，和福建省之间隔着台湾海峡；东滨太平洋，北邻东海，东北方是琉球群岛和日本；南隔巴士海峡和菲律宾相望[①]。

在第八册第二单元第 1 课《台湾与亚洲》关于台湾地理位置的描述为：

台湾是一个海岛，和中国大陆一样都位于亚洲的东部，台湾的北边是东北亚，有日本、韩国；南边是东南亚，有菲律宾、越南、印尼、马来西亚等国。这些国家和台湾的距离较近，往来频繁，关系密切[②]。

---

① 周秀卿等．"国民小学"社会第五册（五上）[M]. 台北．康轩文教事业股份有限公司，2005：8.

② 章五奇等．"国民小学"社会第八册（六下）[M]. 台北．康轩文教事业股份有限公司，2005：28.

在2015年版教科书第五册第一单元第1课《台湾我的家》关于台湾地理位置的描述为：

东边是地球最大的海洋——太平洋，南边隔着巴士海峡和菲律宾相邻；西边隔着台湾海峡和中国大陆相望;北边越过东海，有日本、韩国等邻近国家”①。

在2015年版第八册中，关于台湾与中国大陆交流的内容放在第二单元《从台湾走向世界》的第1课《台湾与世界》中，所占篇幅只有一个分析单元②。直接探讨台湾与世界的关系，避谈中国和台湾的关系，凸显了“台湾主体性”。

言下之意，台湾和中国大陆的地位是平行或平等的。虽然说，教科书中没有出现类似于次类目1-4的内容，如“台湾的领土（国土）边界……”，“中国是一个独立于台湾的国家”或“台湾是一个不属于中国的独立国家”，但“台湾属于中国”“台湾和中国大陆同属一个中国”的定位在2005年版和2015年版教科书中杳无踪迹。

从以上量的和质的分析来看，2005年版和2015年版社会科教科书，在国土（领土）维度，“中国化”色彩比之1975年版和1993年版淡化许多，而“台湾化”倾向则更为明显。尽管没有出现台湾作为一个“独立国家”的“国土（领土）”边界说明及类似表述，但意涵为“台湾和中国大陆同属一个中国”的语词已然不复存在。相较之前的版本，这是一个质的变化。在国土（领土）维度，“九年一贯制”社会科教科书，传输给学生的是模糊不清的“国家认同观”：“本国”是“台湾”还是“中国（中华民国）”？台湾属于中国抑或是一个“独立国家”？

上文统计和分析了我国台湾地区三个时期，四套社会科教科书在国土（领土）维度，“国家认同”教育的倾向性（“中国化”或“台湾化”）特征。从量的角度分析，如表4.5所示，1975年版“中国化”次类目出现的频次合计比例为36.81%，1993年版合计比例为9.42%，2005年版为2.62%，2015年版仅为0.31%，呈显著的趋势性下降。“台湾化”倾向方面，2005年版和2015年版

① 陈锦堂等．“国民小学”社会第五册（五上）[M]．台北．康轩文教事业股份有限公司，2015：11.

② 陈锦堂等．“国民小学”社会第八册（六下）[M]．台北．康轩文教事业股份有限公司，2015：30-31.

教科书分别为 11.95% 和 14.98%，比 1993 年版 7.29% 的比例有明显上升，与 1975 年版教科书 12.91% 的比例差距不明显（见图 4.1）。其中，1993 年版教科书在“中国化”倾向大幅下降的同时，“台湾化”倾向也有所降低。那么，1993 年版教科书是“中国化”多一些还是“台湾化”多一些？结合质性分析，本研究认为尽管 1993 年版“中国化”色彩淡化不少，但仍强调台湾地区属于中国，台湾和中国大陆是一个不可分割的整体。

表 4.5　国土（领土）维度各版本教科书“中国化”与“台湾化”合计比例

教科书版本	“中国化”次类目合计比例	“台湾化”次类目合计比例
1975 年版	36.81%	12.91%
1993 年版	9.42%	7.29%
2005 年版	2.62%	11.95%
2015 年版	3.67%	14.98%

在国土（领土）维度，“九年一贯制”2005 年版和 2015 年版社会科教科书传输给学生的“国家认同观”变得模糊：既没有明确或隐晦地表明两岸同属一个中国，也没有表明台湾地区作为“独立政治实体”已有自己的“国土（领土）”边界，但较之 1975 年版和 1993 年版，“台湾化”的“国家认同”倾向较为鲜明。

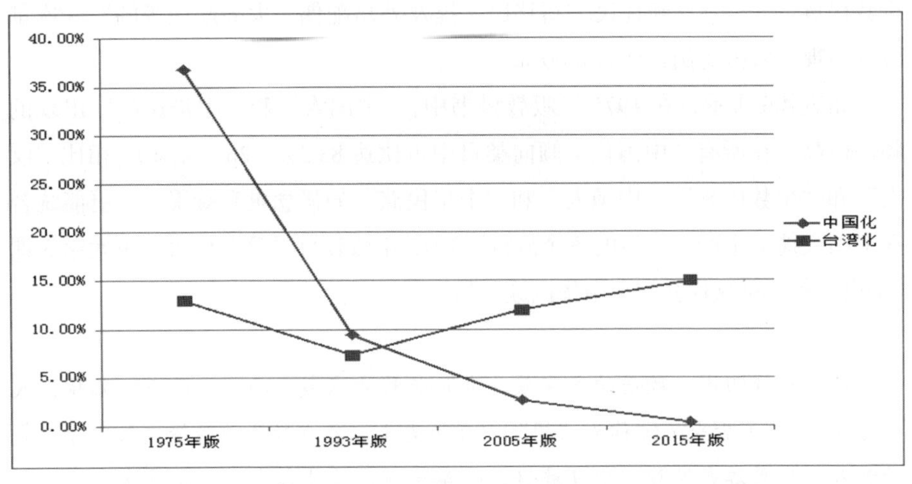

图 4.1　国土（领土）维度各版本教科书“中国化”与“台湾化”合计比例变化趋势

第二节 人口（民族）维度之“国家认同”教育

“你属于哪国人”（台湾人、中国人或者二者都是）是台湾“国家认同”问题绕不开的话题。社会科教科书中“中国人”“中华民族”“汉人”“台湾人（民）”“台湾原住民（族）”等词语出现频次的多寡，关于“台湾人民”和“中国人民”关系的阐述，会影响到儿童对“中国”亲近感的强弱，进而影响到儿童国家认同观的形成。

一、1975 年版教科书

由表 4.6 可以得知 1975 年版六本社会科教科书中，次类目 2-1“中国人（民）”共出现了 26 次，所占比例为 7.14%；次类目 2-2“中华民族”出现了 19 次，所占比例为 5.22%；次类目 2-3“汉人（族）”出现 4 次，所占比例为 1.10%；有关大陆少数民族的介绍，出现了 5 次，所占比例为 1.37%。在“人口（民族）”维度，合计“中国化”倾向次类目出现的次数为 54，所占比例为 14.84%。在“台湾化”倾向次类目方面，2-5“台湾人（民）”、2-6“原住民（族）”、2-7“台湾少数民族：提及平埔族、高山族，及阿美族、排湾族、泰雅族等台湾细分之少数民族的”、2-8“新住民、新移民，提及外籍配偶、大陆配偶等的”一次都没有出现，所占比例合计为 0.00%。

如表 4.6 所示，在 1975 年版教科书中，“中国人”和“中华民族”出现的频率极高，在所有“中国化”倾向类目中占比达 83.3%（26+19/54）。相比“汉人”和“少数民族”，“中国人”和“中华民族”的概念更有凝聚力，更能统合在中国大地上生产、生活的各个族群。1975 年版教科书第九册第二单元第 3 课《华夷一家》是这样介绍“中华民族”的：

在华夏族四周，散居的各宗族，古时统称为东夷、南蛮、西戎、北狄，或简称为“夷”（后来又统称为“胡”）。在历史上，各少数民族纷纷进入中原，先后加入了华夏族或汉族。华夏族好比一条大河，其他各宗族好比许多支流；汇集起来，水流更大，力量更强。中华民族就是这样形成和扩大的[①]。

1975年版第八册第四单元第1课《复国大业的完成》：

和平、统一的中国，是每个中国人的愿望。自由民主，进步繁荣，安和乐利是每个中国人的理想[②]。

第八册第四单元第4课《风雨生信心》有一段两个人的对话：

“台湾海峡两边的中国人，都说只有一个中国，”顾老先生说，“为什么不想法子统一起来？

“不错，台湾是中国的一部分，大陆也是中国的一部分，中国只有一个。”心健说[③]。

以上从1975年版社会科教科书文本中截取的几段话，显示了该版教科书在谈及“中国人”“中华民族”时鲜明的“一个中国”的政治立场。

1975年版教科书没有出现“台湾人（民）”等词语，而是出现了“台湾同胞”一词。称台湾人民为“同胞”，可以引申出两岸人民同是炎黄子孙，同属中华民族大家庭的意涵。1975年版教科书没有“原住民（族）”的概念，但出现“山胞”一词。这里的“山胞”指的就是目前台湾所称的“原住民”。书中认为：

远古时代，我国东南的浙江、福建等地，散居着越族的人；西南的云南、贵州等地，散居着濮族的人。台湾的多数山胞，和越族、濮族有关，他们是从中国大陆到台湾来的[④]。

1975年版教科书关于“原住民”的说法未必准确，但此说从“血缘”上加强了台湾和大陆的联系，在此后版本的教科书中再也没有出现。除了“原住民”，

---

① “国立”编译馆.“国民小学”社会第九册（五上）[M].台北.“国立”编译馆，1982：64.

② “国立”编译馆.“国民小学”社会第八册（四下）[M].台北.“国立”编译馆，1982：90.

③ “国立”编译馆.“国民小学”社会第八册（四下）[M].台北.“国立”编译馆，1982：112.

④ “国立”编译馆.“国民小学”社会第七册（四上）[M].台北.“国立”编译馆，1981：44.

对于其他台湾人的祖先，教科书认为都是不同时期，包括三国时期、隋炀帝时期，尤其是宋代以后陆续从大陆移民台湾的[①]。进而言之，按照1975年版教科书的说法，目前所有居住在台湾的汉人和台湾少数民族的祖先都来自中国大陆。

表4.6　1975年版人口（民族）维度之“国家认同”次数分布表

册目	1975-7	1975-8	1975-9	1975-10	1975-11	1975-12	小计	占比
单元数	57	58	81	55	56	57	364	100%
2-1	3	6	5	11	1	0	26	7.14%
2-2	0	0	9	4	3	3	19	5.22%
2-3	0	0	2	2	0	0	4	1.10%
2-4	0	0	0	5	0	0	5	1.37%
小计	3	6	16	22	4	3	54	14.84%
2-5	0	0	0	0	0	0	0	0.00%
2-6	0	0	0	0	0	0	0	0.00%
2-7	0	0	0	0	0	0	0	0.00%
2-8	0	0	0	0	0	0	0	0.00%
小计	0	0	0	0	0	0	0	0.00%

从以上分析可以看出，不管是从量的角度还是质的角度，1975年版社会科教科书在人口（民族）维度都显现了浓厚的“中国化”色彩；相对地，“台湾化”次类目则清一色没有出现，“山胞”和“台湾同胞”称谓的多次出现体现了教科书“大中国”“国家认同”教育的意图。

二、1993年版教科书

如表4.7所示，在1993年版六本社会科教科书中，次类目2-1“中国人（民）”共出现了9次，所占比例为2.74%；次类目2-2“中华民族”出现了9次，所占比例为2.74%；次类目2-3“汉人（族）”出现17次，所占比例为5.17%；有关大陆少数民族的介绍，出现了4次，所占比例为1.22%。那么，在“人口（民族）”维度，“中国化”倾向次类目总共出现了39次，所占比例为11.85%(9+9+17+4/329)。在“台湾化”倾向次类目方面，2-5“台湾人（民）”出

① “国立”编译馆.“国民小学”社会第七册（四上）[M]. 台北.“国立”编译馆，1981：44-46.

现了 4 次，所占比例为 1.22%；2-6“原住民（族）”出现了 10 次，所占比例为 3.04%；2-7“台湾少数民族：提及平埔族、高山族，及阿美族、排湾族、泰雅族等台湾细分之少数民族的”出现了 8 次，所占比例为 2.43%；2-8“新住民、新移民，提及外籍配偶、大陆配偶等的”1 次都没有出现。“台湾化”倾向次类目合计所占比例为 6.69%（4+10+8/329），这与 1975 年版教科书“台湾化”倾向 0.00% 的比例有显著的差异。

表 4.7 1993 年版人口（民族）维度之“国家认同”次数分布表

册目	1993-7	1993-8	1993-9	1993-10	1993-11	1993-12	小计	占比
单元数	55	56	56	61	57	44	329	100%
2-1	0	0	3	1	5	0	9	2.74%
2-2	0	0	0	9	0	0	9	2.74%
2-3	2	2	0	13	0	0	17	5.17%
2-4	0	0	0	4	0	0	4	1.22%
小计	2	2	3	27	4	0	39	11.85%
2-5	2	2	0	0	0	0	4	1.22%
2-6	4	5	0	1	0	0	10	3.04%
2-7	3	4	0	1	0	0	8	2.43%
2-8	0	0	0	0	0	0	0	0.00%
小计	9	11	0	2	0	0	22	6.69%

对比 1975 年版我们可以发现，1993 年版教科书“中国人”和“中华民族”出现的次数和比例显著下降，“汉人（族）”显著上升。次类目 2-6 和 2-7 都是关于“原住民”的，合计出现了 18 次，占“台湾化”倾向次类目 22 次的 81.82%，这是一个极高的比例。也就说，相比 1975 年版，1993 年版教科书谈及“中国人”“中华民族”的少了，谈及“汉人”“原住民”的多了。

关于台湾少数民族祖先，1993 年版教科书的说法明显不同于 1975 年版。在第七册第三单元第 2 课《我们的祖先》中有关说明如下：

在福建、广东居民还没有大量移居到台湾之前，台湾已经有人居住了。这是的居民都是台湾的“原住民”，也就是一般通称的“平埔族”和“高山族”。

当时的“原住民”大都以打猎、渔捞和简单的农耕维持生活……[①]

1993年版教科书明确认为目前台湾大多数居民的祖先来自中国大陆，如本课所谈及：

早在我国明末清初，也就是距今将近四百年前，大陆沿海福建和广东两省的居民，就开始大量渡海移民到台湾。后来，还有很多大陆其他地方各省的居民陆陆续续迁居到台湾[②]。

在1993年版教科书中，已经没有“台湾同胞”和“大陆同胞”的称谓，代之的是“台湾人（民）”和“大陆地区居民”。“同胞”一词被替换成“人民”或“居民”，淡化了大陆人民和台湾人民的血缘关系，但由于1993年版第七册、第八册教科书先将中国分为“大陆地区”和“台湾地区（台闽地区）”，在这样的语境下，“去中国化”的意味并不浓厚。1975年版教科书使用“同胞”一词，反映了台湾解严前国民党当局的统战意图和教科书“反共复国”的政治色彩；在1987年解严后，台湾逐步走向民主化，开放两岸交流，教科书隐去这样的论述逻辑也在情理之中。

综上所述，从量上看，1993年版社会科教科书“中国化”有所下降，但下降比例很小；由于对台湾少数民族的重视，“台湾化”有明显上升。从质的分析看，1993年版社会科教科书仍多次强调中国大陆和台湾地区的联结，讲述台湾地区居民大多数来自于中国大陆的历史和现实。因此，在人口（民族）维度，1993年版教科书传输给学生的是较为鲜明的“两岸同属一个中国”的国家认同观。

三、“九年一贯制”教科书

从表4.8可以得知，在2005年版六本社会科教科书中，次类目2-1“中国人（民）”和次类目2-2“中华民族”都没有出现；次类目2-3“汉人（族）”则出现了30次之多，所占比例为8.75%；全六册没有谈及大陆少数民族。在“人口（民族）”维度，“中国化”倾向次类目总共出现了30次，所占比例为8.75%。

① “国立”编译馆．“国民小学”社会第七册（四上）[M]. 台北．“国立”编译馆，2001：91-92.

② “国立”编译馆．“国民小学”社会第七册（四上）[M]. 台北．“国立”编译馆，2001：91.

在“台湾化”倾向次类目方面，2-5“台湾人（民）”出现了4次，所占比例为1.17%；2-6“原住民（族）”出现了15次，所占比例为4.37%；2-7“台湾少数民族：提及平埔族、高山族，及阿美族、排湾族、泰雅族等台湾细分之少数民族的”出现了6次，所占比例为1.75%；2-8“新住民、新移民，提及外籍配偶、大陆配偶等的”出现了8次，所占比例为2.33%。那么，在“人口（民族）”维度，2005版教科书“台湾化”倾向次类目六册合计出现了33次，所占比例为9.62%（4+15+6+8/343）。

表4.8　2005年版人口（民族）维度之“国家认同”次数分布表

册目	2005-3	2005-4	2005-5	2005-6	2005-7	2005-8	小计	占比
单元数	44	56	63	58	61	51	343	100%
2-1	0	0	0	0	0	0	0	0.00%
2-2	0	0	0	0	0	0	0	0.00%
2-3	1	4	9	2	13	1	30	8.75%
2-4	0	0	0	0	0	0	0	0.00%
小计	1	4	9	2	13	1	30	8.75%
2-5	0	0	4	0	0	0	4	1.17%
2-6	0	3	7	0	5	0	15	4.37%
2-7	1	1	2	0	2	0	6	1.75%
2-8	0	3	3	0	1	1	8	2.33%
小计	1	7	16	0	8	1	33	9.62%

如表4.9所示，2015年版六本社会科教科书中，次类目2-1“中国人（民）”出现了1次，所占比例为0.31%；次类目2-2“中华民族”没有出现；次类目2-3“汉人（族）”出现23次，所占比例为7.03%；全六册没有出现大陆少数民族名称，没有谈及大陆少数民族。那么，在“人口（民族）”维度，“中国化”倾向次类目总共出现了24次，所占比例为7.34%(1+0+23+0/327)。在“台湾化”倾向次类目方面，2-5“台湾人（民）”出现了5次，所占比例为1.52%；2-6“原住民（族）”出现了11次，所占比例为3.36%；2-7“台湾少数民族：提及平埔族、高山族，及阿美族、排湾族、泰雅族等台湾细分之少数民族的”和2-8“新住民、新移民，提及外籍配偶、大陆配偶等的”各出现了2次，所占比例皆为

0.61%。那么，在“人口（民族）”维度，2015年版社会科教科书“台湾化”倾向次类目合计出现了20次，所占比例为6.12%（5+11+2+2/329）。

表4.9　2015年版人口（民族）维度之“国家认同”次数分布表

册目	2015-3	2015-4	2015-5	2015-6	2015-7	2015-8	小计	占比
单元数	45	44	67	57	62	52	327	100%
2-1	0	0	0	0	0	1	1	0.31%
2-2	0	0	0	0	0	0	0	0.00%
2-3	3	4	7	8	1	0	23	7.03%
2-4	0	0	0	0	0	0	0	0.00%
小计	3	4	7	8	1	1	24	7.34%
2-5	0	0	0	0	5	0	5	1.52%
2-6	2	3	3	2	1	0	11	3.36%
2-7	1	1	0	0	0	0	2	0.61%
2-8	0	0	0	0	2	0	2	0.61%
小计	3	4	3	2	8	0	20	6.12%

2005年版教科书和2015年版教科书有一个共同点，在“中国化”范畴方面，“中国人”和“中华民族”出现的次数几乎为零（2005版没有出现，2015版仅出现了1次），“汉人”分别占了“中国化”类目范畴的100%（29/29）和95.83%。两版的这一共同点，与1975年版和1993年版截然不同。因此，我们有必要深入语境，探讨一下“汉人”的“中国化”意涵。如前文所述，“汉人”的“中国化”意涵较之“中国人”和“中华民族”淡化了很多，但淡化到什么程度呢？我们选择1993年版与2005年版和2015年版进行比较[①]。

如表4.7所示，1993年版出现“汉人（族）”最多的是在第十册，有13次之多，所占比例高达76.47%（13/17）。其中，有12次集中出现在第二单元《中华民族的文化融合》，查阅第二单元的内容，“汉人（族）”一词出现的地方附近一般都有其他民族名称出现，阐述主题为具有鲜明“中国化”倾向的“(中华）民族融合”或“文化融合”。篇幅所限，以下仅举几例为证。

① 如前文所述，1975年版社会科教科书“人口（民族）”维度的“中国化”倾向非常明显，且受篇幅限制，因此不与之比较，仅选择1993年版作为参照。

第六课 魏晋南北朝的文化融合

（第一分析单元）北方游牧民族的南下

汉朝末年，政治动乱，战争、瘟疫、饥荒不断，国家不安定，居住在东北、北部和西部的游牧民族，趁着汉朝内部动乱，逐渐进入汉族居住的黄河流域一带。

西晋末年，匈奴、鲜卑、氐、羌、羯等族，势力发展较快，除了占据黄河流域地区外……

（第二分析单元）北魏的汉化

……

孝文帝下令所有鲜卑人，将姓氏改为汉姓；禁止说鲜卑话，一律改说汉语；改穿汉族人的服装；同时鼓励鲜卑人和汉人通婚，当时甚至有许多鲜卑族公主嫁给汉人。

……①

第十课 清朝的文化融合

（第一分析单元）满族和汉族的文化融合

满族是金的后裔，借着明朝末年内部动乱，举兵灭明，建立大清，从此大量的满人迁居到汉人居住的地方。

……②

再看2005年版教科书。如表4.8所示，2005年版出现“汉人（族）”次数最多的为六年级（上）用书第七册，出现了13次，占比为43.33%（13/30）；次多的为五年级（上）用书第五册，出现了9次，占比为30.00%(9/30)。第七册“汉人（族）”集中出现在第一单元（5次）和第三单元（8次）。第一单元的第1课《文化生活》是本册首次提到“汉人（族）”：

（第一分析单元）传统文化生活

在食、衣、住、行方面，各族群众展出不同的方式，以满足物质的需求，而形成各具特色的文化。例如：早期达悟族以水芋为主食，而汉人则以米饭为

① “国立”编译馆．“国民小学”社会第十册（五下）[M]. 台北．“国立”编译馆，2003：71-73.

② “国立”编译馆．“国民小学”社会第十册（五下）[M]. 台北．“国立”编译馆，2003：86.

主食；布农族擅长制作皮衣、皮帽，汉人则喜欢棉衣、棉裤；鲁凯族通常住石板屋，汉人则习惯住土厝和砖瓦房；泰雅族常用背负的方式，汉人则常用肩挑的方法运送物品……

从以上可以看出，这里的“汉人（族）”与台湾少数民族并列，且排在少数民族后面。

第一单元第 2 课课名为《原住民文化》，第 3 课课名为《汉人传统文化》。两课篇幅一致，关于“原住民”文化的介绍排在关于汉人介绍之前。在第 3 课的 4 个分析单元中，“汉人（族）”出现了 2 次。

第七册第三单元，“汉人（族）”出现的语境如下：

第 1 课 生活的地方

（第一分析单元）“原住民”选择居住的地方

台湾各族群的谋生方式不同，选择建立家园的地方也不一样。“原住民”在汉人来台以前，早已过着农耕、狩猎或捕鱼的生活……

（第二分析单元）汉人选择居住的地方

早期来台的汉人，带着原乡的生活技能，大多选择适合的地方发展和定居。原乡在沿海地区的移民，对海洋生活比较习惯；来台以后，大多选择海岸附近，可以避强风的地方，建立聚落，过着养殖、捕鱼、晒盐或海上贸易的生活。

……

第 2 课 维生的方式

（第一分析单元）早期“原住民”的维生方式

早期“原住民”的维生方式，和大自然的关系非常密切。他们从事农耕、种植小米等作物……除了食盐、铁器和棉布，是向汉人以物易物换来外，绝大部分的生活所需，都自给自足。

（第二分析单元）早期汉人的维生方式

早期汉人主要以经营农业为生，他们伐林除草，开辟田园，兴建灌溉设施，使用堆肥，种植稻米、甘薯、甘蔗等作物。

……

（第三分析单元）现代生活方式所造成的环境问题

无论是“原住民”还是汉人，传统的生活方式，大多使用自然环境可以再生的资源，而不破坏资源的再生能力……

第 3 课环境的变迁

（第一分析单元）沿海地区的环境变迁

……

汉人移民来台后，有的地区被开建成海港，从事捕鱼或海上贸易；有的地区挖筑盐田、鱼塘，从事晒盐或养殖渔业……

（第二分析单元）平原地区的环境变迁

在平原地区，原是一片高草茂盛、林木稀疏、野生动物繁多的景观。汉人入垦以后，纷纷在平原适中的地点建立聚落，有些聚落发展成市街。

（第三分析单元）丘陵、山地地区的环境变迁

在丘陵地区，原本有茂密的樟树林。经过汉人的开发，比较低缓地区的樟木，已被砍伐殆尽……

从以上“第三单元”文本可以看出：1. 在介绍“生活的地方”和“维生的方式”时，“原住民”和汉人所占篇幅大致等同，皆为两个小标题，即两个分析单元；2. 先介绍“原住民”，再介绍汉人。这两点与第七册第一单元是一致的，即“原住民”和“汉人”并列，“原住民”甚至是优先的。

2015 年版社会科教科书，唯一一次出现“中国人”是在第八册，其所在分析单元《中国古文明》的内容为：

中国古文明主要发源于黄河、长江等流域。中国人很早就懂得利用龟甲或兽骨来占卜，并在上面刻写文字，这些文字被称为甲骨文，是目前已发现最早的中国文字。后来又发明指南针来辨识方位，并配合农耕的需求，发展出进步的历法，也就是现在通称的农民历[①]。

再看该分析单元所在“课”的结构和大致内容：

第 1 课　古代的文明与科技

第一分析单元：文明的起源（阐述西亚、埃及、印度与中国古文明都是发

① 陈锦堂等．“国民小学”社会第八册（六下）[M]. 台北．康轩文教事业股份有限公司，2015：11.

源于大河流域，为以下分析单元之总述）

第二分析单元：西亚古文明

第三分析单元：埃及古文明

第四分析单元：印度古文明

第五分析单元：中国古文明（内容如前文所述）

第六分析单元：四大古文明的影响①

此处“中国人”之“中国”与其他国家和地区并列，看不出语境本应蕴含的“本国”意涵。由是观之，此一“中国人”亦未能显示出“中国化”倾向。接下来我们比较一下1993年版教科书的“中国人”。如表4.7所示，1993年版教科书总共出现9次“中国人”，其中第十一册出现了5次。这5次出现在第三单元的第五、六和七课。以下为这三课的课名及其下分析单元的名称：

五、文化交流对科技的影响（二）

（第一分析单元）明朝欧洲传教士东来

（第二分析单元）清朝末年西方科技的传入

六、文化交流与外来宗教的传入

（第一分析单元）佛教传入中国

（第二分析单元）伊斯兰教在唐朝时传入我国

（第三分析单元）天主教在明朝传入我国

七、文化交流对思想的影响

（第一分析单元）明朝时我国的儒家思想传入欧洲

（第二分析单元）清朝时西方民主思想传入我国

由于篇幅所限，无法罗列全部教材文本，但从标题多次出现的朝代名称，“我国”等字眼，足以看出本册所指称的“中国”和“中国人”带有明显的“中国化”色彩，这与2015年版的“中国人”截然不同。

结合定量和定性的分析，在人口（民族）维度，从2005年版和2015年版社会科教科书中看不出两岸之间的历史渊源或其他联结，“台湾化”色彩极为浓

① 陈锦堂等．“国民小学”社会第八册（六下）[M]. 台北．康轩文教事业股份有限公司，2015：6-13.

厚。“九年一贯制”社会科教科书灌输给学生的“国家认同”观已经发生了质的变化，凸显了“台湾主体性”。

上文统计和分析了我国台湾地区三个时期，四套社会科教科书在人口（民族）维度上“国家认同”教育的倾向性（“中国化”或“台湾化”）特征。从量的角度分析，如表4.10所示，1975年版“中国化”次类目出现的频次合计比例为14.84%，1993年版合计比例为11.85%，2005年版为8.75%，2015年版仅为7.34%，呈明显的趋势性下降。“台湾化”倾向方面，1975年版教科书为0.00%，1993年版为6.69%，2005年版和2015年版教科书分别为9.62%和6.12%。其中，2005年版比1993年版和1975年版有明显上升（见图4.2）。结合质性分析，本研究认为尽管1993年版“中国化”色彩有所淡化，但仍强调台湾人民，尤其是占台湾人口绝大多数的汉人与中国大陆人民的血缘关系，两岸人民都是中国人的历史和现实。

表4.10 人口（民族）维度各版本教科书“中国化”与“台湾化”合计比例

教科书版本	“中国化”次类目合计比例	“台湾化”次类目合计比例
1975年版	14.84%	0.00%
1993年版	11.85%	6.69%
2005年版	8.75%	9.62%
2015年版	7.34%	6.12%

在人口（民族）维度，“九年一贯制”2005年版和2015年版社会科教科书传输给学生的“国家认同观”与1975年版、1993年版相比发生了质的变化。虽然没有直接或间接表明台湾的汉人和“原住民”是另外一国的人民，但从教科书文本也看不出来中国大陆人民和台湾人民在历史和现实中的联结。增加土生土长的“原住民”介绍篇幅并将之与汉人并列甚至优先，凸显了“九年一贯制”社会科教科书的“台湾主体性”。基于此，“九年一贯制”教科书尤其是2005年版教科书向学生灌输的是“台湾化”色彩鲜明的“国家认同”观。

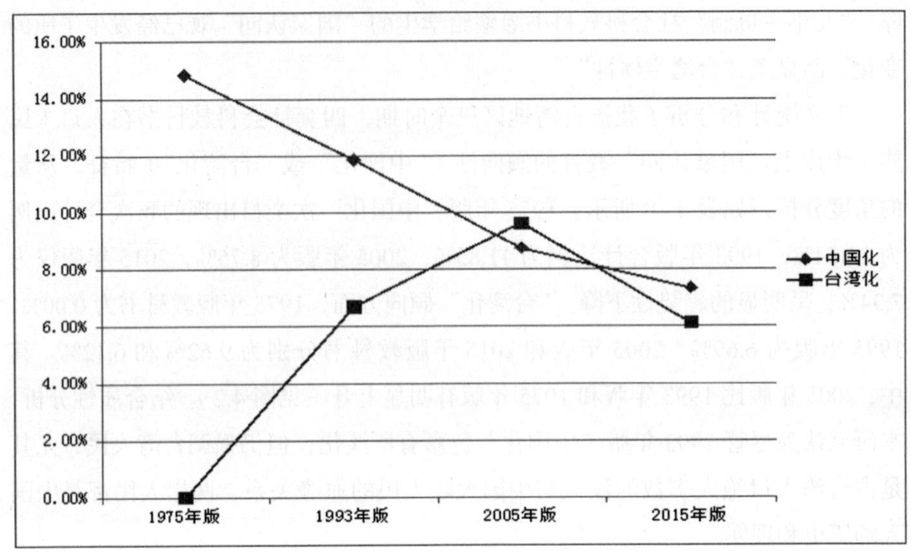

图 4.2　人口（民族）维度各版本教科书“中国化”与“台湾化”合计比例变化趋势

第三节　文化（语言）维度之“国家认同”教育

文化同质性越高，国家及其政府运行的成本越低，可以说，文化是民族国家得以维系的关键因素[①]。中国几千年来“分久必合”“合久必分”，但统一是主流，是大趋势，原因就在于中华文明因其先进性、开放性、包容性而从未断裂过。日本殖民统治台湾五十年，大力推行“国语”运动，“皇民化”运动，用意无外乎割裂台湾和中国大陆在文化上的联系，传播日本书化，维护殖民统治。台湾光复后，蒋介石当局禁说日语，禁用日文，“去皇民化”，60 年代的“中华文化复兴运动”，意图也莫过于维护统治的稳定和遏制台湾本土意识的生长。文化并非仅仅是一个抽象的概念，其内涵至少应包括风俗习惯、语言、历史记忆、历史人物及其思想、文学艺术等。台湾社会科三个时期，四套不同的教科书中中国文化多一些还是台湾本土文化多一些？如何阐述台湾文化和中国文化关系的？由于文化是民族国家构成的四大要素之一，统计和分析教科书中关于文化的描述，可以窥见台湾各个时期社会科教科书的“国家认同”教育。

① 孙关宏、胡春雨、任军锋 . 政治学概论 [M]. 上海：复旦大学出版社，2008：60.

一、1975 年版教科书

由表 4.11 可以得知，1975 年版六本社会科教科书中，次类目 3-1“中国文化（书法、京剧、中医、国画）”出现了 2 次，所占比例为 0.55%；次类目 3-2“源于中国的台湾文化”1 次都没有出现；次类目 3-3“汉语、国语”出现了 3 次，所占比例为 0.82%；次类目 3-4“在中国发生的中国故事”出现了 18 次，所占比例较高，为 4.95%；次类目 3-5“与台湾相关的中国故事（事件）”出现的频次为 7，所占比例为 1.92%；次类目 3-6“中国历史人物（不包括台湾历史人物）”出现的次数最多，为 74 次，所占比例为 20.33%；次类目 3-7“中国古代科技：火药、指南针、印刷术、浑天仪、本草纲目、地震仪等”出现了 16 次，所占比例较高，为 4.40%。那么，在“文化（语言）”维度，“中国化”倾向次类目总共出现了 120 次，所占比例为 32.97%(120/364)。

在“台湾化”倾向次类目方面，次类目 3-8“台湾文化”、3-10“台湾本土语言”各出现了 1 次，所占比例为 0.27%；次类目 3-9“原住民”文化”和次类目 3-11“原住民”语”都没有出现；次类目 3-12“在台湾发生的台湾故事（事件）”出现了 6 次，所占比例为 1.65%；次类目 3-13“在台湾的中国历史人物：一般认为是中国历史人物，但主张台湾独立的台湾人认为是台湾历史人物的”出现了 12 次，所占比例为 3.3%；次类目 3-14“台湾历史人物”没有出现。那么，在“文化（语言）”维度，1975 年版“台湾化”倾向次类目六册共出现了 20 次，所占比例为 5.49%（20/364）。

表 4.11　1975 年版文化（语言）维度之“国家认同”次数分布表

册目	1975-7	1975-8	1975-9	1975-10	1975-11	1975-12	小计	占比
单元数	57	58	81	55	56	57	364	100%
3-1	0	0	1	0	1	0	2	0.55%
3-2	0	0	0	0	0	0	0	0.00%
3-3	0	3	0	0	0	0	3	0.82%
3-4	1	0	3	1	10	3	18	4.95%
3-5	3	0	1	1	2	0	7	1.92%
3-6	7	0	38	20	7	2	74	20.33%
3-7	0	0	15	0	0	1	16	4.40%

续表

小计	11	3	58	22	20	6	120	32.97%
3-8	0	1	0	0	0	0	1	0.27%
3-9	0	0	0	0	0	0	0	0.00%
3-10	1	0	0	0	0	0	1	0.27%
3-11	0	0	0	0	0	0	0	0.00%
3-12	1	3	0	0	1	1	6	1.65%
3-13	10	2	0	0	0	0	12	3.30%
3-14	0	0	0	0	0	0	0	0.00%
小计	12	6	0	0	1	1	20	5.49%

在1975年版社会科全六本教科书中出现了20次的“台湾化”次类目，其中，次类目3-13出现了12次，谈及的人物是“郑成功”（11次）和连横（1次）。郑成功作为反清复明的明朝将领，打败荷兰军队、收复台湾的民族英雄列入“中国化”类目本毫无疑义。但是，如前文所述，“台独”分子却时常把郑成功父子作为台湾“开国”的始祖之一，不得已才根据多位专家的建议，将“郑成功”和“郑经”列入“台湾化”类目。尽管如此，考察1975年版社会科教科书“郑成功”和“连横”所处的语境，发现关于两位历史人物的介绍恰恰反映了教科书潜在的“一个中国”的国家认同观。

1975年版教科书中的“郑成功”集中出现在第七册第四单元《光复台湾的两位伟人》。这里的“两位伟人”，指的是蒋介石和郑成功。且看郑成功的功绩：

> 他为了取得反攻复国的根据地，决心收复台湾。他先攻下澎湖，然后进攻台湾，在台南安平港附近的鹿耳门登陆。等到安平城里的荷兰人从梦中惊醒，已经挡不住上岸的郑军了……荷兰人不得已，只好向郑成功投降，离开了台湾。沦陷了三十八年的台湾，从此光复了①。

在1975年版教科书文本中11次提到的“郑成功”有9次直接讲述郑成功反清复明、光复台湾的事迹，因此，“郑成功”一词的“台湾化”倾向就大打折扣了。

1975年版教科书第七册第三单元的第四课专门讲连横，课名就叫《爱国史

① “国立”编译馆 .“国民小学”社会第七册（四上）[M]. 台北 .“国立”编译馆，1981：92.

学家连横》。连横在日本殖民统治台湾期间历尽艰辛，坚持创作，其所著《台湾通史》坚持一个中国的正确史观。且看教科书中是如何介绍连横先生的：

连雅堂十八岁那年，满清把台湾割让给日本。台湾同胞抵抗日军，奋起作战。他把亲眼所见抗日资料收藏起来，日后可以根据资料写历史。他从三十一岁开始，写了整整十年，完成了一部《台湾通史》。他深深知道，如果中国人自己不写台湾史，而让占据台湾的日本人来写，一定会歪曲事实，使中国人忘了过去，也忘了自己！

……

民国成立后，他旅游大陆的名山大川，写了许多诗。他的每一首诗都充满了爱国精神……①

文中所述连横“爱国”，其所爱之“国”当然是中国，从以上节选教科书文本可以看出，连横虽是台湾历史人物，但“连横”一词却没有“台湾化”倾向。

比之 1993 年版、2005 年版和 2015 年版（见图 4.3），1975 年版社会科教科书的“中国化”次类目所占比例最高，高达 32.97%。那么，这些次类目都涉及什么主题或内容呢？如表 4.11 所示，1975 年版教科书“中国化”次类目集中出现在第九册和第十册，所占全六册比例为 66.67%（58+22/120），其中又有 58 次属于次类目 3-6“中国历史人物（不包括台湾历史人物）。”主要讲述中国先哲如孔子、孟子、老子、庄子、墨子、王阳明及古代科学家张衡、李时珍、毕昇等人的故事。另外，在第十册第四单元《中国人的爱国情操》，专门讲述屈原、苏武、戚继光、黄八妹等人可歌可泣的爱国事迹，更为直接地培养学生的爱国（中国）气质。

从以上量的和质的分析可以看出，在文化（语言）维度，1975 年版教科书具有极为鲜明的“中国化”色彩，哪怕是为数不多的“台湾化”倾向语词也蕴含着“大中国”“大一统”的意涵。毋庸置疑，1975 年版社会科教科书灌输给学生的是“一个中国”“台湾属于中国”的国家认同观。

① “国立”编译馆．“国民小学”社会第七册（四上）[M]. 台北．“国立”编译馆，1981：74-76.

二、1993年版教科书

如表4.12所示，1993年版六本社会科教科书中，次类目3-1“中国文化（书法、京剧、中医、国画）”出现了14次，所占比例为4.26%；次类目3-2“源于中国的台湾文化”1次都没有出现；次类目3-3“汉语、国语”出现了2次，所占比例为0.61%；次类目3-4“在中国发生的中国故事”出现了4次，所占比例为1.22%；次类目3-5“与台湾相关的中国故事（事件）”出现的频次为7，所占比例为2.13%；次类目3-6“中国历史人物（不包括台湾历史人物）”出现的次数较多，为11次，所占比例为3.34%；次类目3-7“中国古代科技：火药、指南针、印刷术、浑天仪、本草纲目、地震仪等”出现了7次，所占比例为2.13%。在“文化（语言）”维度，“中国化”倾向次类目总共出现了45次，所占比例为13.68%(45/329)。

在“台湾化”倾向方面，次类目3-8“台湾文化”出现了1次，所占比例为0.3%；次类目3-9“原住民”文化”出现了2次，所占比例为0.61%；次类目3-10“台湾本土语言”和次类目3-11“原住民”语”都没有出现；次类目3-12“在台湾发生的台湾故事（事件）”出现了3次，所占比例为0.91%；次类目3-13“在台湾的中国历史人物：一般认为是中国历史人物，但主张‘台湾独立’的台湾人认为是台湾历史人物的”出现了2次，所占比例为0.61%；次类目3-14“台湾历史人物”没有出现。那么，在文化（语言）维度，1993年版“台湾化”倾向次类目六册共出现了8次，所占比例为2.43%（8/329）。

对比表4.11可以看出，1993年版社会科教科书不管是“中国化”还是“台湾化”，不管是所占比例还是绝对数量，比之1975年版教科书都有明显的下降，尤其是在“中国化”方面。

表4.12　1993年版文化（语言）维度之“国家认同”次数分布表

册目	1993-7	1993-8	1993-9	1993-10	1993-11	1993-12	小计	占比
单元数	55	56	56	61	57	44	329	100%
3-1	0	1	0	12	1	0	14	4.26%
3-2	0	0	0	0	0	0	0	0.00%
3-3	0	0	0	2	0	0	2	0.61%
3-4	0	0	1	1	2	0	4	1.22%

续表

3-5	4	0	2	0	1	0	7	2.13%
3-6	3	0	1	5	2	0	11	3.34%
3-7	0	0	0	5	2	0	7	2.13%
小计	7	1	4	25	8	0	45	13.68%
3-8	0	1	0	0	0	0	1	0.30%
3-9	0	2	0	0	0	0	2	0.61%
3-10	0	0	0	0	0	0	0	0.00%
3-11	0	0	0	0	0	0	0	0.00%
3-12	3	0	0	0	0	0	3	0.91%
3-13	1	0	0	1	0	0	2	0.61%
3-14	0	0	0	0	0	0	0	0.00%
小计	4	3	0	1	0	0	8	2.43%

在“中国化”次类目方面，1975年版教科书出现最多的是次类目3-6“中国历史人物（不包括台湾历史人物）”，1993年版则为3-1“中国文化（书法、京剧、中医、国画等）”，14次，占总数（45次）的31.11%（见表4.12）。其中，在第十册第三单元《中华文化的内涵》出现了12次。该单元共分为九课，前八课介绍了我国的建筑、书法、绘画、文学、戏剧、医药、科技和哲学思想，最后一课作为总结，阐述传统文化和现代生活的关系。在介绍中国传统文化时，文中频繁出现“中华文化”“中华民族”等带有明显“中国化”“一个中国”色彩的字词，处处体现台湾和中国大陆的联结。例如，在该单元的前言部分：

几千年来，中华民族不断的融合，中华文化也不断地更新，不但促进了民族的成长与发展，更丰富了人类的文化。在这个单元里，我们将从生活中最常接触的文物，介绍中华文化的主要内容与特色，让大家对中华文化有进一步的认识①。

在第五课《戏剧》中有：

中国传统戏剧是中华文化内涵中极重要的一环。它结合了文学、音乐和舞

① “国立”编译馆．“国民小学”社会第十册（五下）[M]. 台北．“国立”编译馆，2003：94.

蹈借由表演者生动的说唱与肢体动作，表现中华民族特有的思想及情感[①]。

另外，在第六课《医药》中出现了“国人”一词：

扁鹊、华佗和孙思邈等，都是中国古代出色的名医，为中医的治疗观念和方法，留下了典型的范例。把脉、针灸和推拿是中医常用的诊疗法，不但广为国人所接受，也受到国际间的重视[②]。

这里的“国”当然指“中国”，也是台湾人民的“国”，“国人”一词带有“本国”意涵，由此可窥见编书者的统“独”立场。

关于台湾文化的大陆渊源，第七册第三单元《台湾的开发》中的第2课《我们的祖先》介绍得非常清楚：

近四百年前，大陆沿海福建和广东两省的居民，就开始大量渡海移民到台湾。后来，还有很多大陆其他各省的居民陆陆续续迁居到台湾。这些来自中国大陆不同地方的居民，将大陆的语言、风俗和生活习惯带到台湾，并为开发台湾贡献了力量[③]。

在“台湾化”次类目方面，1993年版教科书出现了8次，其中有4次出现在第七册（见表4.12）。4次中有1次谈及郑成功父子，其余3次介绍台湾非常著名的“牡丹社事件”“大湖事件”“雾社事件”等。“郑成功”和“郑经”具有“中国化”色彩不再赘述，这几个事件，同样是在“抗日”“爱国”“光复”的语境下阐述，因此“台湾化”倾向并不浓厚。

综上所述，1993年版社会科教科书比之1975年版，“中国化”和“台湾化”次类目出现的次数和所占比例都下降了许多，但考察“中国化”和“台湾化”次类目出现的语境，仍然显示了教科书编写者重视台湾和中国大陆在文化上的联结，突出两岸同属中华文化圈的意图。因此，尽管比之1975年版有所弱化，但1993年版教科书传递给学生的仍旧是较为明确的“一个中国”的国家认

① “国立”编译馆.“国民小学”社会第十册（五下）[M].台北.“国立”编译馆，2003：114.
② “国立”编译馆.“国民小学”社会第十册（五下）[M].台北.“国立”编译馆，2003：120.
③ “国立”编译馆.“国民小学”社会第七册（四上）[M].台北.“国立”编译馆，2001：91.

同观。

三、“九年一贯制”教科书

由表 4.13 所示，2005 年版六本社会科教科书中，次类目 3-1“中国文化（书法、京剧、中医、国画）”出现了 12 次，所占比例为 3.50%；次类目 3-2“源于中国的台湾文化”出现了 1 次，所占比例为 0.29%；次类目 3-3“汉语、国语”、次类目 3-4“在中国发生的中国故事”和次类目 3-7“中国古代科技：火药、指南针、印刷术、浑天仪、本草纲目、地震仪等”没有出现；次类目 3-5“与台湾相关的中国故事（事件）”出现的频次为 1，所占比例为 0.29%；次类目 3-6“中国历史人物（不包括台湾历史人物）”出现了 2 次，所占比例为 0.58%。那么，在文化（语言）维度，“中国化”倾向次类目合计出现了 16 次，所占比例为 4.66%(16/343)。

在“台湾化”方面，次类目 3-8“台湾文化”出现了 4 次，所占比例为 1.17%；次类目 3-9“原住民文化”出现了 3 次，所占比例为 0.87%；次类目 3-10“台湾本土语言”出现了 1 次，所占比例为 0.29%；次类目 3-11“原住民语”1 次都没有出现；次类目 3-12“在台湾发生的台湾故事（事件）”出现了 4 次，所占比例为 1.17%；次类目 3-13“在台湾的中国历史人物：一般认为是中国历史人物，但主张‘台湾独立’的台湾人认为是台湾历史人物的”出现了 5 次，所占比例为 1.46%；次类目 3-14“台湾历史人物”出现了 2 次，所占比例为 0.58%。那么，在“文化（语言）”维度，2005 年版“台湾化”倾向次类目六册共出现了 19 次，所占比例为 5.54%（19/343）。

表 4.13　2005 年版文化（语言）维度之“国家认同”次数分布表

册目	2005-3	2005-4	2005-5	2005-6	2005-7	2005-8	小计	占比
单元数	44	56	63	58	61	51	343	100%
3-1	5	0	2	0	5	0	12	3.50%
3-2	0	0	0	1	0	0	1	0.29%
3-3	0	0	0	0	0	0	0	0.00%
3-4	0	0	0	0	0	0	0	0.00%
3-5	0	0	1	0	0	0	1	0.29%

续表

3-6	1	0	1	0	0	0	2	0.58%
3-7	0	0	0	0	0	0	0	0.00%
小计	6	0	4	1	5	0	16	4.66%
3-8	0	0	2	1	1	0	4	1.17%
3-9	2	0	0	0	1	0	3	0.87%
3-10	0	0	1	0	0	0	1	0.29%
3-11	0	0	0	0	0	0	0	0.00%
3-12	0	0	4	0	0	0	4	1.17%
3-13	1	0	4	0	0	0	5	1.46%
3-14	0	0	2	0	0	0	2	0.58%
小计	3	0	13	1	2	0	19	5.54%

如前文所述，1993年版社会科教科书第十册第三单元《中华文化的内涵》较为详尽地介绍了中国建筑、书法、绘画、医药等传统文化，但2005年版只是在少数单元零星提到，并没有专门介绍，在课程中的重要性降低。2005年版社会科教科书文化（语言）维度16次的“中国化”次类目中，有6次是在不同单元提到的“三合院”（属于“中国文化”次类目中的“建筑”范畴），而1993年版则用1课的篇幅介绍了中国传统的宫殿和园林。另外，2005年版教科书两次提到的“戏剧（京剧）”，两次提到的“书法”，在1993年版教科书中各用1课的篇幅专门介绍。关于“三合院”，2005年版教科书并未提到是“汉人”或中国的传统建筑，而称之为“先民”或“祖先”的生活场所。2005年版教科书提到传统戏剧来源于中国大陆，但似乎更强调传统戏剧的“台湾化”，这也不同于早期版本。例如，第七册第一单元有如下表述：

台湾汉人传统的音乐、戏剧，大多来自福建和广东两省，但是传入以后，表演的形式和内容，不断产生变化。例如：从福建和广东传入的掌中戏、哥仔、山歌等地方戏曲，经过一段时间以后，逐渐发展成布袋戏、歌仔戏和采茶戏等台湾戏曲。[①]

① 章五奇等．“国民小学”社会第七册（六上）[M]. 台北．康轩文教事业股份有限公司，2005：17.

在“台湾化”方面，2005年版教科书中出现的次数和比例比1993年版有了明显的增长,并超过了2005年版“中国化”次类目的次数和比例（见表4.15，图4.3）。在七个次类目中，除了3-11“原住民语”，其他六个次类目都有出现，且分布相对较为平均。2005年版教科书有4次提到“郑成功”，但郑成功光复台湾的主要事迹在教科书中隐晦未明，文中表述如下：

> 明代末年，延平郡王郑成功拒绝投降清朝，从福建率领军队渡海来到台湾，驱逐荷兰人，统治台湾，历史上称为明郑时代①。

这与1975年版、1993年版教科书和中国大陆教科书郑成功打击荷兰侵略者、收复台湾的说法有很大的差异。

如表4.14所示，2015年版六本社会科教科书中，次类目3-1“中国文化（书法、京剧、中医、国画）”出现了8次，所占比例为2.45%；次类目3-2“源于中国的台湾文化”出现了1次，所占比例为0.31%；次类目3-3“汉语、国语”和次类目3-4“在中国发生的中国故事”都没有出现。次类目3-5“与台湾相关的中国故事（事件）”出现的频次为3，所占比例为0.92%；次类目3-6“中国历史人物（不包括台湾历史人物）”出现了4次，所占比例为1.22%；次类目3-7“中国古代科技：火药、指南针、印刷术、浑天仪、本草纲目、地震仪等”出现了2次，所占比例为0.61%。那么，在文化（语言）维度，“中国化”倾向次类目合计出现了18次，所占比例为5.50%(18/327)。

在“台湾化”方面，次类目3-8“台湾文化”出现了3次，所占比例为0.92%；次类目3-9“原住民”文化”出现了6次，所占比例为1.83%；次类目3-10“台湾本土语言”和次类目3-11“原住民语”没有出现；次类目3-12“在台湾发生的台湾故事（事件）”出现了4次，所占比例为1.22%；次类目3-13“在台湾的中国历史人物：一般认为是中国历史人物，但主张‘台湾独立’的台湾人认为是台湾历史人物的”出现了5次，所占比例为1.53%；次类目3-14“台湾历史人物”出现了2次，所占比例为0.61%。那么，在文化（语言）维度，2015年版“台湾化”倾向次类目六册共出现了20次，所占比例为6.12%（20/327）。

① 章五奇等．“国民小学”社会第五册（五上）[M]. 台北．康轩文教事业股份有限公司，2005：48.

表 4.14　2015 年版文化（语言）维度之“国家认同”次数分布表

册目	2015-3	2015-4	2015-5	2015-6	2015-7	2015-8	小计	占比
单元数	45	44	67	57	62	52	327	100%
3-1	4	0	0	3	1	0	8	2.45%
3-2	0	0	0	1	0	0	1	0.31%
3-3	0	0	0	0	0	0	0	0.00%
3-4	0	0	0	0	0	0	0	0.00%
3-5	0	0	0	1	2	0	3	0.92%
3-6	1	0	0	3	0	0	4	1.22%
3-7	0	0	0	0	0	2	2	0.61%
小计	5	0	0	8	3	2	18	5.50%
3-8	0	0	0	2	1	0	3	0.92%
3-9	2	0	4	0	0	0	6	1.83%
3-10	0	0	0	0	0	0	0	0.00%
3-11	0	0	0	0	0	0	0	0.00%
3-12	0	0	0	1	3	0	4	1.22%
3-13	0	0	4	1	0	0	5	1.53%
3-14	0	0	0	0	2	0	2	0.61%
小计	2	0	8	4	6	0	20	6.12%

在文化（语言）维度的“中国化”方面，2015 年版教科书较之 2005 年版没有明显的变化，二者都没有专门的“单元”或“课”介绍中国文化或中华传统文化。2015 年版教科书次类目“中国文化”出现了 8 次，其中 5 次是“三合院”、1 次“戏曲（京剧）”，1 次“书法”，1 次“饮食文化”，没有谈及中国的宫殿、园林、国画、文学艺术等。在这些为数不多的有关中国文化的介绍中，没有直接表明台湾文化和中国文化的渊源，如多次提到的“三合院”被称为“先民”或“祖先”的生活场所，而不是中国特色的传统建筑。

在“台湾化”方面，2015 年版较之 2005 年版，在数量和比例上与 2005 年版基本持平，但比之 1993 年版则显著增加。变化最明显的是关于“原住民”文化的比重，2015 年版教科书出现在第三和第五册，第五册有一个单元专门介绍。第五册第五单元《台湾的先民》分为两课《史前文化》和《原住民文化》，二者其实同为“原住民”文化。比之以前的版本，在介绍“原住民”文化时，2015 年版教科书增加了“台北的圆山文化”“台东的卑南文化、长滨文化”及台湾北部的“十三行文化”[①]。2005 年版第七册第一单元《生活与文化》中的第 2 课为《原住民文化》，第 3 课为《汉人传统文化》，二者篇幅一致，地位相当。由是观之，2015 年版教科书更加重视与中华文化没有关联的“原住民”文化。

在文化（语言）维度，“九年一贯制”社会科教科书“中国化”次类目出现的次数和比例比 1975 年版和 1993 年版都显著降低，而“台湾化”次类目出现的次数和比例则明显上升，甚至高于同版本的“中国化”次类目。1975 年版教科书出现了大量关于中国先哲和古代科学家如孔子、孟子、王阳明、毕昇、李时珍等的介绍，“九年一贯制”教科书则略过不提。1993 年版教科书有专门的“单元”和“课”介绍中国的传统文化，如建筑、书法、文学、绘画、戏剧、医药、科技等，“九年一贯制”教科书仅零星谈及，比重大幅度降低。另外，“九年一贯制”教科书，尤其是 2015 年版教科书，关于与中华文化没有关联的“原住民”文化的介绍篇幅上升，在课程中的地位比之前的版本显得重要许多。“台湾文化”和“中国文化”的关联，“九年一贯制”教科书也鲜有涉及，“台湾文化”的独立性因此凸显出来。综上所述，2005 年版和 2015 年版教科书在文化（语言）维度上，不管是量的分析还是质的分析都显示了较为显著的“去中国化”倾向，教科书蕴含的是强调“台湾主体性”的“国家认同观”，不能忽视教科书中的“文化台独”倾向。

上文统计和分析了我国台湾地区三个时期，四套社会科教科书在文化（语言）维度上“国家认同”教育的倾向性（“中国化”或“台湾化”）特征。从量的角度分析，如表 4.15 所示，1975 年版“中国化”次类目出现的频次合计比例为 32.97%，1993 年版合计比例为 13.68%，2005 年版仅为 4.66%，2015 年版为 5.50%，呈显著的下降趋势（见图 4.3）；“台湾化”倾向方面，1975 年版教科书为 5.49%，1993 年版教科书为 2.43%，2005 年版和 2015 年版教科书分别为 5.54% 和 6.12%，自 1993 年版起呈明显的上升趋势（见图 4.3）。值得注意的是，2005 年版和 2015 年版教科书的“台湾化”次类目出现的次数和比例都超过了“中国化”。其中，2005 年版教科书“中国化”倾向比 1993 年版下降明显，“台湾化”倾向则显著上升。

① 陈锦堂等 .“国民小学”社会第五册（五上）[M]. 台北 . 康轩文教事业股份有限公司，2015：76-86.

表 4.15　文化（语言）维度各版本教科书“中国化”与“台湾化”合计比例

教科书版本	“中国化”次类目合计比例	“台湾化”次类目合计比例
1975 年版	32.97%	5.49%
1993 年版	13.68%	2.43%
2005 年版	4.66%	5.54%
2015 年版	5.50%	6.12%

从质的角度分析，在文化（语言）维度，1975 年版社会科教科书大篇幅介绍了中国古代哲学家、科学家及著名爱国人士的主要事迹，据此对学生进行爱国（中国）主义教育，灌输“一个中国”的国家认同观；1993 年版教科书尽管“中国化”色彩有所淡化，但仍明确台湾文化的历史渊源，强调台湾文化和中国文化的关联性，对学生进行“大中国”的国家认同教育；2005 年版和 2015 年版教科书则突出了“台湾文化的主体性”，其潜在的“国家认同”教育发生了质的变化，台湾作为“独立”政治实体、文化实体的“国家”形象呼之欲出。

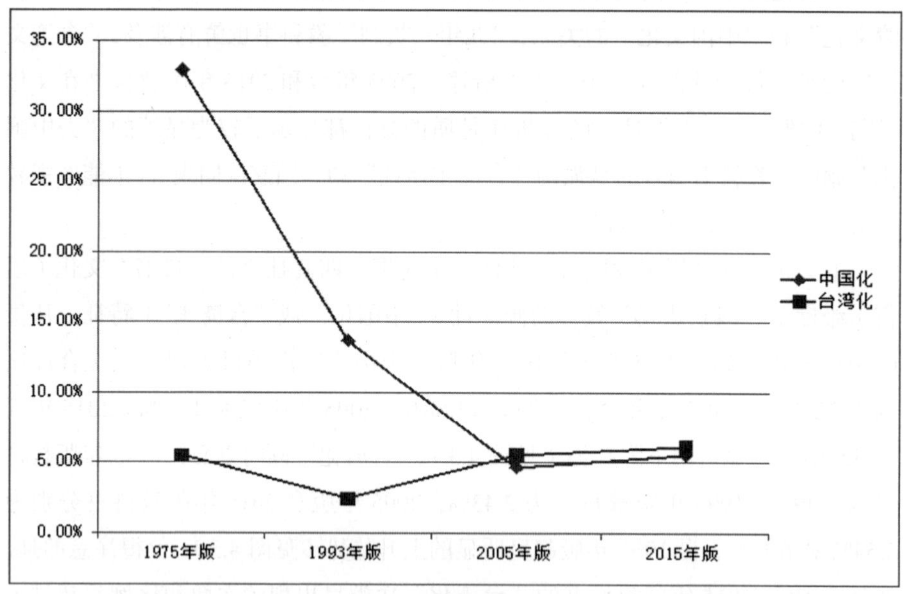

图 4.3　文化（语言）维度各版本教科书“中国化”与“台湾化”合计比例变化趋势

第四节 主权（政府）维度之“国家认同”教育

国家是有主权的，没有主权的政治体不是一个国家，如非洲大陆上的法属殖民地。主权的获得需要外交上的承认，尤其是联合国和世界上主要国家的承认。没有一个统一的政府行使国家主权，一个国家事实上就不存在，虽然政府不同于国家[①]。两蒋时期，“反攻复国”是台湾政治口号的主基调;20 世纪 90 年代，李登辉提出“两国论”；陈水扁上台后，又提出“一边一国论”。那么，台湾社会科教科书在“主权”和“政府”方面是如何定位台湾的？台湾与中华人民共和国、“中华民国”的关系，教科书是如何阐述的呢？

一、1975 年版教科书

如表 4.16 所示，在“中国化”次类目方面，4-1“语境中，台湾是中国的一个省，台湾隶属于中国（‘中华民国’）”在 1975 年版六本教科书中共计出现了 5 次，所占比例为 1.37%；次类目 4-2“提及光复或台湾光复的”合计出现了 15 次，所占比例为 4.12%；次类目 4-3“提及明郑或明郑王朝的”没有出现；次类目 4-4“提及日据或日据时期的”合计出现了 3 次，所占比例为 0.82%。那么，在“主权（政府）”维度，1975 年版社会科教科书“中国化”次类目所占比例合计为 6.32%(23/364)。

从“台湾化”次类目来看，4-5“台湾是独立的国家：有提出台湾是一个……经济强国，台湾是一个……民主国家，台湾是一个……贸易大国等相关论述的”出现了 1 次，所占比例为 0.27%；4-6“提及终战或台湾战后的（注意语境）”、4-7“提及郑氏或郑氏王朝（时代）的”和 4-8“提及日治或日治时期的”1 次都没有出现。因此，在主权（政府）维度上，1975 年版社会科教科书“台湾化”次类目所占比例合计仅为 0.27%(1/364)。

① 杨光斌 . 政治学导论 [M]. 北京：中国人民大学出版社，2007：109.

表 4.16　1975 年版主权（政府）维度之“国家认同”次数分布表

册目	1975-7	1975-8	1975-9	1975-10	1975-11	1975-12	小计	占比
单元数	57	58	81	55	56	57	364	100%
4-1	1	0	2	0	2	0	5	1.37%
4-2	6	6	0	0	2	1	15	4.12%
4-3	0	0	0	0	0	0	0	0.00%
4-4	0	2	0	0	1	0	3	0.82%
小计	7	8	2	0	5	1	23	6.32%
4-5	0	0	0	0	1	0	1	0.27%
4-6	0	0	0	0	0	0	0	0.00%
4-7	0	0	0	0	0	0	0	0.00%
4-8	0	0	0	0	0	0	0	0.00%
小计	0	0	0	0	1	0	1	0.27%

在 1975 年版教科书中，全国分为六大地理区，三十五省、十四个直辖市、海南特别行政区和蒙古、西藏两个地方，台湾是“南部地方”六省一区中的一省①。教科书多处出现将南京定为“我国”首都,将台湾作为“三民主义模范省”的表述。这一说法符合“反共复国”政治宣传的需要，当然也反映了教科书坚持“台湾属于中国”的立场。由是观之，1975 年版教科书在主权（政府）维度上向学生灌输了“一个中国”的国家认同观，尽管这里的“中国”指的是“中华民国”。

二、1993 年版教科书

从表 4.17 可以得知，在“中国化”方面，1993 年版社会科教科书中次类目 4-1“语境中，台湾是中国的一个省，台湾隶属于中国（中华民国）”没有出现；次类目 4-2“提及光复或台湾光复的”和次类目 4-3“提及明郑或明郑王朝的”都出现了 3 次，所占比例为 0.91%；次类目 4-4“提及日据或日据时期的”没有出现。那么，在“主权（政府）”维度，1993 年版社会科教科书“中国化”次类目出现了 6 次，所占比例合计为 1.82%(6/329)。

从“台湾化”次类目来看，4-5“台湾是独立的国家：有提出台湾是一

① “国立”编译馆．“国民小学”社会第九册（五上）[M]. 台北．“国立”编译馆，2001：6.

个……经济强国，台湾是一个……民主国家，台湾是一个……贸易大国等相关论述的”出现了 4 次，所占比例为 1.52%；4-6“提及终战或台湾战后的（注意语境）”、4-7“提及郑氏或郑氏王朝（时代）的”和 4-8“提及日治或日治时期的”1 次都没有出现。因此，在主权（政府）维度上，1975 年版社会科教科书“台湾化”次类目合计出现了 4 次，所占比例为 1.22%(4/329)。

表 4.17　1993 年版主权（政府）维度之“国家认同”次数分布表

类目	1993-7	1993-8	1993-9	1993-10	1993-11	1993-12	小计	占比
单元数	55	56	56	61	57	44	329	100%
4-1	0	0	0	0	0	0	0	0.00%
4-2	2	1	0	0	0	0	3	0.91%
4-3	2	0	0	1	0	0	3	0.91%
4-4	0	0	0	0	0	0	0	0.00%
小计	4	1	0	1	0	0	6	1.82%
4-5	0	4	0	0	0	0	4	1.22%
4-6	0	0	0	0	0	0	0	0.00%
4-7	0	0	0	0	0	0	0	0.00%
4-8	0	0	0	0	0	0	0	0.00%
小计	0	4	0	0	0	0	4	1.22%

1993 年版社会科教科书已经没有关于“中华民国”“首都”，“主权”范围等内容，仅在六处出现了“光复”或“日治（时代）”等“中国化”词语。不仅如此，在四处地方，教科书出现了意涵“台湾为一个国家”的相关表述，具体内容如下：

“经过了三十年的努力，不生产石油原料的台湾，却成为世界重要的人造纤维生产‘国家’[①]。

台湾原本是贫穷落后的地区，经过一百多年来的努力，终于转变为工业化的‘国家’[②]。

① “国立”编译馆 .“国民小学”社会第八册（四下）[M]. 台北 .“国立”编译馆，2002：14.
② “国立”编译馆 .“国民小学”社会第八册（四下）[M]. 台北 .“国立”编译馆，2002：20.

民国七十年以后，台湾开始发展高科技的资讯业，制造业和服务业的人口大为增加。于是，台湾成为一个‘新兴工业化国家’[①]。

作为一个新兴工业国家，台湾如果要往经济高度开发迈进，就必须重视研究发展，力求技术的改进，以促进产业升级[②]。”

在概括台湾战后取得的经济成就时，1993年版社会科教科书采用“国家”一词，不知是编者的失误还是有意为之？不过，如果不用“国家”，用“地区”或“经济体”似乎也略显不适。据此也可看出统一之前台湾地位的尴尬：“中华民国”实际上已不复存在，“台湾独立”在法理和事实上绝无可能，在1993年版教科书出版的90年代21世纪初两岸统一也难为李登辉、陈水扁当局所接受。

综上所述，1993年版社会科教科书在主权（政府）维度上，由于少数几个地方采用了“国家”一词，传输给学生的国家认同观因而变得冲突与模糊：台湾难道已经是一个国家了？不过，该维度“台湾化”次类目在六册中出现的次数和比例很少，几可忽略不计，因而前述几处误用“国家”对1993年版教科书“国家认同观”教育的影响也极为有限。

三、“九年一贯制”教科书

如表4.18所示，在“中国化”方面，2005年版社会科教科书中次类目4-1“语境中，台湾是中国的一个省，台湾隶属于中国（‘中华民国’）”没有出现；次类目4-2“提及光复或台湾光复的”出现了12次，所占比例为3.50%；次类目4-3“提及明郑或明郑王朝的”出现了4次，所占比例为1.17%；次类目4-4“提及日据或日据时期的”没有出现。那么，在主权（政府）维度，2005年版社会科教科书“中国化”次类目合计出现了16次，所占比例合计为4.66%(16/343)。

从“台湾化”次类目来看，4-5“台湾是独立的国家：有提出台湾是一个……经济强国，台湾是一个……民主国家，台湾是一个……贸易大国等相关论述的”出现了3次，所占比例为0.87%；4-6“提及终战或台湾战后的（注意语境）”、4-7“提及郑氏或郑氏王朝（时代）的”1次都没有出现；4-8“提及日治或日治时期的”出现了13次，所占比例为3.79%。因此，在主权（政府）维

① “国立”编译馆．“国民小学”社会第八册（四下）[M]. 台北．“国立”编译馆，2002：26.

② “国立”编译馆．“国民小学”社会第八册（四下）[M]. 台北．“国立”编译馆，2002：37.

度上，2005 年版社会科教科书“台湾化”次类目合计出现了 16 次，所占比例为 4.66%(16/343)。

表 4.18　2005 年版主权（政府）维度之“国家认同”次数分布表

类目	2005-3	2005-4	2005-5	2005-6	2005-7	2005-8	小计	占比
单元数	44	56	63	58	61	51	343	100%
4-1	0	0	0	0	0	0	0	0.00%
4-2	1	0	5	0	5	1	12	3.50%
4-3	0	0	4	0	0	0	4	1.17%
4-4	0	0	0	0	0	0	0	0.00%
小计	1	0	9	0	5	1	16	4.66%
4-5	0	0	3	0	0	0	3	0.87%
4-6	0	0	0	0	0	0	0	0.00%
4-7	0	0	0	0	0	0	0	0.00%
4-8	0	2	7	0	3	1	13	3.79%
小计	0	2	10	0	3	1	16	4.66%

从表 4.19 可以看出，在“中国化”方面，2015 年版社会科教科书中次类目 4-1“语境中，台湾是中国的一个省，台湾隶属于中国（中华民国）”、4-2“提及光复或台湾光复的”、4-3“提及明郑或明郑王朝的”和 4-4“提及日据或日据时期的”都没有出现。也就是说，在主权（政府）维度，2015 年版社会科教科书“中国化”次类目 1 次都没有出现。

从“台湾化”次类目来看，4-5“台湾是独立的国家：有提出台湾是一个……经济强国，台湾是一个……民主国家，台湾是一个……贸易大国等相关论述的”和 4-6“提及终战或台湾战后的（注意语境）”没有出现；4-7“提及郑氏或郑氏王朝（时代）的”出现了 4 次，所占比例为 1.22%；4-8“提及日治或日治时期的”出现了 10 次，所占比例为 3.06%。因此，在主权（政府）维度上，2015 年版社会科教科书“台湾化”次类目合计出现了 14 次，所占比例为 4.28%(14/327)。

表 4.19 2015 年版主权（政府）维度之"国家认同"次数分布表

类目	2015-3	2015-4	2015-5	2015-6	2015-7	2015-8	小计	占比
单元数	45	44	67	57	62	52	327	100%
4-1	0	0	0	0	0	0	0	0.00%
4-2	0	0	0	0	0	0	0	0.00%
4-3	0	0	0	0	0	0	0	0.00%
4-4	0	0	0	0	0	0	0	0.00%
小计	0	0	0	0	0	0	0	0.00%
4-5	0	0	0	0	0	0	0	0.00%
4-6	0	0	0	0	0	0	0	0.00%
4-7	0	0	2	2	0	0	4	1.22%
4-8	0	2	0	0	7	1	10	3.06%
小计	0	2	2	2	7	1	14	4.28%

2005 年版和 2015 年版社会科教科书比之前的版本，有几个显著的变化。其一，"日治时代"和"日治时期"广泛使用，而旧版本一般称为"日据时代"或"日据时期"。"治"即为"治理"，"日治"一词淡化了日本"殖民统治"的色彩，甚至带有"亲日"的意涵。教科书关于日本在台湾统治的描述可以分为两部分，一是镇压和侵略，二是治理和发展。比较二者的篇幅，后者要略多于前者，尤其是 2005 年版，似有美化日本统治的嫌疑。例如，2005 年版第五册第三单元《饮水思源》，谈及"日治时期"台湾民主政治、经济建设、社会救助、新式教育的发展，都从正面阐述，做正面评价。日本建设台湾是为了维护殖民统治，满足对外扩张的需要，这一点在这两版教科书中皆未点明。其二，在 2015 年版教科书中，4 次出现了"郑氏时代"或"郑氏王朝"，替换了 1993 年版和 2005 版的"明郑时代"或"明郑时期"。郑成功和郑经父子经营台湾时国号是"大明"，打着"反清复明"的旗号，从未独立于明朝。"郑氏王朝"一词割裂了十七世纪中后期台湾和中国大陆几十年的联系。其三，2005 年版教科书中多次出现"台湾为一个国家"意涵的表述，传递了错误的国家认同观，如第五册最后一个分析单元的总结性陈述：

"走过从前，我们要充分了解，先民们创造的各种辉煌历史。政治制度方面，致力追求地方自治，终于建立一个全民普选的民主国家。经济发展方面，积极发挥企业精神，将台湾建设成一个繁荣富裕的经济大国。社会福利方面，努力发展救济事业，将台湾建设成为一个幸福美满的现代社会。教育制度方面，努力发扬求知精神，使台湾成为一个教育普及的现代化国家。四百年来，台湾社会的进步发展，已经获得世界各国的普遍认可[①]。”

在主权（政府）维度，次类目的数量较少，出现的次数和比例也很少，因此，有必要提高教科书文本质性分析的比重。综合定性和定量分析，在该维度，台湾“九年一贯制”社会科教科书虽没有直接对学生进行“台湾国家认同观”的灌输，但已经基本割裂了台湾和中国大陆的联系，“台湾国”就隐藏在教科书文本的字里行间。

上文统计和分析了我国台湾地区三个时期，四套社会科教科书主权（政府）维度“国家认同”教育的倾向性（“中国化”或“台湾化”）特征。从量的角度分析，如表 4.20 所示，1975 年版“中国化”次类目出现的频次合计比例为 6.32%，1993 年版合计比例为 1.82%，2005 年版为 4.66%，2015 年版为 0.00%，最高为 1975 年版，最低为 2015 年版（见图 4.4）；“台湾化”倾向方面，1975 年版教科书为 0.27%，1993 年版教科书为 1.22%，2005 年版和 2015 年版教科书分别为 4.66% 和 4.28%，呈明显的上升趋势（见图 4.4）。该维度次类目的数量较少，出现的“中国化”或“台湾化”次类目的次数和所占比例也极低，因此，定量分析在本节的重要性有所降低。从定性的角度分析，1975 年版教科书呈现的是鲜明的“台湾属于一中（中华民国）”的国家认同观；1993 年版教科书的国家认同观显得较为模糊；而 2005 年版和 2015 年版教科书凸显了“台湾主体性”，台湾基本和中国大陆割裂，文中“台湾作为一个国家”的“潜台词”多次出现。

因此，本研究认为，在主权（政府）维度，“九年一贯制”社会科教科书传递给学生的是“台湾为独立政治实体”的“国家认同观”。

① 陈锦堂等．“国民小学”社会第五册（五上）[M]. 台北．康轩文教事业股份有限公司，2015：91.

表 4.20　主权（政府）维度各版本教科书"中国化"与"台湾化"合计比例

教科书版本	"中国化"次类目合计比例	"台湾化"次类目合计比例
1975 年版	6.32%	0.27%
1993 年版	1.82%	1.22%
2005 年版	4.66%	4.66%
2015 年版	0.00%	4.28%

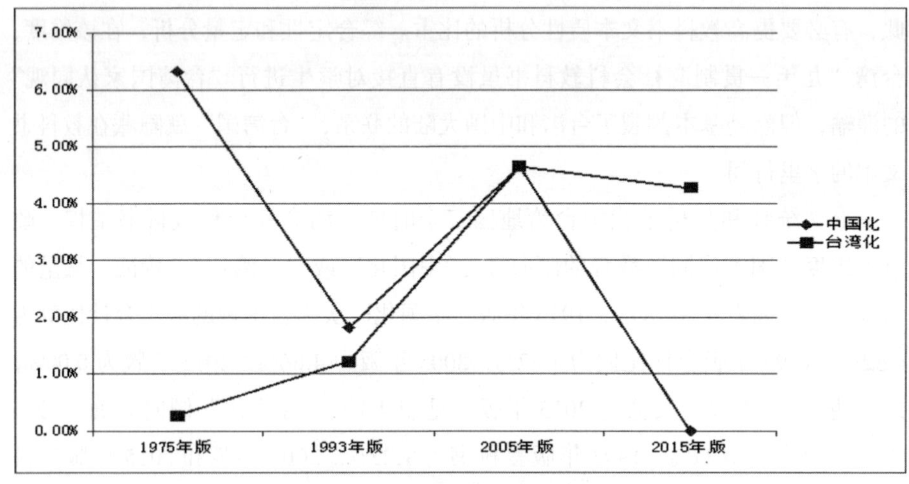

图 4.4　主权（政府）维度各版本教科书"中国化"
与"台湾化"合计比例变化趋势

第五节　"去中国化"：社会科"国家认同"教育变迁的要旨

本节依据本章前四节关于台湾三个时期、四套社会科教科书中各维度"国家认同"教育倾向性特征的统计和分析，归纳出 1975 年版、1993 年版、2005 年版、2015 年版社会科教科书中呈现和蕴含的"国家认同观"及其变迁趋势。

一、1975 年版社会科教科书的"国家认同观"

从表 4.21 可以看出，1975 年版社会科教科书四个维度的"国家认同"倾向，"中国化"都要远高于"台湾化"。如果将各维度"中国化"的比例减去

“台湾化”的比例，所得各项相加，则合计为72.27%。结合上文各维度“国家认同观”的定性分析，很容易得出结论：1975年版社会科教科书“中国化”鲜明，学生受到强烈的“一个中国”的“国家认同观”教育。

表4.21　1975年版教科书各维度“中国化”与“台湾化”合计比例汇总表

“国家认同”维度	“中国化”	“台湾化”	“中国化—台湾化”
国土（领土）	36.81%	12.91%	23.90%
人口（民族）	14.84%	0.00%	14.84%
文化（语言）	32.97%	5.49%	27.48%
主权（政府）	6.32%	0.27%	6.05%
合计	90.94%	18.67%	72.27%

二、1993年版社会科教科书的“国家认同观”

如表4.22所示，1993年版社会科教科书四个维度的“国家认同”倾向，“中国化”都要明显高于“台湾化”。同样的，我们将各维度“中国化”的比例减去“台湾化”的比例，所得各项相加，合计为19.14%。与1975年版教科书相比，这个比例明显下降，表明1993年版教科书“中国化”下降，“台湾化”上升。结合本章各节1993年版教科书各维度“国家认同观”的定性分析，我们得出结论，1993年版社会科教科书“中国化”色彩相对淡化，但学生从教科书中仍能感受到“一个中国”的“国家认同观”教育，教科书中“台湾化”比重上升，但“台湾主体性”并没有显现。

表4.22　1993年版教科书各维度“中国化”与“台湾化”合计比例汇总表

“国家认同”维度	“中国化”	“台湾化”	“中国化—台湾化”
国土（领土）	9.42%	7.29%	2.13%
人口（民族）	11.85%	6.69%	5.16%
文化（语言）	13.68%	2.43%	11.25%
主权（政府）	1.82%	1.22%	0.6%
合计	36.77%	17.63%	19.14%

三、“九年一贯制”社会科教科书的“国家认同观”

如表 4.23 所示，2005 年版社会科教科书三个维度（除了“主权”维度）的“国家认同”倾向，“台湾化”要高于“中国化”。如果将各维度“中国化”的比例减去“台湾化”的比例，所得各项相加，则为负值 -11.08%。其中，国土（领土）维度的“台湾化”要远高于“中国化”。从正到负，从量上来看，这也是一个显著的变化。结合上文各维度“国家认同观”的定性分析，很容易得出结论，2005 年版社会科教科书突出“台湾主体性”，学生感受不到“中国”，感受到更多的是“台湾认同观”的教育。

表 4.23　2005 年版教科书各维度“中国化”与“台湾化”合计比例汇总表

“国家认同”维度	“中国化”	“台湾化”	“中国化—台湾化”
国土（领土）	2.62%	11.95%	-9.33%
人口（民族）	8.75%	9.62%	-0.87%
文化（语言）	4.66%	5.54%	-0.88%
主权（政府）	4.66%	4.66%	0.00%
合计	20.69%	31.77%	-11.08%

如表 4.24 所示，2015 年版社会科教科书除人口（民族）维度外，其余三个维度的“国家认同”倾向，“台湾化”要明显高于“中国化”。同样的，我们将各维度“中国化”的比例减去“台湾化”的比例，所得各项相加，则为负值 -14.99%。其中，国土（领土）维度的“台湾化”要远高于“中国化”。这延续了 2005 年版教科书“台湾化”的特征。结合本章前几节各维度“国家认同观”的定性分析，我们很容易得出结论，2015 年版社会科教科书突出“台湾主体性”，学生受到更为鲜明的“台湾认同观”教育。

表 4.24　2015 年版教科书各维度“中国化”与“台湾化”合计比例汇总表

“国家认同”维度	“中国化”	“台湾化”	“中国化—台湾化”
国土（领土）	3.67%	14.98%	-11.31%
人口（民族）	7.34%	6.12%	1.22%
文化（语言）	5.50%	6.12%	-0.62%
主权（政府）	0.00%	4.28%	-4.28%
合计	16.51%	31.50%	-14.99%

综上所述，台湾社会科教科书自70年代的1975年版至目前正在使用的2015年版，“国家认同”教育呈现了一个不断“去中国化”，同时“台湾化”不断强化的趋势。在这一变迁过程中，2005年版教科书蕴含的“国家认同观”发生了一个质的变化：“台湾化”超过“中国化”，“台湾主体性”崛起，“台湾认同观”凸显出来。2015年版教科书延续和强化了这一趋势。

第五章 “去中国化”何以可能：台湾社会科“国家认同”教育变迁的深层分析

事物是什么，怎样运行，如何演变，这些都不是预先安排好的，而是社会的产物。即使我们谈论到安排我们日常生活的制度（比如学校教育）时，也是如此[①]。教科书不仅仅是“事实”的“传输系统”，它还是政治、经济、文化活动、斗争及相互妥协等共同作用的结果，教科书是真正由人们根据自己的真实兴趣构思、设计和创作出来的。它的出版发行受到政治和经济领域中市场、资源、权力等因素的制约[②]。教科书经常被要求应该是中立的，但这显然是一种不切实际的奢望。教科书是一个政治的产物，教科书传递的只是“正式的知识”（office knowledge），而非中立的知识，因为教科书是社会各种政治、经济和文化作用的结果——它们要体现教育重要决策者的意图；要体现教育专家的思想；要为出版社的利益服务；也要为那些帮助学生通过标准化考试的学校和教师利益考虑，等等。教科书是教育决策者、政府部门和其他社会力量共同影响学校教育的一个缩影[③]。也有学者认为，课程内容透过教科书所传递的知识，对教科书知识内容评鉴管控，在官方合法化的正式知识是妥协的知识，并且已由文本的政治、经济滤网所筛选过，经由所谓“再脉络化”的过程，知识已由原来的社会的、学术的脉络，被政治的权力者再脉络化[④]。在教科书价值观的塑造过程中，政治、社会与学术的力量都没有缺席，尤以政治的力量更为根本。

如果说教科书做不到“政治中立”的话，那么比之外文、数学、物理、化学等学科，社会科教科书受到政治氛围、社会环境的影响就更加显著了。因为社会科旨在培养成熟理性的公民以便参与公共事务、促进公共福祉，社会科的

① [美]阿普尔．教科书政治学[M]. 侯定凯译，上海：华东师范大学出版社，2005：1.

② Allan Luke，Literacy，Textbooks and Ideology（Philadelphia：Falmer Press，1988），pp.27-29. 转引自[美]阿普尔．教科书政治学[M]. 上海：华东师范大学出版社，2005：2.

③ [美]阿普尔．教科书政治学[M]. 侯定凯译，上海：华东师范大学出版社，2005：1.

④ 欧用生．教科书之旅[M]. 台北：“中华民国”教材研究发展学会，2003：293-294.

课程资源主要来自于社会科学，社会科直接关涉民主、道德、法制、国家、族群等意识形态色彩浓厚的议题。自20世纪70年代以来，台湾的政治、经济、民情发生了翻天覆地的变化，这必然反映到教科书中来，尤其是社会科教科书中来。如第四章所述，台湾社会科教科书所承载的“国家认同”教育发生了显著的变化。那么，外部环境是如何影响社会科教科书编制的？教科书“国家认同观”变迁的背后存在着怎样的竞争和矛盾？如果能揭示这些问题，我们还可以据此推测台湾社会科教科书未来可能发生的变化及台湾年轻世代“国家认同观”的演变趋势。通过对历史研究和深度访谈所获信息作梳理和推断，我们发现政治、社会、课程三个方面对台湾社会科教科书“国家认同观”变迁的影响最大，最为明显。

第一节 政治变革：社会科教科书“去中国化”的原动力

一、合法性缺失与蒋家文教独裁

1947年12月，国民党政府公布《中华民国宪法》，从1947年到1948年，实行中央民意代表选举，并由选出的国民大会代表选举总统和副总统，由总统任命行政院长，立法院对行政院长之任命行使同意权，这就是所谓的民国“宪政”。但尚未真正实行，1948年4月，国民大会就通过了“动员戡乱时期临时条款”。1949年，“中华民国宪法”和“临时条款”一同被带入了台湾。1960年，蒋介石借由修正“动员戡乱时期临时条款”废除总统连任限制，完成“万年国会”和“终身总统”等背离正常宪政的举措；却又因为要争取美国的支持，并且一直标榜自由民主来打击“集权暴虐”的中共政权，而无法放弃民主宪政的宣称。为了要维系这两条矛盾的路线，台湾当局所采取的方法即是一再宣传反攻战事即将爆发，并借由精神动员的强调来弥补实质战备的退缩[①]。

所谓合法性，最通俗地讲，是对被统治者与统治者关系的评价。它是政治权力和其遵从者证明自身合法性的过程。它是对统治权力的认可[②]。任何统治，如果没有合法性的支持，都必将走向瓦解。为了维护对“中华民国”和台湾统

① 许毓峰.解严前后“国小”社会科教科书中的台湾图像[M].台北：稻香出版社，2007：38-39.

② [法]让-马克·夸克.合法性与政治[M].佟心平、王远飞译，北京：中央编译出版社，2002：1.

治的合法性，蒋介石在大陆兴起“文化大革命”之际，大力推行“中华文化复兴运动”和宣传“反共复国”大业。就“中华文化复兴运动”的推行而言，“教育部”是所有政府机关中涉入最深者，一方面“教育部”负担了“中华文化复兴与运动推行委员会”的筹备工作，相当于文化复兴与运动的官方领导单位；另一方面，国民党当局向来将教育与文化视为一体，而在党国也是一体的情况下，相关业务自然就多由国民党党部会同“教育部”进行。1966 年 11 月 18 日，“教育部”部长阎振兴主持“全国性学术文化团体与教育机构座谈会”，国民党中央第四组、知识青年党部、救国团总团部均派员参加。除了“教育部”的文复会筹备工作，各级教育单位亦直接涉入学校教育事项，以期扩大文化复兴运动的影响，这其中则包含了弘扬中华文化之教材与推行活动两方面①。

1971 年 10 月，在联合国大会，阿尔巴尼亚等国提出“邀请中华人民共和国入会，驱逐中华民国”的提案。该提案顺利通过，“中华民国”失去联合国席位，紧接着也被联合国相关国际组织除名。1972 年 2 月，尼克松总统成功访华，中美关系逐步走向正常化。中美双方政府在 2 月 28 日发表的《上海公报》中有如下内容：美国认识到，在台湾海峡两边的所有中国人都认为只有一个中国，台湾是中国的一部分。美国政府对这一立场不提出异议。它重申它对由中国人自己和平解决台湾问题的关心。考虑到这一前景，它确认从台湾撤出全部美国武装力量和军事设施的最终目标。在此期间，它将随着这个地区紧张局势的缓和逐步减少它在台湾的武装力量和军事设施。1972 年 9 月，日本和中华人民共和国建交，同时与台北“断交”。在宣布建交的《中日联合声明》第二条提到“日本国政府承认中华人民共和国政府是中国的唯一合法政府”，第三条提到“中华人民共和国政府重申：台湾是中华人民共和国领土不可分割的一部分。日本国政府充分理解和尊重中国政府的这一立场，并坚持遵循《波茨坦公告》第八条的立场。整个 60 年代末 70 年代初，与中华人民共和国建交的国家大幅增加，与“中华民国”建交的国家大幅减少②。随着中国大陆中共政权的稳固和强大，“反共复国”的政治宣传已经失去凝聚人心的号召力。可以说，在 70 年代初期，“中华民国”在台湾的统治面临空前的合法性危机。

① 许毓峰．“解严”前后“国小”社会科教科书中的台湾图像 [M]. 台北：稻香出版社，2007：41.

② ［日］若林正丈．战后台湾政治史 [M]. 洪郁如、陈培丰等译，台北：台湾大学出版中心，2014：141.

欧用生教授说，1975年版社会科教科书是台湾史上意识形态最浓，叫嚣“反攻大陆”最多，“中国化”最强的一套教材，因为国民党当局感受到来自外部的冲击[①]。在外部合法性逐渐丧失的情况下，台湾国民党当局对体制内各环节不予保留地行使驾驭能力，以内部合法性的强化弥补外部合法性所受的打击。如何提高统治的内部合法性？“中华文化复兴运动”及学校教育成为重要的载体。1975年课纲就是这样的背景下编制完成的。1975版小学社会科课标起草小组成员都是国民党当局任命的，12本教科书的执笔者皆为屠炳春、司琦等三人[②]。教科书由官方出版社“国立”编译馆统一印行，反映了国民党一党独裁的党国体制对教育的钳制。政治严重干预了教育，希冀教育为国民党的独裁统治提供合法性支撑。这就是1975版社会科教科书“中国化”比例高达90.94%，其中文化维度之“国家认同”所占次类目比例高达32.97%的政治背景和最重要的原因。1975年版教科书尽管传递了“一个中国”的国家认同观，但这一“中国”却是被国民党党化教育严重扭曲的“中国”——贫穷、落后和“沦陷区的中国”，“窃取”联合国席位的“中国”。

二、“党外势力”崛起与“戒严时代”结束

所谓“党外势力”，是相对于国民党而言，一般是指台湾岛内一群对台湾现状不满，对国民党不满，要求改革政治体制的人。又由于在1988年以前，台湾实行“党禁”，除国民党以及从大陆退台的民社党、青年党外，不准成立新的政党，因此，一切反对国民党专制统治的政治力量都被统一称为“党外势力”[③]。在台湾的选举政治中，自50年代初地方公职选举开始以来，就存在着不受国民党收编、持续反抗的“党外势力”。此外，也存在着虽然被镇压，但如《自由中国》般以自由主义言论批判国民党一党专制、要求民主化的言论[④]。“党国体制”为基层自治留下了“自由的缝隙”，“党外势力”得以诞生和成长。在放开“党禁”以前，“党外势力”以非党组织之名运作政党行动之实。如1977年选举后成立的“党外后援会连线”，1979年8月开始发行报道党外运动的《美丽岛》杂志，1983年10月成立的“党外选举后援会”，以及1984年9月选举后成立

① 参见附录二：访谈记录6.1。

② 参见附录二：访谈记录6.1。

③ 肖如平．蒋经国传[M]．杭州：浙江大学出版社，2012：320.

④ [日]若林正丈．战后台湾政治史[M]．洪郁如、陈培丰等译，台北：台湾大学出版中心，2014：172.

的"党外公职人员公共政策研究会"[①]等。这些组织及其活动为日后民进党及其他在野党团的成立奠定了基础。

随着时光流转，国民党政治上的垄断越来越难以维持，退让与妥协成为必然。眼见"反攻大陆"的愿景无法实现，"总统"的过度权力及掌控"国会"的正当性日渐削弱。国民党"中央"层级的高官和其他公职人员绝大部分是外省人，当愈来愈多台籍人士要求分享权力时，国民党便无法理直气壮地宣称其统治的合法性。国民党领导人在20世纪70年代和80年代采取混合战略将压制降到最低，对民主化的要求则一点一滴地慢慢接受[②]。为提升统治的正当性，国民党当局必须在竞争的公职选举中，稍稍放水，国民党不在所有选举中提名人选，保留一些空间给反对人士，以弥补双方政治实力的差距[③]。在国民党的"放纵"下，"党外势力"不断发展壮大，活动空间也越来愈大，台籍人士在"中央""省""市县"各级政府所占据的要职也愈来愈多。

1986年9月28日，"全国党外后援会大会"先以变更议程的方式，通过组党的议案，继而在下午召开新党发起大会。就在新党发起大会中，立即组党的意见得到与会人士的支持，战后台湾第一个反对政党——民主进步党——突破"党禁"正式成立[④]。这可以说是台湾多年来"党外活动"最大的"成果"。对于该党，国民党当局既没有强力取缔，也没有正式承认。

国民党一党专制下持续二三十年的"党外活动"以致成立民进党，他们的诉求是什么呢？1983年10月，"党外选举后援会"发表了十项"共同政见"[⑤]，其中第一条即为"住民自决"。往后，"台湾前途住民自决"确定为"党外"的主要诉求，1986年秋天民进党成立以后也被继承下来[⑥]。民进党在其第一部党纲中明列：台湾的前途由台湾全体住民，以自由、自主、普通、公正、平等的方式共同决定，标举出住民自决的主张。"[⑦]在1987年11月举行的第二次全体党员

① 薛化元.战后台湾历史阅览[M].台北：五南图书出版公司,2010：283.309.

② [美]丹尼·罗伊.台湾政治史[M].何振盛、杜嘉芬译，台北：台湾商务印书馆，2004：206-207.

③ [美]丹尼·罗伊.台湾政治史[M].何振盛、杜嘉芬译，台北：台湾商务印书馆，2004：214.

④ 薛化元.战后台湾历史阅览[M].台北：五南图书出版公司,2010：327.

⑤ 在宣传中被简化为"民主、自决、救台湾"的口号。

⑥ [日]若林正丈.战后台湾政治史[M].洪郁如、陈培丰等译，台北：台湾大学出版中心，2014：189.

⑦ 薛化元.战后台湾历史阅览[M].台北：五南图书出版公司,2010：328.

代表大会上，民进党以决议案的形式通过“台独”主张[①]。

1987年7月，在蒋经国权衡利弊，积极稳妥的运作下，台湾自1949年以来实行了38年的戒严令解除了。同年10月15日，开放民众赴大陆探亲，台湾逐渐兴起“大陆热”：大量台湾同胞到大陆探亲、观光、投资。1988年1月1日，在蒋经国的指示下，台湾当局正式结束对报纸的限证（维持在二十九家），限张（维持在三大张）的禁令。数天之内，就有两百家左右新出版物向政府办理登记，街头立刻出现许多新兴画报。同时，也有六十多个政治团体申请注册成立政党[②]。1991年4月，台湾废止“动员戡乱时期临时条款”，两岸结束内战状态，关系也进一步和缓。在1980年底末90年代初，随着苏联解体、冷战结束以及“民主的第三波”[③]，台湾岛内的政治生态也发生着翻天覆地的变化：从国民党一党独裁走向更加开放和民主。

课程标准的制定受到政治环境变化的影响，教科书的编辑又受到课程标准的影响。90年代初起草、1993年出台的台湾小学社会科课程标准发生了重大的变化：从服务“国家”“反攻大陆”、发扬文化传统转变为以生活和儿童为中心，力图摆脱国民党意识形态的束缚。比之1975年版，教科书中讲台湾的内容多了些，讲中国的内容少了些。不过，与其说1993年版教科书“去中国化”，不如说“去政治化”更为确切。1975年版台湾社会科教科书谈及“中华民国”并未管辖的中国大陆内容太多，确实有点不合情理，1993年版可以说是一种“拨乱反正”。但值得注意的是，如前文所述，1993年版虽然有关中国大陆的内容少了，仍旧传递的是一个中国的国家认同观。这也因应了台湾当局分别于1991年和1992年发布的“国家统一纲领”和“台湾地区与大陆地区人民关系条例”中所坚持的“国家统一”和一个中国原则。此时，台湾地区领导人李登辉也尚未暴露出“台独”本质。

三、李陈时期的“政治民主化”和“台独”势力的壮大

正如有台湾教授所言，李登辉为了权力的稳固（对内压制国民党保守派的杯葛，对外防止中国大陆的极端行动），在执政早期坚持一个中国原则，甚至力主通过了“国家统一纲领”，但在其斗倒俞国华、李焕、郝柏村等党内统派大老

① 薛化元．战后台湾历史阅览[M]．台北：五南图书出版公司，2010：339.

② [美]陶涵．蒋经国传[M]．北京：华文出版社，2010：379.

③ 参见：[美]亨廷顿．第三波——20世纪后期民主化浪潮[M]．上海：三联书店，1998.

之后，逐渐暴露出分离国家的企图[①]。1995年6月，李登辉以非官方身份访美，造成两岸关系极度紧张。1996年，台湾地区领导人竞选活动中，李表现出对中国政府的强硬态度。1999年7月9日，李登辉“总统”在接受“德国之声”专访时正式提出“两国论”主张[②]。

台湾政治民主化和自由化，如开放“党禁”“报禁”“中央民意代表”直选、言论和结社自由，为“台独”和“台湾化”议题的提出、炒作提供了空间。1996年10月16日，一些不满民进党提出的“大胆西进”“大联合”“大和解”等主张的激进派“台独”人士，成立了“建国党”。1996年11月，“立法委员”林浊水等人召开记者会，要求冻结“宪法”中“省”的层级。在“立法委员”不断“逼宫”下，1996年12月，“教育部”也宣布开放民间版本教科书[③]。1998年12月，台湾省“精省”工作展开，拟于两年内取消精简“台湾省”一级政府组织[④]。90年代中后期，借由竞争性选举，民进党夺取七个县市（宜兰、新竹、彰化、云林、屏东等）的执政权力。在这七个县市，县市长反对“国语”教学，大力推行本土化教育[⑤]。陈水扁在一本名为《台湾的十字架》的自述中提到，他在担任台北市长（任期为1994年到1998年）期间，建议“联招会”，有关台湾、台北史地占社会科的比重应从17%提高到30%，第二年后提高到40%[⑥]。

在2000年3月的“大选”中，民进党候选人陈水扁和吕秀莲当选正副“总统”。意识形态相近的民进党和“台联党”组成“泛绿联盟”（近似于“独派”），国民党、亲民党和新党组成“泛蓝联盟”（近似于“统派”），两大阵营的对抗蔚然成形。陈水扁以弱势“总统”上台伊始，提出“四不一没有”[⑦]的中间路线，以稳定两岸关系、争取民意支持，但很快就暴露出“台独”本质，拒绝与中国大陆在一个中国原则下的谈判。2001年，民进党在“立法院”取代国民党成为第一大党。

在李登辉和陈水扁推动台湾“政治民主化”时期，“台独”政治势力不断发

---

① 参见附录二：访谈记录3.1。

② 薛化元.战后台湾历史阅览[M].台北：五南图书出版公司,2010：432.442.456.

③ 参见附录二：访谈记录1.4。

④ 薛化元.战后台湾历史阅览[M].台北：五南图书出版公司,2010：448-450.

⑤ 参见附录二：访谈记录6.2。

⑥ 陈水扁.台湾的十字架[M].台北：凯达格兰基金会，2009：207.

⑦ 2000年5月20日，陈水扁曾于台湾地区领导人就职典礼上发表“四不一没有”言论，“四不”是指：不宣布独立、不更改“国号”、不推动“两国论入宪”、不推动改变现状的“统独公投”；“一没有”是指“没有废除‘国统纲领’与‘国统会’的问题”。

展壮大。他们在“立法院”，在各种媒体上，在街头运动中，不断发声，主张为教育“松绑”，实行“一纲多本”，落实教育民主化[①]。台湾政治民主化直接引发民众对台湾教育民主化的诉求，这为社会科课纲起草、教科书编写扩展了政治空间。在“宽松”、甚至倾向于“台独”的政治氛围下，“台独”势力不可能让教育领域继续“中国化”，“台湾化”教科书的出台便顺理成章，强调一个中国的国家认同观反而变成一种“政治不正确”。李登辉毕竟是“蓝皮绿骨”，在其1999年正式抛出“两国论”之前，作为国民党主席推动“台独”路线时不敢堂而皇之，但陈水扁就显得肆无忌惮了。执政初期，民进党缺乏人才，“内阁”成员绿营人士只有三分之一，陈水扁首个“教育部长”是“偏蓝”的曾志朗，但显然陈对曾志朗“亲中”的教育政策非常不满意[②]。

政治推动“台独教育”在陈水扁的第二个任期更为明显，其任命意识形态色彩鲜明的“台独”人士杜正胜作为“教育部部长”。杜正胜果然不负所望，在其任内大刀阔斧地推展所谓“台湾主体性”教育。“教育部”（2004）在未来施政的四大主轴中，第二项即是“建立台湾主体性”，希望能深化台湾认同，培养学生尊重多元，并展现“海洋国家”的特色。杜正胜提到：目前教育的首要之务是认识台湾，深化认同；中小学课程要纳入台湾生活环境素材，培育民众具备尊重多元文化精神，进而了解及尊重不同文化；明年起将要求社会领域中小教材、初中基本学力测验包含台湾生活时空环境素材的比例不得低于50%。“教育部”2005年度施政方针的第五点开宗明义点出：“深化认识台湾，体认生命共同体。”[③] 2007年，杜正胜委托以“台独”为宗旨的“台湾历史学会”[④]，完成一本380页的《海洋教育与教科书用词检核计划》。这本检核计划，“教育部”发给所有编纂教科书的书商，要求必须“遵照使用”。整本报告是用举例的方式，告诉你什么词可以用，什么词不能用[⑤]。不能用只有一个原因，就是跟“中国”有关。因为这些词句，呈现了我们就是中国人，所以要从根本扫除这些会诱发

① 参见附录二：访谈记录4.4.8.3。

② 参见：陈水扁．台湾的十字架[M]. 台北：凯达格兰基金会，2009：207-208.

③ 林文贤．“国小”社会科教科书中的台湾主体意识变迁之研究[D]. 台北：台北教育大学，2008：1.

④ “台湾历史学会”成立于1995年，由一群认同“台湾为一个主权独立的国家”的历史学者组成。他们认为台湾是个“海岛国家”，但过去的教育始终“错以中华大陆文明为主体”，学生无法建立对于海洋文化的整体认识，他们希望建立“以台湾为主体”的历史观。

⑤ 参见附录二：访谈记录6.2。

对中国认同的词句[①]。尽管检核计划最终由于书商和教师们的抵制、2008年杜正胜的卸任、民进党的下台而没有大规模推广，但陈水扁时期台湾当局对学校教育中统“独”议题的干预可见一斑。

1975年版、1993年版、“九年一贯制”社会科课标（课纲）起草和教科书编写的时点契合了70年代初期国民党在台湾的执政危机、80年代末90年代初“党外势力”的崛起和戒严时代结束、李扁时期的“政治民主化”和“台独”势力的空前壮大。四十多年来，台湾三次大的政治变革，间接导致了1975年版社会科教科书的高度“中国化”和“政治化”，1993年版教科书的相对中立和客观，“九年一贯制”社会科教科书突出“台湾主体性”、彰显“台湾认同观”。另外，80年代以来，台湾的政治民主化和自由化，促成了台湾民间社会的崛起，“台独”势力才有可能走向政治、社会舞台，宣扬本土化教育及“台独”教育理念[②]。

第二节　社会氛围：社会科教科书“去中国化”的催化剂

一、台湾意识的兴起

台湾人的台湾意识并非自古有之，其形成主要有三个因素。第一，日本殖民统治时期，台湾人受到和日本人有所差别的不平等待遇，以至于台湾本地人对自身的认同感反而更加深刻。日本的残酷统治造成了与殖民者鼓吹的“皇民意识”相抗衡的“台湾意识”的勃兴。第二，日本统治台湾之前，台湾缺乏完整的交通网络，使得地方意识与族群意识强烈的程度远远超过所谓的台湾意识。到日本殖民统治后期，全台贯通的交通网络促进了台湾共同体意识的形成[③]。第三，国民党当局败逃台湾之后，为了维护统治合法性及寻求民众对“反共复国”的支持，大力推行“去日本化”和“中国化”运动。推行“中国化”本无可厚

① 关于“不当用词”，举例如下：“把孙文（孙中山）称为国父不当，应称为孙中山先生；‘日据时期’，不当，应称为日治时期；称‘大陆’‘中国大陆’‘中共’等不当，应称中国；使用‘今山西省新绛县’未加‘中国’一词不当，应改成‘今中国山西省新绛县’；使用民国十六年等不当，需改成大正五年；使用‘国字’‘国画’‘国剧’‘京剧’‘古典诗词’等词汇，指称中国特有的文物、文字、书画、戏剧、诗词等不当，要说是‘中国字’‘中国画’‘中国剧’‘中国京剧’‘中国古典诗词’。”

② 参见附录二：访谈记录8.2。

③ 许毓峰．“解严”前后“国小”社会科教科书中的台湾图像[M]．台北：稻香出版社，2007：49-50.

非，但国民党当局操之过切，禁止台湾人民说闽南话和客家话，加上1947年爆发的“二二八事件”及在台初期的残酷统治，台湾人与外省人间出现了隔阂。

在不同的时空条件下，台湾意识往往呈现出不同的意识和风貌。根据所含“政治成分”的多寡，可以把台湾意识分成三类：乡土意识、“台独”意识和现实主义式的台湾意识[①]。“台独”意识是一种包含有强烈政治意识的台湾意识,它是针对中国意识的一种反动，也是反对国民党人士用以抗拒执政党的一种意识形态[②]。在两蒋时代,“台独”活动被政府严令禁止,在岛内的“台独”分子往往作为“政治犯”被监视、审判和关押，在海外的“台独”分子肆无忌惮地从事“台独”活动，但影响极为有限。在台湾从事政治活动的“党外人士”，只能和现实妥协，发展出“现实主义式”的台湾意识，以赢得一定的民意支持和“政治市场”。当国民党在80年代一步步地宣布解严、开放“党禁”“报禁”，“现实主义式”的台湾意识逐步转变为“台独”意识，台湾意识的政治意涵也越来越浓厚，逐渐影响到整个台湾的社会氛围。

作为台湾意识重要组成部分的“乡土意识”，国民党当局并未禁止。70年代末期以前的台湾意识更多的表现为乡土意识。“乡土文学论战”就是台湾乡土意识涌动的一种表现。70年代，台湾的政治、经济和社会发生重大变化，在文学上，知识分子对于文学创作的基本理念有相当大的差异，但基本上可以区分为“现代派”与“乡土派”两大阵营。双方对于文学创作的“西化”和“本土化”的认知与所持态度不同,因此发生论持续数年的论辩[③]。当时的乡土文学论战所牵涉到的不只是“现代派”与“乡土派”在文学理论和实践上的分歧，更是两种政经社会意识形理念的抗争，包括对“乡土”“本土”和所谓“大乡土”的界定，在文化上的认同问题，以及对“西化”与民族主义对立的反省等。乡土文学论战之后，虽然在何谓“乡土文学”，以及乡土文学和台湾文学之间的关系均未取得共识，但是文学必须植根于台湾大致上获得了认同，并进一步有所谓环保文学（环保运动）的出现,展现了“本土化”的另一个途径与形式[④]。乡土文学论战让台湾知识分子更加关注本土的语言、文化与历史，很多知识分子

① 黄光国．台湾意识与中国意识：两结下的沉思[M]. 台北：桂冠图书股份有限公司，1987：40-44.

② 黄光国．台湾意识与中国意识：两结下的沉思[M]. 台北：桂冠图书股份有限公司，1987：42.

③ 许毓峰．“解严”前后“国小”社会科教科书中的台湾图像[M]. 台北：稻香出版社，2007：58.

④ 陈昭英．论台湾的“本土化”运动——一个文化史的考察[J]. 中外文学，2011(2)：22-23.

主张用“谦卑与朴实”的心感受与触摸“这块土地”，用自己的语言、文字唱自己的歌，写自己的故事，跳自己的舞蹈，画自己的绘画，让台湾人民意识到自己是“这块土地”的真正主人。乡土文学论战并没有引发政治诉求和“台独”意识，但客观上促进了台湾“本土意识”的萌生，间接影响到整个台湾的社会氛围。在国民党当局大力宣传“四维八德”“反共复国”等“大中国”主流意识形态下，乡土文学论战让更多台湾人的眼光移向了本土和当下，助长了台湾意识的崛起。

二、政治宣传：从“反共复国”到“台湾第一”

或许是吸收在大陆惨败的教训，台湾国民党当局意识到控制文宣系统的重要性，在“戒严”期间实行“报禁”。自1951年起，当局规定不再进行新报纸的登记，直到1987年解除“戒严”的多年间，全台只有29家报社①。在“报禁”时代，全台湾只有一种声音，那就是国民党的声音。

在“两蒋”时代，尤其是50年代到70年代，“反共复国”“三民主义统一中国”是台湾国民党当局最为常用的政治口号。在文宣系统的宣传内容中，大陆的“中华人民共和国”是“叛乱政权”，国民党领导的“中华民国”当局才是中国的合法政府。台湾是“自由地区”，大陆是“沦陷区”或“匪区”，“国军”时刻准备着“反攻大陆”，解救大陆同胞于“水深火热”之中。在这样的政治“洗脑”下，台湾多数人民对大陆怀有敌意，中共成为“共匪”，但是，“一个中国”“两岸同属一中”的国家观念在那一代的台湾老百姓心中也变得根深蒂固。在四十年的戒严时期，尽管极少数“台独”分子从未停止活动和宣传，包括利用地下电台，但是由于坚持一个中国的国民党当局“一党独大”，牢牢掌控了文宣系统，并进行了卓有成效的政治宣传，“台独”言论一直没有市场。在军队系统，政府系统和教育系统，“一个中国”的国家观念是大多数人的潜意识。民间社会中存在的台湾意识，甚至“台独”意识，未能侵蚀到台湾社会的主流意识形态，影响到台湾的社会氛围。

随着戒严时代结束，台湾国民党当局放开“党禁”“报禁”，民进党的文宣系统“异军突起”，严重冲击了国民党僵化的意识形态控制体系。民进党为了扳倒国民党，不惜“大打出手”，将“两蒋”时代的“白色恐怖文宣”改写成“绿

① 汪澍、洪伟、艾克．台湾“民主政治”透视［M］．北京：华艺出版社，2014：150.

色恐怖文宣”“台独”文宣”，实际上成为“台独”宣传战”“反国民党宣传战”。他们把岛内泛蓝势力扣上“黑金政治”“老年政治”“专制回潮”“政治分赃”“联共卖台”五顶帽子，进行百般打压[①]。民进党大力宣传“亲中就是卖台”，在各种政治动员中，大打“本土牌”。当时以本省籍人士为主的反抗运动，选择省籍问题作为政治动员的工具，在各种选举场合以“本省人投给本省人”，“台湾人选台湾人”为号召来争取支持。李登辉上台之后，国民党内的省籍矛盾逐渐公开化，外省籍精英被逐步挤出权力核心，而民进党基于省籍情结和“台湾人出头天”的心理，在国民党内争时给李登辉予大力支持，极力“抹红”国民党内外省籍精英及新党[②]。在 90 年代，在民进党及其他“独派”人士的运作下，“台湾第一”“台湾意识”“台湾人”“新台湾人”“台湾民族”“台湾主体性”“台湾命运共同体”“本土化”“台湾认同”等词汇频繁出现于各种媒体上。对于民进党的文宣攻势，国民党毫无招架之力，不断退缩，在统“独”议题上处于非常不利的境地。

在 2000 年“总统”选举中，民进党以微弱的优势成为台湾的执政党。民进党以“本土政权”自居，掌握本土论述的主导权，不遗余力地利用“本土牌”对蓝营展开持续的攻击，通过建构一整套论述，充分运用媒体包装将“民进党 = 民主 = 本土政权 = 爱台湾”，同时相应地把国民党、亲民党、新党与“外来政权”“外省人”“中国”“威权专制”“出卖台湾”等画上等号。通过口耳相传、地下电台、宗教社团、竞选桩脚等各种信息网络，向选民灌输、散播“本土优先”思想。更为严重的是，蓝营为了赢取选票，也淡化了一个中国论述，采取一系列本土化转型动作以应对民进党本土论述霸权[③]。

总而言之，从 20 世纪 80 年代末到 21 世纪初，台湾“两岸同属一种中国”的国家认同在民进党及其他“独派”团体的政治宣传和运作下慢慢地变成了一种“政治不正确”，整个台湾逐渐走向“绿化”，弥漫着“本土化”“台湾化”的社会氛围。

---

① 汪澍、洪伟、艾克．台湾“民主政治”透视 [M]. 北京：华艺出版社，2014：152-153.

② 林劲．民进党意识形态的基本特征分析 [J]. 台湾研究，2010（5）：34.

③ 参见郑又平《民进党选举策略中“本土牌”运用之政治分析》，转引自林劲．民进党意识形态的基本特征分析 [J]. 台湾研究，2010（5）：35.

三、民间教改运动的勃兴

与台湾教育直接相关，影响最为深远的社会氛围"绿化"是80年代后期以来的民间教改运动。1987年，台湾"戒严令"取消，而后逐步放开"党禁""报禁"，长久以来在白色恐怖下隐匿的民间力量在台湾社会上开始展现。1989年1月，"动员戡乱时期人民团体组织法"通过[①]，台湾各种民间团体如雨后春笋般涌现出来。其中，影响较大的民间教改组织有"振铎学会筹备会"（1987）、"教师人权促进会"（1988）、"人本教育促进会"（1988）、"主妇联盟教育委员会"（1988）、"大学教育改革促进会筹备会"（1989）、"振铎学会"（1989）、"澄社"（1989）、"台湾教授协会"（1990）、"救救下一代行动联盟"（1991）、"台湾教师联盟"（1992）[②]、四一〇教育改造联盟（1994）等。

振铎学会的宗旨为研究改良教育理论与实务，并推广介绍之，并以促进教师进修、研究教育问题、改善教育环境为主要任务。振铎学会从1987年开始非正式运作直至目前有近三十年的历史，在访谈中有多个教授提及该学会。振铎学会负责人丁志仁后来被"九年一贯制"社会科课纲起草小组召集人黄炳煌先生邀请参与课纲起草。有位接受访谈的陈教授这样评价振铎学会及其会长丁志仁先生：

> 当时最有名的是"振铎学会"，创始人是丁志仁，台师大毕业的，是现任国民党主席洪秀柱当初中训导主任时的学生。他很厉害，很会游说，游说"文教立委"，是真正的民间学者。[③]

丁志仁在访谈中并没有正面回答九年一贯制社会科教科书是否"去中国化"的问题[④]，但对于"九年一贯制社会科为何讲台湾的多了很多，讲中国的少了很多"的问题，丁志仁先生是这样回答的：

> 但我觉得这只是刚好而已，怎么讲呢！我觉得是刚好而已。举例来说，我念书的时候，中国是一省一省教，那个省是国民党在大陆时期划的省，好像是

① 薛化元.战后台湾历史阅览[M].台北：五南图书出版公司,2010：351.

② 薛晓华.80年代中期后台湾民间教育改革运动："国家—社会"的分析[D].台北：台湾师范大学，1995：183.

③ 参见附录二：访谈记录1.4。

④ 参见附录二：访谈记录4.6.4.7.4.8。

1932划的。到“九年一贯”的时候，它是六大地区，一个地区一个地区地教。台湾也没有一个县一个县的教，台湾也是分四个地区，一个地区一个地区地教。那为什么讲刚好而已呢？教“中国”的话，可能用地区是恰当的，对中国有一个整体的概念。你教中国比教台湾详细，我觉得有点过了。你知道怒江、闽江，不知道淡水河、基隆河，是失衡的。所以，你现在调回来这个架构，中国分六大部分在教，符合同心圆的教学理念。“九年一贯”和“十二年国教”，重视前后衔接，不会重复教，不会假定之前没教过。这个情况下，中国部分的内容就少了。现在教得越来越多，越来越难，如果不压缩重复的，时数是不够的[①]。

作为颇有影响的民间教改人士，丁志仁看似没有主张“台湾国家认同观”，但对于教科书本土化，丁并不认为有什么不妥，他是教育本土化的支持者。

“台湾教授协会”[②]也是民间教改团体，他们认为，台湾的政治、法律、经济、教育、文化、环保等，皆已面临层层叠叠的危机，而“教育”成为造成层层危机的主要凶手来源。该社对台湾教育的观点是：“数十年来，国民党政权透过教育机器与大众媒体的垄断对台湾住民进行大一统中国意识形态的洗脑工作，已经造成台湾住民对国家认同的混淆，不敢承认自己是一个主权独立的国家，从而影响到文化、经济各方面的发展。因而在对教育的行动上，深入教育领域去建立台湾的主体性与自主性，为‘学术自由’的奋斗，是其对教育的两大诉求[③]。”可见，“台湾教授协会”是一个有明显“台独”诉求的协会，他们也深度介入了中小学教育改革，影响了台湾教育的走向。参与“九年一贯制”社会科课纲起草的陈教授在访谈中讲道：

“台湾教授协会”有拉我参加，但我没有参加。我们教育界比较保守，他们比较“台独”。我跟他们讲，我不参加对台湾贡献会比较大。台湾教育界人士是比较“国民党”的，偏蓝的，台湾教授协会很“绿”，你站到他们那边，你在这边就会被“打死”，没办法开展工作。处于灰色地带反而比较有做事的空间。不过，也要有人冲在前面。要有不同的颜色，不同的声音。他们也很重要，他们

① 参见附录二：访谈记录4.8。

② “台湾教授协会”的宗旨：本会结合学术界致力实践“台湾独立建国”之专业人士，以促进政治民主、学术自由、社会正义、经济公平、文化提升、环境保护、世界和平为宗旨。

③ 薛晓华.80年代中期后台湾民间教育改革运动：“国家—社会”的分析[D].台北：台湾师范大学，1995：184.

吸收了反对的力量，相当于“为我们挡枪”。如果没有他们，我们就变成激进的了，我们较为中立的意见就没人听了①。

台湾教授协会旗帜鲜明的“台独”主张恐难为多数台湾人民接受，但他们的声音特别大，又很容易被误以为可以代表台湾全体教授，所以对台湾“本土化”“独化”社会氛围的形成有不小的影响②。

1992年3月，台湾教师联盟由当时员林高中一位老师牵头创设。这是一个政治色彩鲜明的教改团体，在其成立宣言中即明确表达了“台独”主张：“我们是一群认同台湾主权独立的现职或离职中小学教师，在校园内，我们将本着谨慎的教学态度，从事培养‘新台湾人’的工作……在校园外，我们将推展一系列计划性的演讲，座谈及出版等启蒙工作……我们希望有幸扮演‘台湾国’园丁的角色，在独立建国的路上全力打拼。”③从宣言可以看出，该联盟的成员是中小学老师；活动范围不仅在校内（直接影响中小学师生），也在校外（间接影响校内师生和社会氛围）；目标是培养“新台湾人”，意图“独立建国”；活动形式为演讲、出版、座谈等，带有很强的宣传性。“台湾教师联盟”的行动大致可以分为两部分：一、校园内，与国民党在校内争取教育市场。如以“台湾人”观点，解释国民党所编的“奴化教材”。每逢其认为的重要节日（如二二八、五二〇农运），会编选教材为学生说明“真相”；推动“台语文运动”、母语教学；编选“台湾人系列教材”，为“台湾共和国”中小学教育的全面“台湾化”预作准备。二、校园外，从事宣扬“独立建国理念”的社会教育。例如，在东、北、中、南四区成立演讲团，持续举办“新台湾人巡回演讲会”（每年至少一百五十场）。透过报刊杂志宣扬理念，每两个月结集出版“新台湾人杂志”以及制播电台节目等。联盟于1993年和1994年举办两届“师院生夏令营”，期能于师范院校准老师的心田上洒下“台独”意识的种子④。

“教师人权促进会”具有反“党化教育”、反国家政治力干预教育的意图，致力于推动教育的解严与民主化。他们主张废除大专院校中军训教育、“国父”

① 参见附录二：访谈记录1.5。

② 参见附录二：访谈记录6.8.8.4。

③ “台湾教师联盟”，“台湾教师联盟成立宣言”，转引自薛晓华.80年代中期后台湾民间教育改革运动：“国家—社会”的分析[D].台北：台湾师范大学，1995：184.

④ 薛晓华.80年代中期后台湾民间教育改革运动：“国家—社会”的分析[D].台北：台湾师范大学，1995：184.

思想、三民主义、中国大陆问题研究等思想课程[①]。该会会长台湾师范大学著名教授林玉体在其2003年出版的《台湾教育史》自序中明确提出“台独”的教育主张：不管是有形的学校教育，或是无形的社会教育及生活教育，长期以来，台湾子弟的心目中因教育措施而产生的理念，皆无台湾是个“国家”的想法……四百多年来的文字史所显示的，台湾在政治上并非是一个“主权独立的国家”，因而在课程及教科书内容上，台湾学童及成人所念的，就是台湾为荷兰、西班牙、明郑、大清、日本和中国所管辖[②]。林玉体认为台湾必须进一步推进教育民主化和本土化，摆脱“殖民地身份”，争取早日“独立建国”[③]。

从以上分析可以看出，有不少民间教改团体有教育本土化甚至教育“台独”的诉求。那么，这些民间团体对台湾教育改革的影响有多大呢？1988年和1989年，台湾举行了两次“全国民间团体教育会议”，吸引了大量媒体和普通民众对教育问题的关注。“民间结合”、对抗“官方”的教育改革意识与逻辑由此萌芽[④]。1994年4月10日，台湾爆发了由210多个关心教育改革的团体参加（包括幼教团体、教师团体、学社社团、文教团体、宗教团体、社区组织、社会团体及政治团体等），参与者来自各行各业，人数达近万人的“四一〇教育改造”大游行。这是台湾民间教育改革史上参与人数最多的一次社会运动[⑤⑥]。游行结束后不久即成立了由各个团体组成的“四一〇教育改造联盟”，形成合力向当局施压以推动教育改革。因应民间团体的诉求，1994年9月，台湾“行政院”成立由诺贝尔奖获得者李远哲作总召集人，成员来自当局和民间，包括各领域的专家、学者、民意代表，跨“部会”的“教育改革审议委员会”，负责教育问题的审议与诊察。1994年，台北第一次市长民选，当选人陈水扁的“市政白皮书——教育部分”完全为民间教改人士的构想。参与规划的有丁志仁（振铎学会）、林玉体（教师人权促进会）、张则周（四一〇教育改造联盟）、李美玲（主

① 薛晓华.80年代中期后台湾民间教育改革运动：“国家—社会”的分析[D].台北：台湾师范大学，1995：157.

② 林玉体.台湾教育史[M].台北：文景书局有限公司，2003：1.

③ 林玉体.台湾教育史[M].台北：文景书局有限公司，2003：368-370.

④ 薛晓华.80年代中期后台湾民间教育改革运动：“国家—社会”的分析[D].台北：台湾师范大学，1995：198.

⑤ 薛晓华.80年代中期后台湾民间教育改革运动：“国家—社会”的分析[D].台北：台湾师范大学，1995：268.

⑥ 傅丽英.公民参与之理论与实践[D].台北：台湾政治大学，1995：107.

妇联盟）等[①]。在“教育改革审议委员会”向“行政院”提交的“总咨议报告书”中言明，民众关心教育的程度日益增强，民间的教育改革团体亦日益增多，在显示民众对官方的教育决策与作法有不同意见，今后政府进行教育改革，必须虚心听取与采纳民间的意见”[②]。在“国民教育阶段九年一贯课程总纲纲要”起草小组 31 名成员中，就有多位成员来自民间团体，如，私立学校的李珀、吴明锦、廖木泉，家长会的包崇敏，教师会的杨益凤，企业界的詹仁道，文化界的殷允凡[③]。“九年一贯课程（社会学习领域）”课程纲要起草小组成员丁志仁、马凯（中华经济研究院）也来自于民间组织[④]。

台湾教育主管部门对于民间教改团体的乡土教育诉求也给予了积极回应。1993 年 3 月 16 日，“教育部长”郭为藩表示将全力支持母语教育。1993 年 4 月 1 日，郭为藩表示“国家”应鼓励各地方言之保存，强调今后将改变“一语化”政策，扶植并尊重各族群文化，推行母语研习活动。4 月 3 日，郭为藩又表示在不妨碍“国语”推行前提下，将以选修方式学习闽南语及客家话，以保存族群文化[⑤]。

综合分析 80 年代末期到 90 年代中期台湾的民间教改运动，我们认为有以下几个特点：一是各种教改团体层出不穷，数量极多，大量中小学教师、大学教授、家长卷入其中；二是主要诉求为教育民主化、法制化和本土化，有不少团体直接打出“台独教育”的口号；三是在 1990 年代中期，民间教改团体走向结盟，社会影响极大，推动了台湾当局的教育改革，包括教育本土化（参见表 5.1）。

---

① 薛晓华 .80 年代中期后台湾民间教育改革运动：“国家—社会”的分析 [D]. 台北：台湾师范大学，1995：328.

② “行政院”教育改革审议委员会 . 教育改革总咨议报告书 [R]. 台北：教育改革审议委员会编印，1996：6.

③ 黄嘉雄 . 九年一贯课程改革的省思与实践 [M]. 台北：心理出版社有限公司，2002：19.

④ 参见附录三：九年一贯社会学习领域课纲起草委员基本情况汇总表。

⑤ “教育部”公报二二零期、二二一期，转引自薛晓华 .80 年代中期后台湾民间教育改革运动：“国家—社会”的分析 [D]. 台北：台湾师范大学，1995：382.

表 5.1 “解严”后台湾民间教育改革运动大事记

分期	时间	大事记
萌芽期	1987—1988	1. 1987 年 8 月，教师人权促进会成立； 2. 1988 年 1 月 31 日，第一届民间团体教育改革会议召开； 3. 1988 年 6 月，人本教育基金会成立； 4. 1988 年 9 月，主妇联盟教育委员会成立。
成长期	1988—1993	1. 1989 年 6 月，振铎学会成立； 2. 1989 年，澄社成立； 3. 民间教改团体于 1989 年 2 月、6 月和 9 月举办三场民间教育会议； 4. 1990 年 12 月，“台湾教授协会”成立； 5. 1991 年，由妇女儿童安全保护协会与人本教育基金会共同筹组的救救下一代行动联盟成立，为一连串学生自杀及体罚事件请愿； 6. 1992 年 3 月，“台湾教师联盟”成立。 7. 民间团体经常派员进驻“立法院”，以游说或抗争的方式推动各类教育法案审查； 8. 黄武雄《笑罢童年》录像带，首次动用媒体探讨台湾教育问题； 9. 1993 年 9 月，基层教师真实教育连线成立。
热络期	1994—1998	1. 1994 年 4 月 10 日，爆发四一〇教育改造大游行； 2. 1994 年 4 月 16 日，四一〇教育改造联盟成立； 3. 大中小学学校教师会陆续成立； 4. 1997 年，由各地方性及议题性的教改团体组成的“中华民国”教育改革协会成立，象征民间教育改革团体已逐渐走向整合化和组织化的道路； 5. 抢救教科文联机活动，继四一〇教改之后最具规模的民间教改行动。

资料来源：曾俊伟. 现行高中公民与社会教科书国家认同内涵之分析 [D]. 台北：台湾师范大学，2008. 薛晓华 .80 年代中期后台湾民间教育改革运动：“国家—社会”的分析 [D]. 台北：台湾师范大学，1995.

综上所述，台湾意识的兴起、民进党“台独”政治宣传、民间教改运动的勃兴促成了台湾岛内社会氛围的“绿化”。1993 年版，尤其是“九年一贯制”社会科课纲（课标）和教科书的编写正值台湾“本土化”“独化”社会氛围最为浓厚的时期。在访谈中，多位课纲起草小组成员、教科书编写者、出版社编辑强调社会氛围对他们的工作有直接或间接的影响[①]。试想一下，在 90 年代末期，“九年一贯制”社会科教科书又如 1975 版或 1993 年版一样的“中国化”，民间

① 参见附录二：访谈记录 1.4.2.6.5.2.5.3.6.3.8.3.8.4.10.9。

教改社团、民进党又作如何反应呢？所有参与新版教科书编制的工作人员难免不受到所处政治、社会环境的影响，尽管“台独”“本土化”未必能代表台湾的多数民意。

第三节　课程重构：社会科教科书“去中国化”的施动者

一、乡土教育及乡土课程的兴起

乡土教育是指受教者经由教育的过程，认识其本乡的地形、河流、气象、天文、民情、风俗习惯、制度及产业之地理要素，动物、植物之自然景观，人类物质之进化，土地开发的起源及发展，有关于乡土的各种传说、遗迹、纪念碑，以及社会的法制、生活习俗等等，并培养其爱乡、爱国之热诚的一种教学。它的特质是人格教育、生活教育、民族精神教育和世界观教育[①]。承载乡土教育的学校课程即本书所指“乡土课程”。

民进党在1989年的地方选举中，以“地方包围‘中央’”的策略赢得了六个县市长的席次。这几位民进党籍的县市长先后于其辖下的中小学中实施母语课程及乡土教学，而其中影响最大的，即是乡土教材的编印[②③]。在80年代末期至90年代中期的政治、社会氛围影响下，包括前文所述台湾民间教育团体的运作，乡土教育获得越来越多的民意支持，逐渐向非民进党执政的县市扩散。李登辉当局也顺势提出“立足台湾，胸怀大陆，放眼世界”的教育口号[④]。“胸怀大陆”没有落实，“立足台湾”却扎扎实实地推进了。台湾“教育部”于1993年公布了新的课程标准，规定从1996学年起，初中一年级开设“认识台湾”课，取代目前开设的历史、地理和公民与道德课。“认识台湾”分为历史篇、地理篇和社会篇，每篇每周一节，共三节。“认识台湾”作为一门课，虽然包含历史、地理和社会等方面的内容，但是总的目标是使学生认识和了解台湾，在价值和内容上就从原来的大陆或中原文化定位转向为台湾或本土文化定位。新的课程

① 欧用生．乡土教育的理念与设计 [A]. 黄政杰、李隆盛．乡土教育 [C]. 台北：汉文书店，1995：10.

② 许毓峰．“解严”前后“国小”社会科教科书中的台湾图像 [M]. 台北：稻香出版社，2007：64.

③ 参见附录二：访谈记录6.2。

④ 黄秀政．“国中”“认识台湾”（历史篇）课程标准的研订与特色 [J]. 人文及社会学科教学通讯，1995（5）.

标准还规定，初中一年级在原有音乐和美术课的基础上，每周增加一节“乡土艺术”课。小学三年级至六年级增加“乡土教学活动”，每周一节课。1994 年“教育部”公布了“国民小学”乡土教学活动课程标准”。总的目标为“增进学生乡土认识”，“培养乡土活动兴趣”“发展探究思考能力”“尊重不同族群文化态度”。乡土教育在内容上分为乡土语言、历史、地理、自然、艺术五大类。教学时间分为两块，一是固定时间，即每周一节课，二是不固定时间，包括乡土考察、参观、教学成果展示等活动[①]。在大学阶段，1997 年真理大学成立第一个以台湾为名的学系——台湾文学系，2000 年成功大学创设台湾文学研究所[②]。在 90 年代中后期以来，高等院校在台湾当局的支持下广设台湾文学系、台湾史研究所，大量开设本土课程。

乡土教育或本土教育本身并没有“统独”政治意涵，推广乡土课程并不意味着台湾“国家认同”教育的转向。但是，就像有位教授提到的，“我们那时候编写乡土教材很积极，都没有想到这是要‘去中国化’，可是后来想想，90 年代台湾乡土教育热潮其实是‘九年一贯制’课程‘去中国化’前奏，李登辉没有明确提出要搞‘台独’教育，但是乡土教育就是一种隐性的‘台独’倾向的教育”[③]。

2000 年，台湾出台了“九年一贯制”暂行纲要，2003 年出台了正式纲要，小学的《社会》《乡土教学活动》、初中的《认识台湾》《历史》《地理》《公民与道德》等合并为“社会学习领域”。原来相对独立的乡土课程不可能在社会各界反对的情况下取消，而是被归入新的社会科。进而言之，乡土课程和原有课程的整合是“九年一贯制”社会科课程发展的基础之一。也因此，小学社会科中讲台湾的内容大幅度增加，讲中国的内容大幅度减少，教科书“台湾认同观”倾向也就凸显出来。

另外，推广乡土教育很容易走向本土教育。本土教育不同于乡土教育，它被赋予浓厚的政治性格，与“台湾主体”“去中国化”“国家认同”“族群认同”等意涵相连接[④]。在 2008 年微调修订的台湾“国民教育阶段九年一贯课程纲要”中，就将所有 2000 年版暂纲和 2003 年正纲中的“乡土”用词全部改为“本

① 万明钢．论台湾的乡土教育 [J]. 西北师大学报（社会科学版），2011（11）：1-4.

② 许毓峰．“解严”前后“国小”社会科教科书中的台湾图像 [M]. 台北：稻香出版社，2007：66.

③ 参见附录二：访谈记录 6.2。

④ 尚红娟．本土化教育与所谓“台湾意识”的形塑 [J]. 海峡教育研究，2015（1）：24.

土”[①]。在杜正胜卸任之际，台湾的“乡土教育”已经转化为“本土教育”。

二、从“统编本”到“一纲多本”

1968年，蒋介石指示，为配合九年“国民教育”，“我国各级学校不论小学、初中、高中之课程、教法和教材，悉根据伦理、民主、科学之精神，重新整理，统一编印”[②]。台湾教育主管部门遵照这一指示，由“国立”编译馆根据台湾“教育部”颁布的统一的课程标准进行教材的编订、出版与发行，开始台湾长达二十多年的教科书“统编制”时代。在统编制下，当局管制了课纲、教科书、教学指引和教学手册等的编写，任命课纲起草小组成员和教科书编写人员。换言之，在“统编制”下，当局独享教科书编制的人力、财力资源分配大权，掌控教科书的意识形态。在两蒋时代和李登辉执政早期，台湾当局“一个中国”政策正是依托其主导的“统编制”在学校教育中得到了很好的贯彻，如1975年版社会科教科书呈现出高度的“中国化”和“政治化”特征，1993年版社会科教科书坚持“一个中国”的国家认同观。

在这一时期，“统编本”教科书编写工作由“中央”的“国立”编译馆负责，地方及基层无权参与教材的编制工作，这无法满足台湾社会、民间教改团体对教育民主化的诉求。在1987年解严以后，尤其是在90年代台湾政治趋向于民主化和多元化，市民社会不断崛起的背景下，改革“统编制”成为台湾教育主管部门不得不考虑的问题。1992年，台湾社会各界呼吁重新检讨“国立”编译馆的地位、全面开放社会及私人编写教科书。在此基础上，台湾教育主管部门宣布教材编订制度从原来执行的“统编与审定相结合、以统编为主”的制度逐步向“审定制”过渡。从1996年起，民间出版社可以编写小学阶段主要科目[③]。1993版社会科教科书已经放开民间出版社参与编辑和出版，虽然这一时期“国编版”（即“国立”编译馆出版的教科书）教科书市场占有率处于领先地位，但民间出版社已经开始争夺教科书市场了。到了“九年一贯制”时期，“国编版”教科书基本被市场抛弃，康轩版、南一版、翰林版社会科教科书在2004年占据市场占有率的前三甲，合计超过90%（参见表3.1）。1975年版教科书是

① 参见“教育部”.“国民中小学”九年一贯课程纲要社会学习领域[M].台北:“教育部”编印，2010.

② 蒋介石“革新教育事项”，转引自石计生.意识形态与台湾教科书[M].台北，前卫出版社，1993：18.

③ 钱丽欣.对台湾“一纲多本”教材编订制度的思考[J].人民教育，2007（23）：47.

“统编本”一统全台，1993 年版教科书出现了多个民间版本，到了“九年一贯制”，民间版基本取代“统编本”，2015 年版教科书已经没有“统编本”。

“一纲多本”赋予了教育教学实践工作者选择教材的可能性与现实性，这对于教师更好地了解自己的学校、了解自己的学生具有一定推动作用。在没有实行“一纲多本”前，教学管理者和教师只是被动地接受政府指定的教材……但在实行“一纲多本”制度后，同一科目出现了不同的教科书，不同的社区、学校和学生究竟应该选择哪一种教材，就不再只是政府的事情，而是也要由地方和学校教育管理者、教师对不同教材进行比较、选择[①]。有位社会科教科书编写者，同时承担小学社会科教学的章老师在受访中提到：

台湾现在教科书有很多民间版本，选哪一个版本，这完全由任课老师自己决定的。校长和“政府”一般不会干预，但老师之间会协商，很少会出现同一个学校同一个年级使用多种版本教科书的情况。不过，今年选用这个版本的教科书，明天就有可能选择另外一个版本教科书。特别是像社会科这种比较不像语文、数学那样重要的科目。[②]

也就是说，“一纲多本”制度下，教科书版本的选择权为任课教师和学校所有，以教师为主。各版社会科教科书“中国化”和“台湾化”的程度不可能完全一致，那么教师如何选择呢？在教育“本土化”甚至“台湾化”的政治、社会氛围下，教师不便选择“中国化”程度较高的版本，因为这会面临来自学校、家长、媒体，甚至地方政府的压力。

编书老师的价值和政治取向对教科书“中国化”或“台湾化”也有很大的影响。在回答关于教科书政治立场的问题时，一位多年参编社会科教科书，同时也在一线任课的刘老师讲道：

实际上，这反映了我们试图去调和政治立场的意图，这样写似乎比较中立，我们是想让最大多数人都能接受。教科书毕竟是要让更多的人去认同的，要让它的能见度更高。再比如“战后”和“光复”的问题，“光复”就是站在“中华民国”的立场，清朝割让台湾给日本，“中华民国”继承清朝的台湾，日本战败

① 钱丽欣 . 对台湾“一纲多本”教材编订制度的思考 [J]. 人民教育，2007（23）：48.

② 参见附录二：访谈记录 9.4。

后，归还"中华民国"。但是，用"战后"，就没有这个问题，我们就争取了最大多数人的认可。①

编书者直言不讳，"教科书毕竟是要让更多人去认同的"——想要自己的成果有更多人的认可，这或许是"马斯洛需要层次理论"中的"尊重需求"和"自我实现需求"，但是否有另外一层的考虑：多卖书，多赚钱？为出版社，也为自己？

再看看出版社是怎么说的。实行"一纲多本"之后，特别是九年一贯制课程实施以来，康轩文教出版社社会科教科书的市场占有率一直是领先的。该社社会组组长陈老师对于"教科书使用之后，家长，教师会不会有一些意见呢"的问题是这样回答的：

会有，特别是早期，家长比较少，教师的意见比较多。在早期的教材里，我们（中国）传统的东西放得比较多，比如一些小朋友平时见不到的农耕器械，比如"三合院"。由于城乡差距，城里的小朋友就不懂，有些教师也觉得不好教，不会教，这些就不适合放在教材里。在地理方面，你讲大陆太多的东西，有些教师、家长也会有意见，因为这些离小朋友的生活就更遥远了。很多家长的政治倾向也不一样，也会打电话过来询问或质问。"三合院"带有较强的"中国化"色彩，我们会改成"传统住屋（包括'原住民'建筑）"。我们要参考他们的意见修改教科书。②

可见，民间文教出版社作为自由参与竞争的市场主体，为了生存和发展，为了赢得市场，他们不得不听取来自教师和家长的意见，而教师、家长、出版社本身难免不受台湾整个政治、社会氛围"绿化"的影响。如上文所述，因为"三合院"是一个带有"中国化"色彩的概念，出版社就要将之删除了。

在"统编制"时代，"全台一套书"，教师是没有教科书选择权的，不可能去选择"台湾化"的教科书。但在"一纲多本"的制度下，当局让渡了教科书选择权予教师；作为教科书选择主体的教师也深受政治、社会氛围的影响；民间书商为了赢得市场占有率，必须充分考虑教师和家长的意见，顾及社会舆论

① 参见附录二：访谈记录 5.5。

② 参见附录二：访谈记录 2.6。

及民间教改团体的意见。进而言之，“一纲多本”的教科书编订制度客观上促进了社会科教科书“台湾认同观”的生成。

三、从“课程标准”到“能力指标”

1975年版和1993年版社会科教科书主要依据“课程标准”编写。课标列有详细的知识结构和知识点。在课程标准的束缚下，编写者自由发挥的空间有限，只能按照课纲条目选择素材，编写教科书。从课标的内容来看，1975年版和1993年版课程标准“中国化”色彩鲜明。以1993年版为例，课程标准分为四部分：目标、时间分配、教材纲要、实施方法。第三部分“教材纲要”所列条目，诸多地方都限制了必须选择有关中国的内容作为教材编写的素材。以下仅以五年级的部分条目为例：“二、政府与人民，包括（一）国父与中华民国的建立，（二）民国前政府与人民的关系，（三）中华民国政府与人民的关系等细目；四、中华民族的融合，包括（一）融合的主要时期，（二）融合的主要方式和内容，（三）融合的结果等细目；五、中华文化，包括（一）中华文化的内涵，（二）中华文化的反省与发扬等细目[①]。”根据以上条目编写教科书，不能不采用“中国化”素材。实际上，从四年级到六年级的纲要看，大部分条目中都有“中国”“中华民国”“中国人”“中华文化”等词汇，1993年版教科书蕴含一个中国的国家认同观也就不难理解了[②]。

2000年台湾“教育部”通过的“国民中小学九年一贯制课程暂行纲要”，完全不同于既往课程标准，其最大的特点在于实行“能力指标”体系。其中的“社会学习领域”，在包含九大主题的知识轴下，每一个学习阶段[③]设定若干个能力指标。九大主题为：一、人与空间；二、人与时间；三、演化与不变；四、意义与价值；五、自我、人际与群己；六、权力、规则与人权；七、生产、分配与消费；八、科学、技术与社会。访谈中多位教授提到[④]，“社会学习领域”课纲中“主题轴”和“能力指标”体系的编制参考了美国国家社会科协会研制的

① “教育部”.“国民小学”课程标准[M].台北：台捷国际文化实业股份有限公司，1993：169-170.

② “教育部”.“国民小学”课程标准[M].台北：台捷国际文化实业股份有限公司，1993.166-171.

③ 第一学习阶段为小学一年级和二年级；第二学习阶段为小学三年级和四年级；第三学习阶段为小学五年级和六年级；第四学习阶段为初中一年级、二年级和三年级。

④ 参见附录二：访谈记录1.3.3.9。

课程标准[①②]。九年一贯社会学习领域课纲起草小组的成员接近一半有留美背景，其中召集人和副召集人都取得美国教育学的博士学位[③]。起草小组成员之一陈丽华翻译了《美国社会科课程标准》[④]一书，并将之引入九年一贯社会科能力指标体系。

从“主题轴”和“能力指标”体系构成的“九年一贯制”社会科课纲能否看出制定者的“去中国化”取向呢？访谈中，曾任九年一贯课程“社会学习领域”课纲起草小组副总召集人的詹老师讲道：

在“九年一贯制”课纲起草过程中，我们首次采用了“能力指标”。如果说关于台湾的分量增加，就代表着我们对台湾某些方面的“能力指标”会增加。比如说对台湾的认识、感受等，要比较深入，比较多。这通常都要透过指标的要求体现。对台湾认识的要求相关指标增多了，教科书中关于台湾的内容才会增加。可是，我们的“能力指标”并没有增加这方面的内容。[⑤]

查阅九年一贯课程能力指标手册中“社会学习领域”部分，第三学习阶段（即五年级和六年级）共有能力指标 42 个，其中只有 3 个直接提及台湾：指标 2-3-1 探索台湾社会制度与经济活动的历史变迁，并了解其价值观念的形成；指标 2-3-2 探讨台湾文化的内涵与渊源；指标 2-3-3 了解今昔台湾与亚洲和世界的互动关系。另外，有一个指标提及“本土”：指标 7-3-5 了解产业与经济发展宜考量本土的自然和人文特色。另外，没有提及中国（大陆）的能力指标[⑥]。也就是说，“九年一贯制”社会科课纲没有提及“中国”，提及台湾的也极少。那么，为什么据此“能力指标”体系编出来的教科书关于台湾的内容很多进而蕴含了

① 美国国家社会科协会研制的社会科标准框架的十大主题为：文化；时间、连续与变化；人、地域与环境；个体发展与自我认同；个体、群体与公共机构；权力、权威与管理；生产、分配与消费；科学、技术与社会；全球关联；公民理想与实践。参见美国国家社会科协会 . 美国国家社会科课程标准：卓越的期望 [M]. 高峡、杨莉娟、宋时春译，北京：教育科学出版社，2008：15-22.

② 参见：[美]Tom V.Savage,David G.Armstrong. 小学社会课的有效教学 [M]. 廖珊、罗静等译，北京：中国轻工业出版社，2003：10-15.

③ 参见附录三：九年一贯社会学习领域课纲起草委员基本情况汇总表。

④ 参见：[美] 美国社会科协会 . 美国社会科课程标准 [M]. 陈丽华、王凤敏译，台北：“教育部”编印，1996.

⑤ 参见附录二：访谈记录 10.4。

⑥ 仁林九年一贯研发团队 . 九年一贯课程能力指标手册 [M]. 台北：仁林文化出版公司，2001：69-72.

“台湾认同观”呢？

正如邓教授在访谈中提到的，“能力指标”很简略，给予教科书编写者很大的发挥空间：

“能力指标”是他们几个留美博士从美国抄来改改的，内容很简略，“九年一贯制”一年级到九年级，只有很薄的一本小册子，但编出来的教科书有十多本。那么，教科书的编写就由一线老师发挥了，他们有很大的空间[①]。

社会科课纲起草小组成员陈教授认为，从能力指标看不出本土化的东西，一个能力指标你可以拿国际上的例子，可以拿中国大陆的例子，当然也可以拿台湾本地的例子来诠释[②]。康轩文教出版社负责社会科的组长陈老师也谈道：

九年一贯课纲只提供能力指标，它没有说用什么素材或主题来达成这样的能力指标，所以，你可以用传统的，中国的，也可以不用。也因此，其他版本的教科书就不一定有“三合院”等一些传统的东西。“三合院”体现的是主题轴中“人与空间”的能力指标。“三合院”是非常“汉人”的观点。因为这个非常“汉人”，所以，我们要修订，增加“原住民”居住方面的介绍。我们最新版（指2016年修订的）的相关标题要改成“传统住屋”。传统住屋就包括汉人和“原住民”的。像“三合院所代表的伦理精神”，这绝对是汉人才有的。早期的还讲农耕工具，怎么使用，水稻的种植，收成，什么的，后来就都删掉了。老师们觉得“三合院”的分量太重，而且偏向“汉人”的观点。传统的房子，不仅有三合院，应该还有很多其他类型。在这样的情况下，我们就要去掉像“三合院”的素材了。[③]

我们再举几个“能力指标”的实例：指标1-3-4：“利用地图、数据、坐标和其他资讯，来描述和解释地表事象及其空间组织”；4-3-3 描述人类社会中出现过的各种艺术形式，并举例说明人类如何借由各种艺术形式，进行美感的欣赏、沟通与表达；5-3-1 说明个体的发展与成长，会受到社区与社会等重大的影

① 参见附录二：访谈记录3.9。
② 参见附录二：访谈记录1.13。
③ 参见附录二：访谈记录2.8。

响[①]。诸如此类指标，既可以用本土的素材，也可以用中国大陆甚至世界的素材，教科书编写者会作如何选择呢？教科书编写者刘老师直言不讳：肯定会选择台湾的素材。其理由有三：

其一，取材比较方便，有些素材直接就可以从网路上、报纸上、杂志上找到，这些当然是台湾的比较多，也比较方便。你让编书者如何去找大陆的素材，直接抄旧版教科书吗？

其二，取台湾生活周遭的素材，学生比较好理解，比较容易感知得到。我们知道小学阶段以形象思维为主。

其三，如果刻意取材大陆的，恐怕出版社或者家长也会不认可。台湾人其实关注外面挺少的，不管是中国大陆，还是世界其他地方。另外，开会时，如果教授不强调要用中国大陆的素材，那我们肯定选用台湾的或者说本土的乡土的素材。[②]

由是观之，九年一贯制社会科课纲中内容简要的“能力指标”体系并没有规定用中国（大陆）的素材或台湾的素材来诠释、学习某种“能力”，但在90年代末20世纪初台湾“绿化”的政治环境和社会氛围影响下，参考教授、家长、出版社、任课老师的意见，编书的老师们充分利用了“自由裁量权”，就地方便取材，“台湾化”也因此在教科书中得以凸显。

综上所述，从70年代以来，尤其是解严以后，台湾政治、社会环境发生了巨变，社会科课程相应地发生了重大变革：乡土课程崛起并整合进传统课程，从“统编本”逐步走向了“一纲多本”，“九年一贯制”的能力指标体系则完全解构了实行数十年的“课程标准”。可以说，二十多年来的课程重构为社会科教科书“台湾认同观”生成提供了最为宽松的“小环境”和直接条件。

政治变革是台湾课程变迁的原动力。70年代初，台湾国民党当局面临的空前合法性危机，促发了蒋家文教独裁，1975年版社会科以“反攻复国”为政治基调，但同时蕴含强烈的“一中”国家认同观。随着戒严时代结束和90年代以来台湾政治民主化和自由化，“台独”势力不断发展壮大，台湾的社会氛围也悄

① 仁林九年一贯研发团队．九年一贯课程能力指标手册[M]．台北：仁林文化出版公司，2001：69-70.

② 参见附录二：访谈记录5.3。

然发生了改变。台湾意识在民间不断兴起，“台独”言论不再是一种禁忌，这反映在1993年版社会科教科书上就是讲述台湾的篇幅增加，台湾的主体性开始浮现，但一个中国的国家认同观在教科书中仍处于主导地位。90年代中后期以来，李登辉明确提出“两国论”，“台独”势力进一步壮大，台湾的社会氛围迅速转向“绿化”，在民间教改运动的推动下，强调“台湾主体性”成为一种潮流，反之，强调“两岸同属一中”变成一种“政治不正确”。在这样的背景下，2000年主张“台独”的民进党上台执政。可以说，政治变革促进了社会氛围的改变，二者构成2005版社会科教科书蕴含“台湾化国家认同观”的“大环境”。直接促成社会科教科书“独化”倾向的是1990年代中后期以来台湾课程重构的“小环境”。乡土课程的崛起，“一纲多本”政策的推出，受美国影响的九年一贯能力指标体系的建立是社会科教科书“台湾认同观”生成的直接诱发因素。从图5.1不难看出，九年一贯制社会科教科书“台湾化”的政治、社会及课程的多重动因及其相互关系。

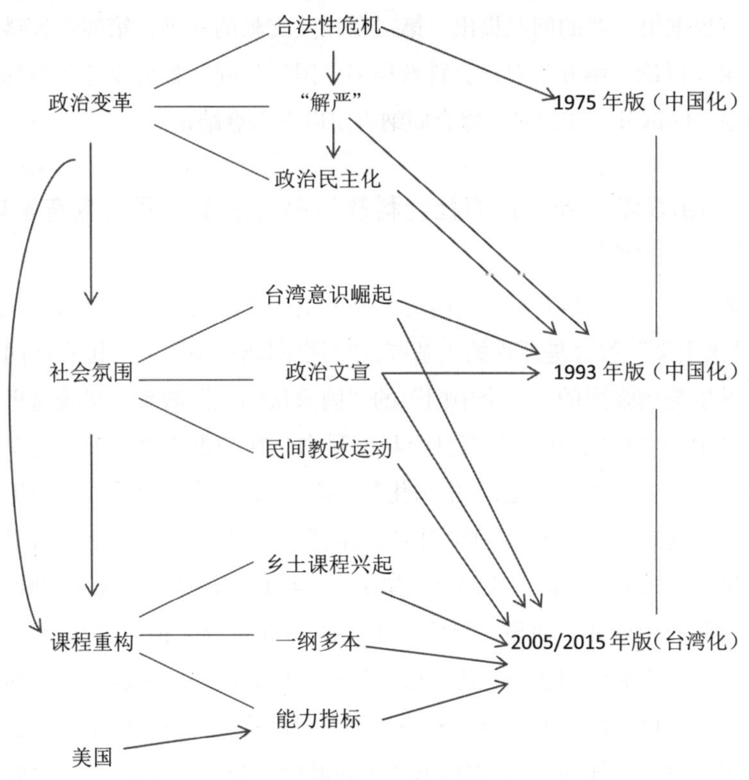

图5.1 台湾社会科“国家认同”教育变迁之动因结构图

第六章 研究结论、政策建议与研究展望

本章先归纳研究的重要发现，以此作为研究结论；然后根据研究发现与相关问题，提出对台教育的政策建议；最后，基于本书的研究成果与局限，提出未来研究展望。

第一节 研究结论

本节根据第一章的问题提出，第二章相关文献的梳理，第四章教科书文本分析结果及讨论，第五章对社会科教科书“国家认同”教育变迁动因的深层分析和附录二的部分访谈记录，综合归纳得出以下六点结论。

一、1975年迄今，台湾社会科教科书“国家认同”教育呈现不断“去中国化”的趋势。

1975年版社会科教科书呈高度“政治化”特征，“反攻大陆”“反共复国”“爱国主义”教育是课程的主基调，“两岸同属一中”的“国家认同”立场鲜明，学生受到强烈的“一个中国”的“国家认同观”教育，尽管这里的“中国”是“中华民国”。1993年版社会科教科书，在结束戒严、开放两岸交流的背景下，政治色彩大为淡化，“中国化”下降，“台湾化”上升，但学生从教科书中仍能感受到“一个中国”的“国家认同观”教育。1993年版教科书中讲述台湾的比重大幅上升，但由于强调两岸历史、地理、民族、文化上的联结，“台湾主体性”的论调并不明显，“台湾认同观”并未彰显。但从2002年开始，台湾实施九年一贯制新课程，台湾社会科教科书中有关“国家认同观”的内容发生了重大的变化。2005年版社会科教科书“台湾化”比重大幅上升，在多个维度皆突出“台湾主体性”。在教科书文本的潜台词中，“中国”和“台湾”成为两个对等的政治、经济实体；“中华民族”和“中华文化”作为联结两岸的重要

知识范畴被有意或无意地忽略或降低比重。学生感受不到“中国”，感受到更多的是“台湾认同观”的教育。2015 年版教科书延续了 2005 年版“台湾化”的特征，其所蕴含的“台湾国认同观”呼之欲出。一言以蔽之，四十年来台湾社会科教科书“国家认同教育”变迁呈现了一个不断“去中国化”，不断强化“台湾化”的特征。

二、作为台湾“天然独”小学阶段学习的教材，2005 年版社会科教科书中蕴含的“国家认同观”在四十年变迁中是一个重要的转折点。

较之 1975 年版，1993 年版“中国化”比重下降（从 90.94% 到 36.77%，见表 4.21.4.22），“台湾化”变化不大（从 18.67% 到 17.63%，见表 4.11.4.22）。尽管“去中国化”较为明显，但 1993 年版仍尊重两岸同属一个中国的原则，强调两岸历史和文化上的联结，教科书中蕴含着“大中国”的“国家认同”观。但在九年一贯制的 2005 年版，教科书的“国家认同观”发生了质的变化，“中国”隐晦不明，“台湾”依稀可见。四个维度的“国家认同”中，除了主权（政府）一项，2005 年版教科书的“台湾化”倾向都要高于“中国化”倾向。“中国化”的比例减去“台湾化”的比例四项合计则为负值（-11.08%，见表 4.23）。从 1975 年版（72.27%，见表 4.21）和 1993 年版（19.14%，见表 4.22）的“正”到 2005 年版的“负”，已经清楚地显现 2005 年版社会科教科书“台湾化”的倾向，其不仅突出了“台湾主体性”和“台湾认同”，而且“中国”“中华民族”或“中华文化”等一些重要的国家认同概念均已被悄然抹去。就台湾目前（2016 年）所谓“天然独”一代而言，大致是以 20 岁到 29 岁为计，出生年份为 1987 年到 1996 年之间，居中为 1991 与 1992 年。不无巧合的是，“天然独”一代在就读小学四年级至六年级期间所习的社会科则正是 2002 年在全台开始实行的九年一贯制新版教科书。如表 3.1 所示，近三十年来台湾爆发的多次大规模学生运动，唯有“天然独”学运的“反中”主题最为激烈与突出。

三、台湾社会科“国家认同”教育与台湾年轻世代的“独化”倾向有紧密的联系。

社会科通过教授国家历史、地理、政治、法律、经济发展状况等知识以及价值观念、思想意识等，从时间、空间和社会结构等角度塑造和传播国家形象，因此，社会科教育在帮助儿童形成国家认同观方面具有其他任何学科不可比拟的重要作用。台湾九年一贯制社会科教科书自2002年开始向学生灌输一个凸显“台湾主体性”的“台湾化”国家认同观。在社会科教学的课时上，每周三节课，持平或略低于语文、数学等科目，但高于体育、美劳、音乐、英语等科目[①]。在访谈中，多位教授和小学老师反映，社会科存在严重的“配课”现象。在较为充分的教学时间里，社会科教师并没有采用价值澄清法、探究教学法等较为复杂有效的教学法以达成社会科培养成熟理性公民的课程目标。很多执教老师上课时仅仅将书本上的内容教完，甚至只是念念课文，而没有给予学生思考、交流或辩论的时间和空间。那么，社会科教科书所承载的“台湾认同观”，就硬性地通过学生的课堂学习和阅读，备考和测试，潜移默化地传递给了学生。比如就“台湾是一个独立的政治实体还是属于中国”，这一问题本该毫无疑问，或者本该在社会科教学活动中得到充分的讨论，但学生只需熟读和记忆课本上的知识和观点应付考试就可以了。在台湾中小学教师的考核和激励机制下，教师也没有热情和动力去提高社会科教学效果，学生理性思辨能力也就无从谈起，关于国家认同方面的知识也就“课云亦云”地被动式接受了[②]。

四、鉴于2015年版社会科教科书“台湾认同观”的强化和蔡英文上台后推行渐进式“文化台独”政策，未来台湾“独派”中青年群体还会不断壮大。

2008年至2016年，国民党在台湾连续执政八年，却未能在教科书中树立“大中国认同观”，以至于2015年版社会科教科书“台湾化”现象严重。2015年版及早些年版本的读者也将不断成长为年满20周岁的享有选举权和被选举权的公民，他们未来的政治倾向堪忧。蔡英文上台不久就强力废除马英九当局2014年推出的试图回归中国史观的“103课纲”[③]。可想而知，蔡英文当局不可

① 参见附录一：台北某小学2015年度四年级（下）课程表。

② 所谓“配课”是指非社会科专任老师，如学校行政人员、其他学科的老师，为满足学校关于教学时数的考核要求，上社会科的课。非社会科专任老师教授社会科效果总体上比不上社会科科班出身的教师。另外，台湾中小学教师缺乏激励机制，尤其是副科，“教好教坏一个样”，社会科教师缺乏引发学生思考、辩论，探究有效教学方式的积极性。值得一提的是，台湾社会科、公民科、历史科等学科的考试是没有开放性题目的，只有客观题，即有标准答案的选择题、是非题、填空题，是知识性考试而非能力性考试。参见附录二：访谈记录1.10.3.12.5.9.5.10.5.11.5.12.6.4.6.9.8.10.8.11.9.6.9.7.9.8。

③ 蒋永佑.蔡英文当局正式公告废止微调课纲[EB/OL].http://news.ifeng.com/a/20160601/48893591_0.shtml，2016-6-1.

能在即将推行的台湾“十二年国教”[①]社会科、历史科、公民科中“立中国化、去台湾化”。换言之，如果政治、社会环境没有大的变化，台湾社会科“国家认同”教育的未来会进一步走向“台湾化”，甚至在教科书中直接出现“台湾是一个国家”的表述。从这个角度说，主张“台湾独立”的中青年会越来越多，台湾社会科教育将影响到两岸关系的发展轨迹，两岸和平统一的可能性会越来越小。

五、20世纪90年代中后期不断壮大的“台独”政治力量推动了社会科教科书“国家认同观”的转向，国民党执政八年却毫无作为，没有推行“中国化”的社会科教科书。

九年一贯制社会科教科书“台湾认同观”的崛起正处李、陈上台执政并先后亮出“台独”政治立场，民进党、“台联党”等“台独”势力在台湾空前壮大，传统蓝营势力不断萎缩的政治环境。没有证据表明李、陈等直接干预小学社会科教科书的编写，但李、陈都公开支持“本土化”教育政策确是不争的事实[②]。陈水扁任命政治色彩极为鲜明的杜正胜担任2004年至2008年的台湾“教育部长”，其不遗余力地推行“去中国化”政策，强调“台湾主体性”的教育方针[③]。2007年，杜正胜委托以“台独”为宗旨的“台湾历史学会”，完成一本380页的“海洋教育与教科书用词检核计划”。该计划列举了5000个与“中国化”有关的“不当用词”，强令出版社不得使用。2008年，倾向于“一个中国”的蓝营势力上台，但马英九当局却提出“不统、不独、不武”的政治方针，在教育领域亦未能推行“中国化”的政策，大刀阔斧地清除“台独”势力。在其第二任末期才推出“高中课纲微调案”，试图重新树立高中历史教科书中的“大中国”史观，但却为时已晚、功败垂成，而小学和初中教科书的“台独”问题更无涉及。研究发现，国民党执政时期使用的2015年版社会科教科书的“中国化”没有上升，“台湾化”倒有强化趋势。由是观之，在有关统“独”的教育政策上，民进党的强势和国民党的软弱形成鲜明的反差。

① 台湾即将推出新一轮中小学教育改革，一般称之为“十二年国教”，实行小学到高中一贯制的国民义务教育。

② 参见附录二：访谈记录3.1.3.2.3.3.3.4.5.2.7.2.8.6。

③ 参见附录二：访谈记录3.5.6.2。

六、台湾社会科教科书“国家认同观”的转向是一个渐进的“系统工程”，受到政治、社会、课程多重因素的交互影响。

台湾 80 年代的解严，90 年代的政治民主化、自由化为教育“松绑”，才有民间力量参与教育改革运动，乡土教育的兴起和“一纲多本”政策的提出和实施。90 年代中后期以来，李登辉明确提出“两国论”，“台独”势力进一步壮大，台湾社会氛围迅速转向“绿化”，强调“两岸同属一中”的“国家认同观”变成一种“政治不正确”。课纲起草者、教科书出版社、教科书执笔者、教科书审定委员、小学教师都受到了这一社会氛围的影响。急剧变革的政治形势和社会氛围构成九年一贯制社会科教科书“台湾化”的“大环境”，也是决定性的力量。一些留美的教育学、社会学博士回台，参与社会科课纲的起草[①]，引进了美国社会科的“主题轴”理念，建立“能力指标体系”是社会科教科书“台湾认同观”生成的直接因素，即所谓的“小环境”。政治变革促使社会氛围的改变，二者也影响了社会科课程的重构。以上三者形成的合力确立了九年一贯制社会科教科书中的“台湾认同观”（参见图 5.1）。

第二节 政策建议

本节依据第一章提出的研究缘起，第二章的文献探讨，第四章的研究发现和讨论，第五章课程发展动因分析和第六章的研究结论，提出一些对台教育的政策和建议。

一、蔡英文当局如果推出一个“台独”色彩更为浓厚的“十二年国教”实施方案，大陆应提出强力的反制政策和政治行动。“十年树木，百年树人”，台湾可以推行乡土教育，甚至使用本土化教材，但在关涉年轻一代国家认同观养成这一重大问题上，必须坚守底线，决不能姑息纵容。对于新版教科书，尤其是历史科、公民科、社会科等科目的教材文本，必须组织专家团队，逐字审查和批判，对于蔡英文当局在“教育“台独”上可能发起的“小动作”必须予以密切关注，国台办、教育部等部门须适时给予驳斥和反制。

二、“台独”政治势力对教科书的“独化”起到重要作用，但也不能忽视社会氛围在教科书编纂过程中对“国家认同观”的影响。在一片“绿化的汪洋”

① 参见附录四：九年一贯社会学习领域课纲起草委员基本情况汇总表。

中，大陆有必要扶植统派媒体、统派学者对教科书统“独”立场的批判，支持更多的统派学者，统派青年及学子站出来发声；对于“独派”学者、“独派”青年割裂两岸渊源、主张“台湾独立”的言行和立场给予有力回击，以逐渐改变台湾统“独”社会氛围。社会氛围将潜移默化地影响到课纲起草者、教科书编写者、中小学教师及家长的政治心理，影响教科书编纂过程中对中国大陆素材的参考与引用，影响教科书中“中国认同观”或“台湾认同观”的生成。

三、应给予台籍青少年在大陆求学、就业的居民待遇，以吸引更多的台湾年轻人到大陆参访和生活。现在台湾同胞所缺少的，并非是没有中国籍外国人的“国民待遇”，而是在中国籍框架下符合现行证件名称、与大陆居民一样享有合理合法的“居民待遇”①。目前台湾只承认大陆少数重点大学毕业生的学历，造成大陆台籍生数量有限，毕业生回台求职困难。很多台籍生毕业后想留在大陆发展，也由于身份限制，就业方面面临种种壁垒②。大陆企事业单位录用台籍生手续麻烦，促进台籍生创业的政策也不完善。因此政府有必要出台一系列扩大台湾青少年来大陆求学、生活、工作的政策，以扩大两岸青年文化和学术上的交流，由此改变台湾年轻人对中国大陆的刻板印象以及来自教科书的错误的“国家认同观”。

四、从台湾社会科教科书“国家认同”的四个维度来看，2005 年版和 2015 年版教科书比之 1975 年版和 1993 年版，文化（语言）维度的“去中国化”最为显著，从 32.97% 下降到 4.66%。文化是民族的血脉，是人民的精神家园。中华文化独一无二的理念、智慧、气度、神韵，增添了中国人民和中华民族内心深处的自信和自豪。但“台独”政党、“台独”分子，却欲除中国文化而后快，他们潜在地或明里地在教育领域开展“文化台独”活动。大陆对台湾即将推行的“十二年国教”中可能出现的“文化台独”行为要保持高度警惕。

五、台湾受日本殖民统治五十年，蒋介石战败退据台湾后实行“亲美反共”政策，陈水扁当局，尤其是蔡英文当局不遗余力地推行“亲美日”的“外交”方针。不仅在政治和经济上，在教育和文化上，蔡英文当局也积极寻求美、日的支持。中、美、日政治博弈的大环境对台湾政治和教育的“独化”倾向有显

① 王裕庆．台籍学生发声：国民待遇？居民待遇！[EB/OL].http://opinion.haiwainet.cn/n/2017/0213/c353596-30726877.html，2017-2-13.

② “台湾居民来往大陆通行证”号码为八位数，大陆居民普遍持有的身份证为十八位数，仅此一项就导致台籍青少年在大陆生活和求学的诸多不便。

著的影响。对于台湾有关“去中国化”的教育政策，美、日往往采取支持或模糊策略，对此中国政府应该适时给予回应和驳斥。另外，在有些国家的地理科、社会科教科书上，台湾被称为一个“国家”，而不是中国的一个省或地区，这也需要中国政府通过外交途径督促有关国家修改教科书，以利于压缩“台独”势力的活动空间，形成遏制“台独”势力的国际氛围。

第三节　研究展望

台湾教科书（历史科、公民科、社会科等）“国家认同”教育、“天然独”的形塑、对台教育政策，这些都是宏大的，颇具前瞻性和现实意义的研究主题，但目前中国大陆学者关注的还较少，研究成果也不多。本研究由于研究者时间、精力和能力的限制，仅从社会科教科书变迁的视角对台湾“国家认同”教育及“天然独”养成问题作一个初步的探讨，关于这些问题尚待教育学、政治学、社会学和台湾问题专家进一步的关注和研究。以下基于本研究，提出未来研究的建议。

一、可将教科书文本分析对象扩展至初中和高中的历史科、公民科，甚至语文科，这些科目的教科书都会大量涉及“国家认同”问题。如果能对台湾“天然独”一代小学、初中和高中各个阶段所学教科书作一个全面而系统的分析，同时比对非“天然独”所学教科书之“国家认同观”，就能对“天然独”形塑的教育因素作更深入和有说服力的研究。研究者深感研究文本过于繁多，难以有足够的时间和精力进一步去挖掘资料更深层的结构意义，建议未来研究者应延长研究时间，并以中学相关科目为研究对象与重点。

二、如前文所述，台湾所谓“天然独”的养成与小学、中学、大学所受的教育有紧密的联系。“天然独”并不天然，而是形塑出来的。由于研究条件（篇幅、能力、时间、经费等）的限制，研究者未对台湾年轻世代（20—29岁），包括大学生、研究生及中学毕业未升学者进行多样本量化研究和深入访谈。他们是如何看待自己所受的学校教育、家庭教育和社会教育的？他们又是如何看待和反思自身的“国家认同观”及其形成过程的？除了教科书，“天然独”一代在成长过程中受到哪些文本书籍的影响？他们是从哪些途径获取关于“中华民国”“中华人民共和国”“国家认同”“台独”等信息的？对这些问题的深入探究将有利于制定和调整对台教育政策。对于这一研究课题，个案研究与多样本的定量研究是比较适当的研究方法。

三、台湾即将推行“十二年国教”，其中的社会科、语文科、公民科、历史科是统“独”阵营政策博弈的焦点。那么，“十二年国教”教科书将蕴含什么样的“国家认同观”？是否可用本研究开发和采用的“中国化暨台湾化内容分析主题类目表”对其进行测度？此外，“十二年国教”出台前后的政治、社会“大环境”及课程变革的“小环境”也值得研究者关注和探讨。随着蔡英文当局民意支持率的下降，教科书“去中国化”进程有没有受到影响？随着中国大陆政治、经济、文化的崛起，台湾“绿化”的社会氛围有没有发生改变，有没有影响到“十二年国教”教科书的编制？

四、“台独”中青年及年轻世代“国家认同观”的养成除了受到学校教育的影响，还受到社会教育、家庭教育潜移默化和直接的影响，比如网络和纸媒所承载的信息，政治人物和社会活动家的宣传，祖辈和父辈的言传身教等。因此，关于台湾“国家认同”教育的研究就应该有跨学科的视野，不能囿于教育学，要大胆采用社会学、政治学、心理学等学科的理论和方法，才有可能客观、全面、系统地呈现台湾的“国家认同”教育，揭示所谓“天然独”养成的多重因素，进而有助于研究者提出更有效的对台教育政策。

五、教科书内容分析法的关键是类目发展。本研究类目表系自行研发，经过评分者信度与专家效度检验，保证了主题类目表的信效度。今后的研究可以通过更多的文献探讨和调研访谈持续修正完善此“中国化暨台湾化内容分析主题类目表”，以期能更精确掌握文本中的“国家认同观”。本研究在进行评分者信度检验时，碍于诸多条件的限制，多从研究者所处的环境寻找适当的评分者，以至于评分者背景同质性较高。建议未来研究者进行评分者信度检验时，应增加评分者背景的异质性，这将进一步提高这一主题类目表的信度。

六、本研究对十名1993年版和“九年一贯制”社会科教科书的课纲起草者、教科书执笔者、出版社负责人、一线老师进行了深入的访谈，但缺失对台湾“行政院”“教育部”“国家”教育研究院相关人员的采访。建议未来研究者争取条件接近更多“高层人物”以获取更多重要信息。对影响教科书编制各个环节的重要会议，比如课纲起草小组会议、教科书审查委员会会议、教科书执笔者会议也应进行调查研究，对相关会议记录、会议决议、会议公告进行资料收集和内容分析工作。

附录一　台北某小学 2015 年度四年级（下）课程表

时间 节次	一	二	三	四	五
07：50-08：40	教师晨会	儿童朝会	品德教育	共同阅读	导师时间
第一节	社会	音乐 美劳	数学	音乐 美劳	数学
第二节	资讯	音乐 美劳	“国语”	乡土	“国语”
第三节	“国语”	“国语”	社会	“国语”	阅读
第四节	体育	数学	英语	综合	社会
午餐时间					
午休时间					
第五节	健康	英语		体育	
第六节	自然	英语		自然	
第七节	综合	综合		自然	

附录二　访谈记录

1. 陈丽华教授访谈记录

访谈时间：2016 年 6 月 7 日 15：30—17：00

访谈地点：台北“国家教育研究院”某会议室

整理时间：2016 年 6 月 10 日

受访者基本情况：女，1960 年生，台湾本省人，台湾师范大学教育学博士，九年一贯课程社会学习领域课纲起草小组成员，时任台北师范学院（现为台北市立大学）副教授。

1.1 研究者：1993 年版社会科课纲其实才推出没多久，为什么要推行“九年一贯制”及不同以往版本的“能力指标”体系呢?

陈丽华：我在美国留学的时候是研究社会科的，学了不少新的理念。回来发现这边的 1993 年版课纲规定得太多太死，把编书的老师都限制住了，我看着就很不舒服。所以，我就力推美国的“能力指标”体系。我们当时成立了“社会科课程发展学会”，请黄炳煌教授担任理事长。黄炳煌不是编辑委员，他是很有声望的教授，在他手下做事会比较方便。黄老师虽然年纪比较大，但他是非常开放、非常自由主义的一个教授。我写了一篇《健检社会科课程标准》的文章寄给他，表达我对 1993 版课纲的不同意见。我那时候很大胆，你知道黄炳煌是主导 1993 年版课纲的召集人。他认为我说得很对，能够接纳我们年轻人的观点，所以就请他担任这个学会的理事长。以这个学会的名义，我们跟“教育部”的相关负责人谈，你这个课程标准要改。你不能用这种“穿小鞋”的课程标准来做开放时期的教科书。那时候学会的理事还有詹志禹、丁志仁、周愫娴等，我是主要发起人。黄炳煌德高望重，“教育部”很多官员也是他的学生，我们请他跟“教育部”说。他们给我们一个研究计划，重新研发一个社会科的课程纲要。这个专案我们写了两本报告，还出了一本书，黄炳煌是主编。这个课程纲要就是以“能力指标”的形式出现的，社会科有了这样的“能力指标”之后，其他科目也沿用了这样的模式。先有我们社会科的“能力指标”，才有“九年一贯课纲”各学科的“能力指标”。也就是说，整个“九年一贯制课纲”的编制受到我们的影响。当然，后来的改革是“教育部”主导，“教育部”重组各科的课纲起草委员会。

1.2 研究者：在课纲起草过程中，“行政院”“教育部”官员有没有起到某种影响？总纲起草小组，对社会科课纲起草小组有没有提出指导原则或建议呢？

陈丽华：在我印象中是没有。当时“教育部”官员都比较保守，不主张只有课纲没有课标的“九年一贯课程”。一些民间教改团体，民众的呼吁，报刊杂志的广泛关注，才最终改变形势，推动九年一贯课程。当时最有名的是丁志仁的“振铎学会”。他是现任国民党主席洪秀柱的学生，洪当时是“立法委员”，他们游说“立法院”，鼓动“立委”质询“教育部长”郭为藩。

1.3 研究者：从 1993 年版课标到“九年一贯制”课纲，应该说是一个大的变化，1993 年版课纲也实行了几年，为什么“教育部”会有这么大的动作，除了你们的影响之外，还有什么因素呢？

陈丽华：这与大环境、时代背景有很大的关系。解严以后，特别是 90 年代以后，是一个开放的时代，怎么能按照唯一的一套课程标准来编书呢？这是“假开放”，“假多元”。那时特别流行一个词叫“松绑”，要“去中心化”，不要“中央集权”，要“能力导向”，不要“知识导向”。1993 年版虽然是“一纲多本”，但是因为课程标准规定得太细了，大家编的书都大同小异。我们要把课纲标准改成课程纲要，给编书老师更多的空间。那时候受“教改风潮”的影响，报刊杂志相关探讨很多，比如《天下杂志》，考察了澳洲、美国。美国和澳大利亚都是用“关键能力”“十大能力”，人家不是用“标准”，而是用“能力”，所以，“九年一贯制”课纲就用了“能力指标”。我们社会科就用“主题轴”，加上“能力指标”。所以，我们九年一贯制社会科课纲受美国的影响很深。这跟我翻译那本《美国社会科课程标准》也有关系。

1.4 研究者：您刚刚提到了“课程发展学会”，据说那时候还有其他一些民间组织，比如振铎学会，对课纲及教科书的编制产生了影响？

陈丽华：当时最有名的是“振铎学会”，创始人是丁志仁，台师大毕业的，是现任国民党主席洪秀柱当初中训导主任时的学生。他很厉害，很会游说，游说“文教立委”，是真正的民间学者。那时候洪也是“立法委员”[①]，我们经常去游说“立法院”的“立法委员”，通过“立法委员”去发声。有一次郭为藩[②]“部长”在质询的时候就被逼着当场表态：社会科也要开放。社会科和“国语”文是管意识形态的，他们迟迟不愿意开放。台湾的质询有时候很凶悍，作为文人的“部长”被逼着1996年就要开放（即一纲多本），开放民间出版这两科的教科书。在1989年，“艺能科”就已经是“一纲多本”了。“艺能科”是一些比较无关紧要的科目，“劳作”“美术”“音乐”等。但1996年社会科的“一纲多本”，还是按照1993年版课纲编写的。

教改团体的诉求就是教育要“松绑”，“去中心化”，下放权力给地方和民间，给教师更多的自主空间。当时也有很多家长团体，我现在想不起来名字。《天下》《远见》是关注教育最多，影响最广的杂志。那时候李远哲博士也牵头成立了一个“教改委员会”。其实“九年一贯”跟“教改委员会”很有关系，“教改委员会”的委员比较开放和自由，来源非常的多元化，民间的、产业的、意见领袖的、台大和政大的教授等，甚至没有找师大的教授，后来陈伯璋老师进去，才有一点点的教育专业人士。这个委员会对于推动“九年一贯制”很有关系。产业界的人士会提出现在的教育没办法培养出合格的人才，财经类杂志也会发表评论，那时候整个社会氛围就是大家关注教育，要教育开放和松绑。国民党是一个非常保守反动的政党，李远哲的《总咨议报告书》虽然没有完全被当时的政府认可，但是，整个报告书的起草和发布，造成了很大的一个社会氛围，大家都在关注教育问题，大家都认为教育要改革，要自由，要开放。

1.5 研究者：我听说还有一个“台湾教授协会”，您能否谈谈这个协会呢？

陈丽华：“台湾教授协会”有拉我参加，但我没有参加。我们教育界比较保守，他们比较“台独”。我跟他们讲，我不参加对台湾贡献会比较大。台湾教育界人士是比较“国民党”的，偏蓝的，台湾教授协会很“绿”，你站到他们那边，你在这边就会被“打死”，没办法开展工作。处于灰色地带反而比较有做事的空间。不过，也要有人冲在前面。要有不同的颜色，不同的声音。他们也很

① 洪秀柱自1990年起至2016年担任台湾地区“立法院立法委员”。

② 1993年3月至1996年担任台湾地区“教育部长”。

重要，他们吸收了反对的力量，相当于“为我们挡枪”。如果没有他们，我们就变成激进的了，我们较为中立的意见就没人听了。

1.6 研究者：除了民间团体，课纲、教科书的变化跟民进党的成立和运作有关系吗？

陈丽华：对，跟解严的政治环境、公民社会的崛起都有关系。当然，现在的公民社会还很不成熟。现在的“政府”不能自己关起门自己搞，不管你是哪个政党。

1.7 研究者：课纲起草小组成员能否参加教科书的编写呢？

陈丽华：参与起草纲要的人可以参与编写教科书，担任书商的编辑委员、咨询顾问等，但是教科书审查委员会的人不可以参加教科书的编写。台湾在这方面的规定比较严，不能既当运动员又当裁判员。如果你参加了民间版本教科书的的任何编写活动之后，就不可以再来审教科书了。

1.8 研究者：您作为专家领衔康轩版社会科教科书的编写，应该与审查委员会的成员打交道比较多，你们的教科书在审查中会被改动吗？改动多吗？

陈丽华：改动挺多的，审委观念比较保守，我们的教科书送审之后，他们会打回，提出不少意见，我经常跟他们打笔仗，反驳、争论，来来回回好几次。出版商这边不希望教科书太久没有出来，影响他们卖书。书商会跟我说，你坚持你的理想很好，可是，如果送审没通过，教科书到不了学生手里，你的理想一点也实行不了。书商有时会请我们吃饭，我称之为“鸿门宴”，因为吃完饭书商要让我们根据审委的意见改教科书。

1.9 研究者：刚刚听您的介绍，感觉台湾在社会科课纲起草、教科书编写方面花了大量的时间和精力，那么，社会科教学的实际情况如何呢？

陈丽华：看来不是很理想，很容易被“配课”，不像《自然》，专业性比较强，要做实验，社会科很多很烂的老师用讲述法就可以混过去。经常被行政人员“配课”，要不然就是一些“不适任”老师。所谓“不适任”，就是教书教得不好，常被投诉的老师。（插话：社会科没上好，老师会被投诉吗？）不会，家长觉得这门课不是关键。经常被“配课”掉，就不容易保证教学的质量了。这门课蛮难教的，理论上，如果老师很厉害的话，会教得很好，很有趣。九年一贯制的推行也是风风雨雨，其本质是“放权”，但很多老师不适应。换句话说，你把教学自主权交给老师后，他不知道怎么做，因为他长期被绑住了。

1.10 研究者：小学社会科的上课时间有保障吗？比如一周几节课，会不会被取消或挪作它用呢？有专任老师吗？

陈丽华：社会科教学时间是有保障的，有专任老师，也有专门社会科系毕业的老师，只是说经常被“配课”，有些老师教得不好。我不知道“配课”有多严重，但相较于自然科，肯定严重得多。很厉害的社会科老师也是有的。

1.11 研究者：开放民间出版教科书后，那时候都有哪些版本，哪些书商呢？各版本占有率怎么样？

陈丽华：90 年代中后期民间版本的教科书就出来了。有康轩、南一、翰林、新学友、仁林、光复等，其中康轩的占有率是最高的，因为编得比较灵活，比较受师生的欢迎。康轩的老板比较有远见，他甚至会让我们出国去收集资料，看书展，参加研讨会。他实力比较雄厚，他认为一开始就抢占市场就会赢。其他书商的市场占有率比较低，具体多少我就不知道了。

1.12 研究者：实行“一纲多本”之后，教科书会有很多版本，那么选择版本的权力在谁手里呢？

陈丽华：我们台湾是在一线老师手里。

1.13 研究者：我在翻教科书的时候，发现“九年一贯制”社会科教科书比之前的版本，“去政治化”比较明显，您刚刚也已经提到不少，我还发现一个问题，就是新教材“本土化”也比较明显，就是讲台湾的多了很多，讲中国大陆的少了很多，您怎么看这个问题呢？

陈丽华：其实，在较早的时候初中就有《认识台湾》教材，在小学就有《乡土艺术活动》，“九年一贯制”社会科的“能力指标”没有说要讲本土，但是编书的时候自然就选择本土的素材了。我记得“教育部长”杜正胜曾经有指示，考试的时候本土的题目要占多少比例，比如说 100 道题目，要有多少题目，多少分值是跟本土有关的，类似这样的规定。从能力指标看不出本土化的东西，一个能力指标你可以拿国际上的例子，可以拿中国大陆的例子，当然也可以拿台湾本地的例子来诠释。拿台湾的例子诠释比较符合认知原则。你讲非洲的事情他怎么懂？讲生活周遭的事情就比较好懂。“本土化”被打成“政治议题”，不过，我觉得这符合儿童发展心理学的规律。

1.14 研究者：您研究社会科也有几十年了，不仅有理论的，也有实践的，您能否介绍一下社会科研究的前沿呢？比如出了哪些新书，有什么新的理论，新的方法？

陈丽华：近二十年来，社会科理论并没有重大进展，新的专著也几乎没有，给你推荐两本书，《社会科的战争》和《definition of social study》，但这两本也不算新了。不过文章陆陆续续都有出来，你可以多关注文章。近二十年，“公民行动取向”理念在社会科领域有所体现，我个人是很推崇的。

2. 陈美燕组长访谈记录

访谈时间：2016 年 6 月 2 日 15：30—16：30

访谈地点：台湾省新北市新店康轩文教出版社某会议室

整理时间：2016 年 6 月 3 日

受访者基本情况：1977 年出生，台湾政治大学民族学系毕业，大学学历。2001 年至今在康轩文教出版公司工作。2005 年到 2011 年做企划和市场方面的工作，其余时间都在小学社会组，目前任社会组（即编辑一部）组长。

2.1 研究者：“九年一贯制”社会科教科书是什么时候正式出台的呢？

陈美燕：这个不是一下子都出来的，各册教材出版时间是这样的，2001 年只出版一年级的，2002 年的时候，二年级、四年级和七年级也有了，到 2003 年就扩展到三年级、五年级和八年级，2004 年增加了六年级、九年级，也就是说 2004 年就全部出齐了。

2.2 研究者：据说每年教科书都会修订的，能否谈一谈修订的情况呢？

陈美燕：的确，基本上每年多少都会修订，但按照“教育部”的要求，每册的修订不能超过二分之一页数。每页只要有一点点的修订，比如一个标点符号，就算修订。但修订总体不大，不能违反课纲的要求。主要的修改意见来源于一线教师，包括整体架构、素材、图片搭配、用词用语、难度、原版的错误等。家长也会提出修改意见，但家长的意见主要在习作、考试方面，关于教科书的较少。修订时也会参考其他出版社出版的教科书，取长补短。

2.3 研究者："九年一贯制"以后，教科书的编写由书商负责，那么具体是如何运作的，包括你们是如何选择执笔老师呢？

陈美燕：我们康轩是这样，以前由主管，也就是我们经理，还有组长，就是我作为负责人来组织和协调，现在多了一个研究编辑，他负责收集中国大陆、中国香港、日本、美国等国家和地区的社会科教科书编制情况。研究编辑主要是协助组长的。经理不仅管社会科，还管"国文科"、华语文等。由主管领衔编辑团队。一开始是由总召即社会科总召集人，我们也叫"大召"，像邓毓浩教授，"小召"，即公民、地理、历史的分科召集人，"大召""小召"一般都是大学教授或有名的专家，他们可以推荐自己的学生，比较熟悉的，比较有教学经验的老师来担任执笔人。后来执笔人就由出版社自己找，主要看口碑，教学经验，是否兼任社团负责人，是否发表过相关文章，得过奖，学历高一点等等，是一些比较活跃的教师。

2.4 研究者：除了执笔者，你们聘请的编撰顾问、学科专家也参与了整个教科书编写的过程。那么，他们之间是如何分工协调的呢？

陈美燕：编纂顾问和执笔老师会反反复复不断开会研讨，由执笔老师提出初稿，编撰老师审核修改。编纂老师一般会比较偏学科性，知识性一点，执笔老师的文字会比较通俗易懂，符合小学生的学习心理，易于理解。两方面老师经过多轮讨论，互相妥协，找到平衡点。执笔老师的初稿可能会被改很多，他们会更多考虑学生能不能理解，好不好教。

2.5 研究者：具体怎么编写呢？比如到哪里找素材呀，找什么样的素材？

陈美燕：在编辑顾问领衔下的编辑团队会根据课程纲要的能力指标，拟一个编写的提纲，拟这个提纲的时候，执笔老师也会参加。根据这个较为细化的提纲，执笔老师去找资料，编写教科书，有了初稿再修改，二稿、三稿反反复复修改。素材来源一般是网络、图书馆的报刊杂志等。

2.6 研究者：教科书使用之后，家长、教师会不会有一些意见呢？

陈美燕：会有，特别是早期，家长比较少，教师的意见比较多。在早期的教材里，我们（中国）传统的东西放得比较多，比如一些小朋友平时见不到的农耕器械，比如三合院。由于城乡差距，城里的小朋友就不懂，有些教师也觉得不好教，不会教，这些就不适合放在教材里。在地理方面，你讲大陆太多的东西，有些教师、家长也会有意见，因为这些离小朋友的生活就更遥远了。很多家长的政治倾向也不一样，也会打电话过来询问或质问。“三合院”带有较强的“中国化”色彩，我们会改成“传统住屋（包括‘原住民’建筑）”。我们要参考他们的意见修改教科书。

2.7 研究者：我在翻教科书的时候，对比 1993 年版教科书，新教材本土化的内容，讲台湾的，多了很多，不知你们是怎么考量的呢？

陈美燕：1993 年版教科书一年级到六年级是一个整体，其中大概四年级是讲台湾，五年级和六年级就讲中国和世界了。但是，九年一贯制教材是一年级到九年级贯通的，根据教科书编制的同心圆理论，关于中国和世界的部分，放在了初中，这样，小学阶段基本上就只有台湾了。

2.8 研究者：可是我发现，初中一年级，就是七年级也是讲台湾的，八年级讲中国，九年级讲世界，对比下，中国的部分还是少了很多？

陈美燕：九年一贯课纲只提供能力指标，它没有说用什么素材或主题来达成这样的能力指标，所以，你可以用传统的，中国的，也可以不用。也因此，其他版本的教科书就不一定有“三合院”等一些传统的东西。“三合院”体现的是主题轴中“人与空间”的能力指标。“三合院”是非常“汉人”的观点。因为这个非常“汉人”，所以，我们要修订，增加“原住民”居住方面的介绍。我们最新版（指 2016 年秋使用的版本）的相关标题要改成“传统住屋”。传统住屋就包括汉人和“原住民”的。像“三合院所代表的伦理精神”，这绝对是汉人才有的。早期的还讲农耕工具，怎么使用，水稻的种植，收成，什么的，后来就都删掉了。老师们觉得“三合院”的分量太重，而且偏向“汉人”的观点。传统的房子，不仅有“三合院”，应该还有很多其他类型。在这样的情况下，我们就要去掉像“三合院”的素材了。

就是说，要能够代表生活在台湾这块土地上的族群，不能单单讲汉人的东西。只讲三合院的话，就把少数族群给忽略掉了，另外，三合院这种东西，在都市，教师很难教学。现在的小学老师很年轻，他们也没体验过，他没办法去讲解“三合院”。

2.9 研究者：老师提出修改意见，你们就要改，这门课程是不是改动比较频繁呢？

陈美燕：是的，这跟社会科的学科性质和所教内容有关。不然老师会说，高铁又多了一站，怎么没改？“原住民”多一族你也要增加，“国家”公园多一个，你也要增加。

2.10 研究者：这么说，老师还是蛮经常提出意见，然后你们也要根据意见，不断地修改，那么家长呢？

陈美燕：家长比较少，但是也会有，他们主要集中在评量考试的题目上，有时候也会反映在教材面，但比较少。

2.11 研究者：官方对你们教科书的编写有什么影响呢？会不会也改动你们编好的教科书呢？

陈美燕：我们把教材编好之后要送到“国家教育研究院”审查，由审查委员来审查，审查委员由“国家教育研究院”聘任。“国家教育研究院”代表“教育部”的官方意见。审查委员跟我们完全没有关系，不然就“球员兼裁判”了。审查委员的名单是不公开的，公开的都是前一年的。也就是说，我们编好的教科书不知道送给谁审。审查委员在各方面都会提出意见，比如教材难度，有没有贴近能力指标的要求等等。记得早期的时候有史观分歧，大概 2003 年、2004 年，新教材刚出来的时候。关于台湾的近代化，我们有老师认为是在日本统治时期，但是，那时候有个审委，是台大历史系的教授，他认为是刘铭传时代，是在晚清的时候。这就是史观的不一样。讨论的结果就是书本中没有关于台湾何时近代化的说明。

3. 邓毓浩副教授访谈记录

访谈时间：2016 年 5 月 30 日

访谈地点：台湾师范大学公民教育与活动领导系邓毓浩副教授办公室

整理时间：2016 年 5 月 31 日

受访者基本情况：1951 年生，祖籍广西梧州，台湾师范大学三民主义研究所博士，台湾师范大学公民教育与活动领导系副教授，九年一贯课程社会学习领域课纲起草小组成员。

3.1 研究者：1993 年版课纲和“九年一贯制”课纲起草时台湾地区领导人是李登辉，您能否介绍下李登辉的基本情况及其对教育和课纲起草、教科书编写的影响?

邓毓浩：1984 年，作为本省人的李登辉被蒋经国提拔为“副总统”，1988 年蒋经国去世，李登辉继任“总统”，1990 年续任“总统”，1996 年竞选“总统”获胜，直至 2000 年才卸任。李登辉早期“台独”的倾向隐藏得很深，1991 年，他还提出“国家统一纲领”。1990 年之前，李登辉的权势还不稳固，他斗过李焕、俞国华、郝柏村、连战，几个外省的全部被他斗垮。李登辉刚上台时忙于打击异己，站稳脚跟之后，就要立下“万年功绩”，暴露出“台独”本质。我觉得他对小学指导不多，对中学指导比较多一点。李登辉时期，中学多了一科，叫《认识台湾》(初一)，该科的课纲是 1994 年出台的，教科书包括历史篇、地理篇、社会篇三本，从 1997 年开始使用直至 2003 年“九年一贯制”教科书替代。李登辉对台湾教育影响的第二个是《乡土艺术》(初中)。实际上，这两套教材都是以“本土化”之名行“去中国化”之实。

3.2 研究者：李登辉任内的“教育部长”您怎么评价呢？主要关于“中国化”和“台湾化”。

邓毓浩：李登辉早期(1988—1996 年)的“教育部长”是毛高文和郭为藩。毛是蒋介石浙江奉化的老乡，他不会推行“去中国化”的教科书，郭在 1993 年到 1996 年期间任“教育部长”，我印象中，他也没有“去中国化”的举动，不过,那时候发生了“410 教改运动”。跟“九年一贯制”有关系的是吴京(1996—1998 年)、林清江(1998—1999 年)、杨朝祥(1999—2000 年)三位“部长”。吴京是外省人，在任时出来李远哲的“教改总咨议报告书”。林清江很想改革，当时“教育部”花了钱，想做“能力指标”的研究，但“教育部”没有搞对方向，做的成果很差，就拿民间研究的成果来用。林清江很快就过世了。杨朝祥是台师大毕业的本省人，做到 2000 年陈水扁上台。他是国民党，纯粹的统派。

马英九2008年上台，他考虑的第一个“教育部长”人选是杨朝祥，不过他不愿意干，接了一个“考试院考选部长”的闲差。他帮了国民党很多忙，搞不好连马英九出来竞选时的“教育白皮书”都是杨朝祥帮他做的。

3.3 研究者：您认为李登辉在第二个任期（1996—2000年），对“九年一贯制”教科书的“去中国化”有没有影响呢？

邓毓浩：这不能说没有，但也没有直接的证据。确实是他主推了《认识台湾》系列教科书。当时帮他在执行的是杨朝祥，是国民党的。不过，杨朝祥绝对不会主张台湾独立的。应该说，是陈水扁和杜正胜对“去中国化”的影响多一些。真正“去中国化”最明显的是2004年到2008年，但在课本里有没有体现，就不好说了，这个要由你去分析了。“教育部”公布的只是“能力指标”而已，下面的人怎么写，他们管不了那么多。

3.4 研究者：我们做个总结，对于90年代的1993年版课纲，2000年前后的“九年一贯制”课纲和教科书，李登辉，“行政院院长”，还有“教育部部长”，他们的影响大不大，是怎么影响的呢？

邓毓浩：基本上，“政府”对课程标准、教科书的编写，干预都不大。至少，我印象中没有。李登辉是“总统”，他不会管这么细的问题。另外，当时的几个“教育部长”，基本也都是外省人，杨朝祥是本省人，但他也是国民党员。

3.5 研究者：李登辉之后是陈水扁，您怎么评价陈水扁及他任内的“教育部长”呢？

邓毓浩：陈水扁前四年任期还算可以，后四年乱得一塌糊涂。台师大附近有一个“中华邮政”，陈水扁改成“台湾邮政”，马英九上台，才又改回“中华邮政”。他将“中国石油”改成“台湾石油”。2004年到2008年是整个台湾“去中国化”最严重的时期。在教育、文化、思想，各个方面，把台湾“凸显”成为一个“国家”。陈水扁要求所有有关“中国”的东西全部要改名字，比如“中国时报”“中国医药大学”，但这两个单位没有理他。2002年陈水扁提出“一边一国论”，后来，你们那边相应地搞了个《反国家分裂法》。在第二个任期内，陈水扁就开始走极端了，要“公投”，要“建国”，要“立宪”，要“正名”。美国认为他是一个“trouble maker”，对他很不满意。两岸关系恶化了。

陈水扁任内的“教育部长”有三个：曾志朗、黄荣村和杜正胜。客观地说，陈水扁第一个任期的曾志朗、黄荣村都没有“去中国化”的倾向。曾志朗跟马英九关系不错，马英九上台的时候让他当“文化委员会”的“主委”。黄荣村也是统派，陈水扁第二个任期要“去中国化”，改掉“中国医药大学”的名字，黄是校长，没理陈水扁。杜正胜“台独”倾向就非常明显，他最有名的就是“微调”，你可以查看他的“微调”是怎么调的。

3.6 研究者：1993 年版课纲和“九年一贯制”课纲的酝酿、起草和出台大概在上个世纪 80 年代末至 2000 年左右，这一期间的“行政院长”，我查了下，分别是李焕、郝柏村、连战、萧万长、唐飞、张俊和游锡堃，您认为他们对教科素“去中国化”有没有什么直接或间接的影响呢？

邓毓浩：我觉得没有，如果有的话，也是李登辉或陈水扁的压力，要算在他们头上。唐飞及他之前的“行政院长”都是国民党，都是统派。李焕和郝柏村和李登辉有仇，李登辉斗垮他们之后，权力才稳固的。唐飞任职时间很短，只有几个月而已。张俊雄和游锡堃是民进党，不过，他们上台的时候，“去中国化”的“九年一贯制”课纲已经出台了，你估计很难找出他们干预教科书编写的证据。

3.7 研究者：课纲起草小组有总纲组，各分科小组，也就是说有总纲组的负责人，小组的负责人，这些负责人，还有成员是如何产生的呢？由谁来任命或召集呢？

邓毓浩：“教育部”先聘召集人，召集人再找委员。这个名单“教育部”大概不会改的，在社会科或社会学习领域，黄炳煌在招人方面有很大的权限。“教育部”找黄炳煌做召集人也没有错，因为黄是早期美国哥伦比亚大学留美博士，师范教育，也一直做社会科。黄德高望重，找他谁都没意见，他找的人，“教育部”估计也不回驳回。可能会筛选一些，但不会有太大的变动，比如说调整一两个。他有找自己的学生，像詹志禹，也是美国回来的博士。我们知道社会科里面有经济、地理、政治、历史等内容，那就要找这些领域比较厉害的专家，最好还有教育学的背景，是这样去挑人的。

3.8 研究者：黄炳煌是 1993 年版课纲起草小组的负责人，也是“九年一贯制”新课纲“社会学习领域”的“牵头人”，有很大的权限，那么，黄炳煌先生在做这个事情的时候秉持什么理念呢？

邓毓浩：黄炳煌的理念一是小学和初中连贯，所谓的“九年一贯制”，二是合科，公民、地理、历史统整起来，他非常强调统整。小学一直以来就是合科的，叫《社会》，但里面还是分成几大块，如公民、历史、地理等，黄要做到真正的合科。“九年一贯”就是小学和初中要一贯，刚好黄作为“九年一贯制社会学习领域”的负责人，想把统整的理念推行到初中。但受到很大的阻力，中学老师不愿意。黄属于“政大系统”，中学老师这边属于“师大系统”，他们不买黄炳煌的账。后来初中表面上也合科了，叫“社会学习领域”，但里面还是分成三大块：公民、历史和地理，各科老师分开教。

3.9 研究者：关于“能力指标”，您能否谈一谈呢？

邓毓浩：“能力指标”是他们几个留美博士从美国抄来改改的，内容很简略，“九年一贯制”一年级到九年级，只有很薄的一本小册子，但编出来的教科书有十多本。那么，教科书的编写就由一线老师发挥了，他们有很大的空间。一线教师编好后，专家、审查委员再来审查。

3.10 研究者：“能力指标”我已经详细看过了，但从指标内容似乎看不出“本土化”或“去中国化”的迹象？

邓毓浩：你问到了关键问题。我们来看这本《九年一贯课程能力指标手册》，我举个例子。我们看第 69 页的 1-3-4：“利用地图、数据、坐标和其他资讯，来描述和解释地表事象及其空间组织”。这个“能力指标”，你可以用台湾的例子，也可以用大陆的例子。那编书的肯定拿台湾的例子啊！“能力指标”里谈到台湾的只有第 69 页“人与时间”的三条。还有一个，“九年一贯制”课纲是这样安排的，小学低年级从社区、家乡讲起，小五小六讲台湾和全球化，的确基本上没讲中国，原来小学中讲中国的部分挪到了初中。

3.11 研究者：可是比较以前的初中教科书，现在初中教科书关于中国（大陆）的内容并没有增加吧？

邓毓浩：初中一年级讲的是台湾的历史、地理；二年级才写中国大陆的历史和地理，到了三年级，写世界的历史和地理。不过，不同的版本不一样，有的版本会多一个学期或半个学期的篇幅。那么，这样就很清楚，小学以台湾为主轴，初中一年级又讲台湾，无形中造成讲中国的量少了很多。这里补充一下，从1997年到2001年、2002年初中一年级是上《认识台湾》的，这就造成了“九年一贯制”实行以后，初中一年级也要讲台湾。本来按照“九年一贯制”的规划，小学不讲中国的话，初中应该就要多讲一点才对。在《认识台湾》教科书使用之前的初中社会科，讲台湾的很少，你可以看看早期的教材，这个教材我参编我记得比较清楚。所以说，整个“九年一贯制”下来，比以前的版本，讲台湾的多了，讲中国的少了。

3.12 研究者：有的老师说社会科任课老师上课很不认真，很随意，很多老师就是念念课文而已，这个您怎么看呢？

邓毓浩：有有，是有一批人是这样子。社会科本身也不好教，很多老师还是被“配课”的，并不是科班出身。

3.13 研究者：关于“台湾化”和“中国化”，台湾社会科教科书未来的发展趋势，你有什么看法？

邓毓浩：政治干预会越来越多，民进党不是上台了吗？很多本来是专业的问题，现在上升到“行政院”“立法院”了，专家的作用相对降低了，再也不是“教育部”自己的事情了。“微调课纲”废除了，教科书“去中国化”会越来越明显。

4. 丁志仁老师访谈记录

访谈时间：2016年6月9日10：30—12：00

访谈地点：丁志仁新北市板桥长安街家中

整理时间：2016年6月11日

受访者基本情况：台湾师范大学生物系1983年毕业，曾任中学教师。台湾民间教改团体“振铎协会”负责人，积极参与1990年代和本世纪初的台湾教改运动，九年一贯课程社会学习领域课纲起草小组成员。

4.1 研究者：您当时在体制内当老师不是挺好的吗？为什么想着做民间教育改革的事情呢？

丁志仁：我在大学读书时，就想着要做教育改革。那时候台湾解除戒严，要走出一套解严后的体制，根本就是整代人的共识。不是我一个人，整个社会的氛围就是这样。到了80年代初，不只民间，包括官方也要解严，所以说是整代人的共识。台湾需要一套配合解严后的政治体制的教育体制，这是必然的。在戒严时期，把教育当作“精神国防”，控制全部的师资培育，控制全部的教育内容，控制全部的教育经费，由上而下建立了“一条鞭”的教育行政体系。那这个要换掉吧？很多人都想冲破这套体系，因为教育问题大家都很关注。除了“振铎学会”，还有“教师人权促进会”“人本教育基金会”“环境保护主妇联盟教育基金会”（台湾现在的家长委员会就是他们起的头，开启了台湾的家长会运动），这些在解严之前就非正式的成立和运作了。“解严”之前家长会附属于学校，解严之后，台北市出台了一个管理办法，慢慢地，家长会就变成一个独立的不依附于学校的民间组织。“人文教育基金会”“振铎学会”都是在1989年正式立案的。解严之前一段时间，大家知道要解严了，这时候从事社运也不会被抓起来。教育团体结社是管制的（除了官方的教育会系统以外），“主妇联盟”是登记为环境保护组织的，所以他们很早就合法了。大家都是在解严之前非正式成立，先活动起来，等解严之后再立案。我说，当时是一个潮流，不是只有我一家“振铎学会”，是各家都在起来，风起云涌。

4.2 研究者：“振铎学会”1984年就成立了，尽管那时候还没有正式立案。你们那时候有没有比较明确的活动目标或诉求？

丁志仁：我们的诉求很清楚，首先要改师资培育和教师任用，后来也改成了。“戒严”时期，教育是“精神国防”，只有三所师范大学和九所师院可以培养师资。学生一进去就是公费生，毕业就由“政府”分配工作，全部由“政府”控制。我们要求普通大学也可以培育中小学师资，公费要取消，“分配”改成“选聘”，要让老师可以结社，所以后来才有“教师法”。第二个，要改课程，大学已经先动了。当时大学有一个共同必修学分表。大学先废除了这个共同必修学分表。当然对于中小学来讲，就是要把统编本，改成“国家”指定课纲，由书商去编书，“政府”还是审查，各校自己选择版本，这个是不是比较配合解严之后的体制？第三个就是教育财政改革。原来经费都是控制在“政府”手里，你现在要成立行政院教育经费基准委员会。第四个就是教育行政机构再造，原来不是有一条鞭吗？由“部长”管“厅长”，“厅长”管“局长”，“局长”管

“校长”，“校长”管“主任”，“主任”管“老师”。这个要把它解构掉。

因为你戒严，你就要同时管制师资，管制课程，管制教育财政，管制教育行政，你是有一个戒严的教育体制去配合戒严的政治体制的。那戒严取消了，你需要一个新的制度去配合一个新的社会脉动，去配合新的社会潮流。

4.3 研究者：那时候有一些大众类杂志，《天下》《远见》等，对教育的评论也挺多的。他们有些什么影响呢？

丁志仁：那时候杂志很多，但多数是短命的，因为没有解严，经常被查禁，查封之后换个名字再办。不过，《天下》《远见》是一直留存到现在。他们促使老百姓关注教育问题，形成一种社会氛围。因为他们的受众是很广的，也促使，刚刚讲的，一些教育改革的实现，旧教育体制的瓦解。

4.4 研究者：您是“九年一贯课程社会学习领域”课纲起草小组的成员，也是当时“社会科课程发展学会”的成员。在 1993 年版的时候，已经是“一纲多本”了。您可否谈谈民间力量怎么去推动这个“一纲多本”的？

丁志仁：民间推动教育改革其实挺不容易的，主要是推动教育立法，“教师法”推动了六年，“国民教育法”要快一点，大概五年。从找“立委”提案，游说各政党“立委”支持，游说“教育委员会”，游说“立案审查委员会”。立案有程序，有进度，每一次审查都要找各党“立委”沟通。台湾教育的变迁跟整个社会环境的变迁基本上是协同前进的。没有“戒严”体制的废除，民间力量推动教育改革是不可能的，你根本就没有游说“立法院”的机会。民间社团根本就没有运作的机会，成不了气候，因为他会把你抓起来！解严在大方向上就是“松绑”，在教育上也就是“松绑”。不会在解严之后，在教育改革上去倡议绑得更紧。政治“松绑”，教育才会“松绑”。

4.5 研究者：教育立法是很根本，很关键的，凭什么立一个新的法案出来呢？法律是全台湾性的，带有强制性的。那么，你怎么游说“立委”呢？具体怎么运作，怎么打入“立法院”内部的呢？

丁志仁：这个确实比较复杂，“立委”凭什么听你的呢！你是草根，你是无权无势的。我们跟“立委”建立长期关系，比如帮“立委”写质询稿，帮他们看预算。台湾的“立委”就是为民喉舌，并不是专业人士，是专职的，但不是专业的。他可能不懂教育，不懂农业，但他要质询教育行政官员，农业主管官员。“立委”有三大核心任务：法案、预算、质询。他们在这三个方面，在在、天生、自然都需要民间给他们专业意见。不然他质询要如何质询呢？预算书他怎么看得懂呢？你要经常给他设计提案，因为他如果不能提出法案，他就没有业绩。另外，我们要帮他提供一些质询稿，我们才知道问题在哪里，要问“部长”什么问题。他们每年都要审预算，你要帮他看预算书，提供一些预算处理提案，哪些预算要删，要删多少，都要有依据的。

4.6 研究者：您参加九年一贯制民间版教科书编写，你也是九年一贯社会学习领域课纲起草小组成员，我在翻看教科书的时候，初步发现一个问题，就是九年一贯比之前的版本有一个特点，就是“去中国化”和“去政治化”，您如何看待这个问题呢？“去中国化”会不会引起学生国家认同观的改变？

丁志仁：1993 年版的时候，小学有一个课纲审议委员会，初中也有一个课纲审议委员会，这是不衔接的。九年一贯的时候，小学和初中只有一个委员会，是合并的，垂直衔接，才叫九年一贯。九年一贯的时候开始导入一个概念，叫“领域”，整个领域要有一个课程的 Plan，强调横向的连接，不能各科各搞各的，小学社会科尤其是这样。以前台湾的东西几乎不讲，现在讲一点台湾的东西也才刚好而已。1993 年版有一个很重要的概念——“社区”，我们自己写教材很重视“社区”这个概念。这个“社区”是广义的，包括县、乡，你住的地方，由你住的地方开始，逐渐放大，同心圆，到最后是地球村。全球化是从商业去看，地球村是从社区的角度去看。这个理念在 1993 年版就有体现，在九年一贯制的时候就非常明显，这也是教科书编写的“同心圆”理论。

4.7 研究者：我理解您关于“社区”和“同心圆”的说法，按照这个理念，中国也应该要有相当的部分，可是在九年一贯制社会科课程中，基本没有中国的部分，我还没有量化统计，但目前看来似乎很少？

丁志仁：是这样子，以前不是有两个委员会吗？不相统属，小学不知道初中要编什么，初中也不知道小学编什么内容。小学是家庭、社区、地区、世界，中学也是这样。后来的九年一贯不是一个委员会吗？所以，当时的约定，小学教到台湾，然后跟着初中再教一年台湾，接着教中国，接着教世界。

4.8 研究者：也就是说，小学教台湾，初一教台湾，初二教中国，初三教世界，这样的话，讲台湾的多了很多，讲中国的少了很多吧？大概只有一年了。

丁志仁：但我觉得这只是刚好而已，怎么讲呢！我觉得是刚好而已。举例来说，我念书的时候，中国是一省一省教，那个省是国民党在大陆时期划的省，好像是 1932 划的。到九年一贯的时候，它是六大地区，一个地区一个地区地教。台湾它也没有一个县一个县的教，台湾也是分四个地区，一个地区一个地区地教。那为什么讲刚好而已呢？教“中国”的话，可能用地区是恰当的，对中国有一个整体的概念。你教中国比教台湾详细，是有点过了。你知道怒江、闽江，不知道淡水河、基隆河，这是失衡的。所以，你现在调回来这个架构，中国分六大部分在教，符合同心圆的理念。九年一贯和十二年“国教”，重视前后衔接，不会重复教，不会假定之前没教过。这样的情况下，中国部分的内容就少了。现在教得越来越多，越来越难，如果不压缩重复的内容，时数就不够了。

4.9 研究者：我们华人圈有一个特点，就是应试教育的现象比较严重。据我了解，台湾也是这样。学生在学校里，在班级中的时间是很多的。除了计算机课，学生一般情况下也很难自由地上网。在小学阶段，学生识字量很小，其实很难受到您说的网络或者媒体的影响，跨国流动的机会小朋友更是少之又少了。我认为小学生获取资讯的主要来源还是教科书、教室、教师，至少到目前为止是这样，您觉得呢？

丁志仁：我们台湾现在讨论要把教科书停掉了。现在“立法院”也在讨论这个事。康轩、翰林、南一是服务业，如果未来教学的主流不是使用教科书，那老师需要不需要服务呢？还是需要。那么，他们就会发展出新时代为老师服务的新形态，你不要帮他们担心。至于之前，教科书的影响当然很大，以后相信会慢慢淡化教科书的作用[①]。

4.10 研究者：据说当年在推行九年一贯统整课程的时候，教师会的阻力很大，他们觉得很难教，后来课程并没有统整，还是分科教。您说以后会没有教科书，那么老师怎么教呢？这对教师提出了更高的要求，您说这样的改革可行性有多大呢？

① 丁志仁老师并没有否认研究者的观点，也没有作出正面回应。

丁志仁：其实不是很难教，而是你必须有一个统整的课程计划。黄炳煌是一直想推合科，但是课纲通过的是领域。那领域是什么意思？领域的话，三科，历史、地理、公民是一个“Plan”。在九年一贯以前，历史科老师编历史科的教科书，地理科的编地理科教材的，公民科的编公民科教材。但像我们实验班，历史和地理是完全合科的，地理是舞台，历史是发生在舞台上的故事。目前的教材，康轩、翰林、南一，是统整，但并没有合科。现在不大会发生历史在教中国历史，地理在教世界地理的情况了。你书商在送给“国立”编译馆审查的时候，历史、地理不协调的情况就很难自圆其说了。现在的情况是，历史有给历史老师教的单元，地理有给地理老师教的单元，公民有给公民老师教的单元，所以没有合科，但是课程的 Plan，并没有像之前那样子“各自为政”。横向会有联系，不会重复，但并没有之前预想的那种理想状态。有一定的统整，但没有真正的合科[①]。

4.11 研究者：有些学生可能不读高中，但至少要读九年，即小学和初中，不然就是违法的，这个跟大陆是一样。那么，我想问的是，九年中只读一年的中国，会不会导致学生对中国大陆不了解，疏离，我们现在看到年轻人主张“台独”的很多，所谓的“天然独”现象。

丁志仁：本来十二年“国教”，“立法院”在讨论，要不要把教科书废掉了。不过，我个人觉得这个步子迈得太大了。去年不是“反黑箱课纲”（指 2015 年，研究者注）吗？然后，民间就有成立起草新课纲的组织。后来今年总结的结果就是，“高级中学教育法”修法，实现新的“课纲”制度，不能由“部长”独立治理课程，要由新的课程委员会，由各界广泛参与的委员会治理课程。当时在讨论法律版本的时候，课纲的版本要比最终通过的激进得多。那个版本就已经渐次要把教科书废掉了。什么科，不管是数学，还是社会科，都要废掉。以后教科书就没有“国家”审查了，你现场要用什么教科书就用什么教科书，完全任凭教师选择，教师自己临时指定上课素材也可以。上课还是要有教材，但“国家”不审核了[②]。

① 丁志仁老师并没有正面回答我的问题。

② 三次提出类似较为敏感的问题，但受访者并没有正面回答问题，而是强调教材将来会取消，教材起的作用没有那么大。这反映了丁未否认教科书的“去中国化”导致了“天然独”现象。

5. 刘坤昌老师访谈记录

访谈时间：2016 年 6 月 22 日 14 ：00—16 ：00

访谈地点：台北市中山区某小学教室

整理时间：2016 年 6 月 29 日

受访人基本情况：刘坤昌，1971 年生人，具有 21 年教学经验，专门教社会科 7 年，兼职教社会科十几年。台北市立教育大学（现为台北市立大学）社会教育研究所硕士毕业。参编社会科教材十几年，“九年一贯制”开始实行时（2000 年左右）就参编社会科教科书了。

5.1 研究者：出版社为何选择您作为编书的老师？

刘坤昌：我想他们大概有几点考虑：（1）我的教学就是这部分；（2）我当时在念社会教育的研究所。我们那个年代，硕士还不多。（3）有人推荐。当时我的校长认为在这方面我有一定的专长，然后就把我推荐给教材编写的召集教授。（4）有一定的学术基础，我那时就发表过文章（著有《乙未割台之重要历史人物剖析》等学术论文）。我主修历史和地理，关于这方面的我都比较熟悉。

5.2 研究者：“教育部”或者审议委员，会不会给你们某种暗示和明示，比如台湾的内容要多一点这类的？

刘坤昌：这倒没有，我觉得是一种社会氛围。大家都会说，要多了解家乡，多了解台湾，所以，这种倾向会越来越明确。我们会尽量让学生多了解家乡，但尽量不涉及意识形态。比如家乡的特色，家乡的文化。汉人或“原住民”，谁先来，谁后来，谁是主人，这很难讲。

5.3 研究者：“九年一贯制”课程纲要中的“能力指标”并没有告诉你用什么样的素材来教这个能力指标，也就是说你可以用中国大陆的素材，也可以用台湾的素材，可是为什么不用中国大陆的基本都用台湾的？

刘坤昌：这实际上是一种气氛，氛围。比如那时候社会上，包括各种团体，就会一直强调乡土、本土。家长也会反映，媒体也反映了这种走向。电视上，基本讲的是台湾的事情，不大会报道中国大陆的事情。有些家长会质疑，为什么书本上还讲“中国大陆”“中华民国”，而不讲台湾“中国”“台湾”“台湾国”。我们就会解释，“宪法就是这样规定的，我们的国家还叫‘中华民国’”。我们把

“宪法”摆出来，就能堵住一部分不同意识形态人的嘴。我们编书的老师、教授潜移默化地也会受到这种氛围的影响。关于为什么取材台湾，我觉得可能有以下几个原因：

其一，取材比较方便，有些素材直接就可以从网络上、报纸上、杂志上找到，这些当然是台湾的比较多，也比较方便。你让编书者如何去找大陆的素材，直接抄旧版教科书吗？

其二，取台湾生活周遭的素材，学生比较好理解，比较容易感知得到。我们知道小学阶段以形象思维为主。

其三，如果刻意取材大陆的，恐怕出版社或者家长也会不认可。台湾人其实关注外面挺少的，不管是中国大陆，还是世界其他地方。另外，开会时，如果教授不强调要用中国大陆的素材，那我们肯定选用台湾的或者说本土的乡土的素材。

5.4 研究者：您刚刚一直在谈”社会氛围”，那么这种“氛围”能够代表主流民意吗？

刘坤昌：我觉得这个不好说，因为实际上是少数人在发声，台湾有很多团体，有很多利益诉求，但你说这些团体能代表台湾的所有老百姓吗？其实，发声的都是少数人。变成人没有很多，声音很大。像这种教科书的事情，只要有一些比较激进的声音，就会很麻烦。我们明明知道史实是什么情况，但是不得已要做一些取舍。你写出去的时候会担心会不会有“后遗症”。变成我们必须写得四平八稳、无懈可击。就是说，你不管站在什么角度批评我，我都能屹立不倒，就是很中庸了。我自己是比较中立的。

5.5 研究者：在你们最新版的教科书六年级上册中，有一课的课名叫“日治时代的殖民统治”，“治”本身有统治的意思，后面再来一个“统治”，这样一个标题是不是有点问题呢？

刘坤昌：实际上，这反映了我们试图去调和政治立场的意图，这样写似乎比较中立，我们是想让最大多数人都能接受。教科书毕竟是要让更多的人去认同的，要让它的能见度更高。再比如“战后”和“光复”的问题，“光复”就是站在“中华民国”的立场，清朝割让台湾给日本，“中华民国”继承清朝的台湾，日本战败后，归还“中华民国”。但是，用“战后”，就没有这个问题，我们就争取了最大多数人的认可。

5.6 研究者：现在看来，小学到初中，涉及中国大陆的内容很少，这样就导致了，学生对中国是没有概念。您一直强调“中立、中庸”，减少这么多，能叫“中立”吗？

刘坤昌：以文化的关联，地理位置来讲，台湾和中国大陆是最密切的。在我读小学那个年代，台湾部分只占 10%、20%。我们读那个时代的书，对中国的概念就很清楚。到了后来，最大的转换就在“九年一贯”，整个大翻转，在九年一贯之前的 1993 年版，中国的内容还比较多。我们说回这个统“独”议题，其实你刚刚讲的，他们所要的“中立”，不是真正的中立。整个社会的氛围，就像另外一种无形的文字一样。这我叫它“文字压迫”，就是说，本来这是史实，比如台湾和中国大陆的关系，但是你如实呈现之后，你就糟糕了。

5.7 研究者：真正的“中立”的人多不多？就是说能如实看待这段历史，看待台湾和中国大陆关系的人多不多？我们知道有“天然独”，年轻人的“独立”倾向似乎很强？

刘坤昌：“中立”的人很多，不是不多。但是，这个社会氛围是，某些人会很“大声”，力道很强，然后人云亦云，它就变成主导。大多数人是中立的，理论上应该是这样的，现在变成大多人被少数人代表了。但是，我们并没有授权让他们代表。你发现台湾的民主不是真正民主的，不够成熟的。你到一个人群里面很容易被感染。因为，现在某些很敢讲话的，都是某一群人，你知道年轻人有一种特质，很容易去崇拜偶像，当某些人的声音非常大，不管他做什么都是理直气壮的。大陆和台湾的文化关联，地理位置很接近，但这抵不过舆论的压力。这个舆论压力是某些敢于发声人的舆论压力，而不是多数人的舆论压力。你说教材会不会受到这个影响，一定会。我们现在能做的就是在这种舆论压力下，还能够呈现它基本的轮廓。

5.8 研究者：您多次提到社会氛围，强调舆论的影响，媒体的影响，但是我有一个问题，个体要受到媒体（舆论）的影响，他是要有一定文化基础的，就是说，你要看得懂电视上的统“独”论战，你要明白电视上、报纸上、网络上在讲些什么，那些人至少要识字，要有小学生水平，甚至初中毕业，才能受影响。但是，在小学或初中阶段，他没有“中国”的概念，等到他能看懂新闻了，他就很容易受到“独派”观念的影响，您觉得呢？

刘坤昌：我理解你的意思，教材的影响确实很大，但不只是这样。我想说的是，统“独”议题已经跟民主扯在一起了。假使某个年轻人，说自己是“统派”，那么他就“政治不正确”，“统”就是保守，“统”的话就是不民主。它也不管你是什么样的民主，民主就是好的。他们不知道一个事情：民主要有很多规范。把“立法院”和“行政院”都给攻占了，这是非常不可思议的事情。也就是说，他把统“独”跟民主扯在一起，离大陆越远，就越民主，就越理直气壮。这个民主就不是真的民主，就变成民粹。攻占“立法院”“行政院”顶多也就是几千人而已，但是会被媒体不断地放大。小学生都会觉得：“哇，那些人好帅！”作为老师，我只能跟他们讲，我们要尊重法制，一定要有法治作为前提，没有法治就没有民主，“暴民政治”不是民主。法国大革命把路易十六送上断头台了，后来巴黎街头，就很容易被抓去杀头，说你是“反革命”。民主不是仅仅投票而已，纳粹党本来就是通过选举赢得政权的。所以，我觉得除了教材中缺少中国文化、地理、历史等的介绍外，也就是你所说的关于中国的内容少的问题，那就是缺乏民主素养的问题。所以，要坚持所谓的“民主”，就必须“独立”，因为他们觉得你们那边没有民主。

5.9 研究者：您刚刚谈法治，讲民主，您也提到台湾年轻人缺少民主素养，其实我们小学社会科就是要培养“成熟理性的公民”的，那么您觉得我们的社会科教得怎么样呢？

刘坤昌：现在台湾不管社会科还是中学的公民科，教学状况都不理想，整个台湾现在重视的是国（语文），英（英文），数（数学）跟理（物理）、化（化学），小学就是国、英、数跟自然。他们觉得国、英、数、自然要奠定基础比较难，到中学之后又都是考科。社会科升学也要考，但很多人觉得只要背背就可以了。很多东西，不是你背你就知道在讲什么。现在社会科出现一个非常吊诡的，你可能不知道的一个关键点。整个台湾，教社会的老师，真的专业在这方面的，比重不到 10%。我跟你讲，很多是级任（在台湾也叫班导师，相当于大陆的班主任）老师去兼上社会科的。级任老师本身不是这个科系毕业的。他有自己的科目，还要管理班级。那请问一下，他有班级这么多事情要管理，国、英、数又是他的重头戏，那社会怎么教？照本宣科，不用花太多的时间，最好的方式，就是让你背下来。你背社会科的课本有没有意义？没有意义。我上课的时候有一个习惯，课文没有看，没有关系，我先讲，讲完之后，我们再来看课文。我会引导你去认识、理解概念、通则，按照九年一贯课纲的要求。因为我研究这方面，有这些概念，我知道怎么教，然后我们本身自己的历史、法治背景知识还蛮 OK 的。所以，我们能讲出教科书中所想表达的概念或理念。教材不是要让你记住，西元几年，发生了什么事，有什么人，而是发生这个事情，造成什么结果，为什么会这样发生。就像甲午战争，重要的是这个事件背后的东西，背后的东西更重要。比如，为什么会有这个战争，发动战争的目的在哪里？为什么日本要占领台湾？教科书上，不可能去呈现这些内容，但我们可以通过课文的讲述，讨论，让学生了解历史脉络。

5.10 研究者：我想确认下，您刚刚讲的不到 10% 的合格率指的是？

刘坤昌：是专门学这个科目的，社会教育系或者社会教育所毕业的。当然了，即使是这个学门毕业的，也不一定教得好，我也不敢说我教得很好，只是说，我们比较会按社会科本来应该采用的教学方式去教。但如果他非本学门毕业，但他通过自学，通过自己的努力，能够按照课程纲要精神去教的，也在这 10% 里面。

5.11 研究者：我觉得台湾教育有一个很奇怪的现象，中学的历史科，公民科考试没有论述题，只有选择题和填空题，也就是说，全部是客观题，都有标准答案。您怎么看这个问题呢？中学是这样，估计也会影响到小学社会科的教学。

刘坤昌：对，这也是台湾比较吊诡的地方，你刚刚说的死记硬背，应该说在中小学都很普遍。这就是导致学生没有思考能力，他没有一个分析的框架，他甚至从没自己独立做过理性的判断。去年反课纲，你问他反课纲反什么？反课纲哪里？我曾经问过反课纲的人，你们到底反什么？他说，我们当然不能就这样子被大陆吞了。课纲里面哪里有这个，你告诉我！我问你知道课纲里面改什么吗？他说不知道。那你抗议什么？还有去“立法院”的那些人（忍不住大笑），小朋友（指的是刘老师班上的学生）说，“哇！好帅哦！”我问小朋友，你觉得他哪里帅？小朋友说，他很敢抗议呀！我问你知道他抗议什么吗？中学生也是一样。他们都不知道自己在抗议什么。像法国都是考论述题、哲学题，我觉得这个比较好。这样的考试，可以把一些概念澄清，把一些深层的东西表达出来，可以培养独立思考，探究问题的能力。我们的考试，一就是一，二就是二。有些东西根本没有标准答案的。我举个例子：雍正皇帝到底是好人还是坏人？非黑即白，一个选民如果喜欢马英九，那马英九做的事情都是对的，如果觉得马英九是坏的，那么，他做的所有事情都是坏的。中考，大考，选择题，填空题都是有标准答案的，可是很多问题不是可以简单这样讲的。像九年一贯就是学美国学的，能力指标学到了，教材某种程度上编得也不错，但是在教的时候，就不行了。

5.12 研究者：从以上您的说法来看，社会科一个是不重视，一个是老师不会教。我觉得台湾教育有一个跟大陆很不一样的地方，就是教好教坏一个样。一个科目，不管语文，还是数学，你的学生学得很好，考得很好，你教得很好，并不能得到任何奖励，就是说没有对教师的评价机制或激励机制。您怎么看这个问题呢？

刘坤昌：不仅小学，中学也一样。你不能把学生分数公布出来，校长不知道学生的成绩，老师也不知道其他班的成绩。因为要保护学生的隐私跟他的一个尊严。这就另外会衍生一个问题，反正教好教坏一个样，老师没有责任，对老师没有影响。你会发现，老师那种尽心尽力的工作热情就慢慢被扼杀了。本来自己教得还不错，后来发现，别人这样做也可以，慢慢地，自己的水平也就下来了。社会科要教得好的话又特别难教，不像数学、英语。像跟我搭配的一个老师，他说很难教。为什么呢？小朋友提了一个问题：老师，日本为什么会发动甲午战争？为什么清朝打不赢？为什么割让台湾，不割让其他地方？这个社会科老师要教的，既然学生都已经问到了。那老师会不会去教这个？不会。因为书本上也没讲。小朋友也会问我，我就跟学生讲，这个问题比较复杂，我们找个时间比较多的时候来讨论。讨论的话，就会谈到所谓的“西化”，明治维新以后，它要找出口，它要找它力量的出口。清朝那时候气焰又非常嚣张，不自量力，又碰到一个“老婆婆”当家，她的思想又非常的保守，她对于西方的了解不够深，没有像恭亲王他们接受西方较多的知识。清朝腐朽落后，“老婆婆”不自量力，又是主战的，那当然就要打败仗。所以说，这个很难教，很难讲清楚。没有激励的机制，我就没必要费那么大的劲去教。

5.13 研究者：我们说“97 课纲”是在 2008 年出台的，书的正式出版和使用是在 2011 年。2008 年国民党上台执政，在编 97 版新书的这几年，国民党当局有没有干预教材的修改呢？我们知道国民党当局是比较“蓝”的，“亲中”的。

刘坤昌：国民党当局、“教育部”没有干预说要“本土化”或“中国化”，比如你说的中国大陆的内容多一点或者少一点的问题。虽然国民党上台了，但是那个“氛围”还在。去年（2015 年）的课纲微调运动主要是针对高中历史课本。高中课纲的微调，实际上很多并不涉及本土化或者中华意识的问题，比如慰安妇问题，那是客观存在的。

6. 欧用生教授访谈记录

访谈时间：2016 年 6 月 11 日 15：30—17：20

访谈地点：台北市和平东路二段 96 巷“三只猫头鹰”咖啡厅

整理时间：2016 年 6 月 13 日

受访者基本情况：1943 年生，台湾高雄人，台湾师范大学教育学博士，曾留学日本，曾任台北教育大学校长，教授。研究方向为课程史、小学社会科教材教法等。

6.1 研究者：您虽然没有直接参与 1975 年社会科课纲的起草，但是您那时候在社会科领域的研究已经获得学术界的认可，也发表了一些文章。您觉得 1975 年版社会科教科书有什么特点呢？

欧用生：我那时候其实已经参加了一些教科书的编写活动了。1975 版小学社会科课标起草小组成员都是台湾国民党当局任命的，12 本教科书的执笔者皆为屠炳春等三人。据我印象中，1975 年版社会科教科书是台湾史上意识形态最浓，叫嚣“反攻大陆”最多，“中国化”最强的一套教材，因为国民党当局感受到来自外部的冲击。比之前的 1952 年版，1962 年版，1968 年版更加“政治化”，更加强调要“反共复国”。联合国、美国、日本都不承认“中华民国”了，都抛弃台湾了。国民党就要加强对教科书的管控。

6.2 研究者：我在看教科书和文献的时候，发现九年一贯社会科讲中国的内容比以前的版本少了很多，在“国家认同”方面似乎凸显了“台湾”，为什么会这样，您怎么看这个问题呢？

欧用生：90年代，李登辉执政，在他执政中后期就显露出“台独”本质，开始推展“台湾主体性”教育。最显著的标志是在1993年版小学课程标准里，新增加一个科目，叫《乡土教学活动》，在初中增加一个科目，叫《认识台湾》。这两个科目对台湾教育的走向影响非常大，也是台湾教育本土化的显著表现。这个“本土化”实际上有它的政治意涵在里面。我们那时候编写乡土教材很积极，都没有想到这是要‘去中国化’，可是后来想想，1990年代台湾乡土教育热潮其实是‘九年一贯制’课程‘去中国化’前奏，李登辉没有明确提出要搞“台独”教育，但是乡土教育就是一种隐性的“台独”倾向的教育。

那时候我刚好在“板桥模式”的发源地——台湾省学校教师研习会，我当研习会的主任。《乡土教学活动》从一年级到六年级都有，其课程标准是我带头去做出来的。但老实讲，在做的过程中，我们（指教师研习会成员）心中并没有“台独”的念头。我们将这门课分为五个子科目：语文、历史、地理、自然和艺术。同时，初中增加一门《乡土艺术活动》，这样，初中跟台湾有关的就有两门课。

《乡土教学活动》课标1994年出台，1995年出教科书，从三年级开始使用。这是一个很大的影响，主政者虽然没有讲得很清楚，那时候有句口号，“立足乡土，拥抱台湾，面向世界”。那时候国民党也喜欢说“立足乡土，面向台湾，拥抱中国”，但是很多人就说要“拥抱世界”，不要只拥抱“中国”。那个时候（指1990年代中期），“中国”这个概念就有人想把它稀释掉。以上课程（《认识台湾》《乡土教学活动》《乡土艺术活动》）都是1993年版课纲（初中是1994版课纲）下的课程。这些推出“去中国化”比较明显的九年一贯课程的背景之一。

那么，为什么“九年一贯课程”会“去中国化”？“九年一贯”强调“学校本位”。“学校本位”的意涵应该说很多，可是大家都会把它窄化为以学校附近的素材来编书。比如，学校可以看到的树，学校可以看到的花花草草，或者是社区里面的庙，把视野放在学校、社区、乡镇，最多放到台湾。社区的历史、文化、艺术、民俗，比如有个学校，在台南兴化，那里有一个很有名的艺术家叫杨魁（音），那么，他们学校的“校本位”课程，就以杨魁作为一个主题。有的地方有民俗，比如“宋江阵”“歌仔戏”“台东炸寒单”等，“校本位”课程就以这些民俗为主题。课程就这样被“乡土”给占领了。“学校本位”通常被窄化为“地方本位”。这是“九年一贯课程”推出的背景。我觉得台湾的“九年一贯课程”，就是“披着羊皮的狼”，这是我写过的一篇文章的标题。那篇文章的观点是：很多理想都没有在“九年一贯课程”中实现，表面上看好像是“进步主义”，实施的时候却走样了。

李登辉末期开始暴露“台独”本质，他是有政治目的去推动“本土化”，逐步凸显“台湾主体性”。90 年代，台湾在推动乡土教材及“校本课程”的时候，陈水扁当台北市的市长[①]。他规定台北中学联考的题目要有一半以上取材于台湾。当然，出题的人不会仔细算有没有达到一半。这个规定是陈水扁正式的讲话，正规的指示。李登辉有明显的“台独”倾向，但他不敢直接讲教材要“去中国化”。大概在 90 年代中后期，台湾有七个县市是民进党执政，像宜兰、新竹、彰化、云林、屏东等一些比较落后地方。他们反对“国语”作为教材，反对“国语”作为主要的教学语言，在学校推“闽南语”教学，把“闽南语”列为正式的科目。所以，整个政治的气氛，还有教育的环境，已经剧烈地转变了。

到了 2000 年陈水扁上任“总统”，刚开始想要跟中国（大陆）妥协，但是后来觉得双方没办法磨合，2002 年喊出“一边一国”论。李登辉在任的时候就已经由蔡英文提出“两国论”。这是大环境，整个的政治气氛。所以，看待这个问题你可以从三个维度：政治的、历史的、课程的。

李登辉、陈水扁执政时期，他们间接地把教材中“台湾的部分”加重了，体现了“台湾主体”的史观。早期的小学社会科、中学历史科教科书，根本就没有台湾史的篇章，少数关于台湾的内容是散布到各个篇章去的。到了高中以后，就慢慢有《中国史》《台湾史》《世界史》，所占比例为 1∶1∶1。《中国史》是包括台湾史的《中国史》，也就是说，台湾部分超过三分之一了。《中国史》和《台湾史》有关联，但在李扁时期，特别是陈水扁的第二个任期，就完全把《台湾史》独立出来。那时候的“教育部长”杜正胜[②]是陈水扁“台独”政策最有力的执行者。他颁布了一个文件，叫“海洋教育与教科书用词检核计划”，里面规定教科书不能使用 5000 个词。比如，把清朝统治时期叫“清领时期（时代）”，一定要称“中国”，不能称“大陆”，把“明郑”改成“郑氏王朝”，郑成功，孙文都是外国人。这本书是给教科书编者的，要让他们遵守，指示他们在编书的时候不能用这些“不当词语”。这个属于行政规则，但一样有法律效力。陈水扁的末期，课纲的“台湾主体性”达到高峰。不过，杜正胜讲“台湾主体

① 陈水扁于 1994 年 12 月至 1998 年 12 月担任台北市长。

② 杜正胜于 2004 年至 2008 年任职台湾地区“教育部长”。

性”，还不敢直接讲“台湾独立”。

到了2008年5月，马英九上台。第一任“教育部长”叫郑瑞成[①]，他把杜正胜公布的高中2009历史和“国文”课纲搁置。马英九认为这种历史不行，台湾会完蛋。搁置后就用2006课纲，2006课纲他们也认为不是很好。郑瑞成只当了一年多的“部长”。到了吴清基[②]当“部长”的时候,2012年公布新的2012课纲。但是，这套课纲的主导者还是“台湾主体”的倡议者，统派的人比较少，发挥不了作用。负责人是一个是师大教授叫吴文星，一个叫黄秀政。这两个人都是研究台湾史比较多的，“独派”的；里面也有王晓波、张亚中，属于统派，但这两个人影响不大。所以，2012开始，马英九就把“课纲微调”的工作交给王晓波和张亚中。2014年1月公布，8月实施。吴清基政治上是比较中立的，所以，马英九第二任期内就把“教育部长”换成蒋伟宁。实际上，马英九在第一任末期就换掉了吴清基。蒋伟宁当了一年多“部长”，因为“九年一贯制”做得不好，就换掉了，换成吴思华，就是“反黑箱课纲”运动时的“教育部长”。

6.3 研究者：你们那时候没有觉得“九年一贯课程”社会科中讲中国的内容太少了吗？

欧用生：我们不觉得，也没有意识到这个问题。我们并没有想减少“中国”的内容，也没有想增加“台湾”的内容，可是后面编出来的书就是这样子。我事后的想法，课纲起草小组成员并没有意“去中国化”，可是“能力指标”体系中也没有规定用中国的素材或台湾的素材要学习、诠释某种“能力”，在当时的“社会氛围”下，“学校本位”，历史和政治环境的影响下，编书的老师们就地取材，“台湾化”也因此在教科书中凸显。

6.4 研究者：“九年一贯制”的“社会学习领域”教科书，从一年级到七年级基本都是讲台湾的，也就是说，他从小就没有“中国”的概念。另外，由于教材的原因，上课教师的原因，社会科课程又没有教给学生“社会科学家”的思维，比如理性、客观、全面等等，这样所谓的“天然独”就产生了。他们除了主张“台湾独立”，往往还伴随着“简单化思维”“不理性”的思想和行为特征。

欧用生：对。我觉得社会科教育最大的问题是要搞清楚社会科的本质是什

① 郑瑞成于2008年5月20日至2009年9月10日任职台湾地区“教育部长”。
② 吴清基于2009年9月10日至2012年2月6日任职台湾地区“教育部长”。

么？一定要培养一个“social being”，一定要培养一个有能力参与社会事务的人，即公民。这个公民一定要有非常雄厚的社会科学的背景。以社会科学的知识为材料为基础，然后培养有批判思考、价值澄清能力，能够解决问题、团结合作、关怀他人的成熟理性的公民。不仅要有 knowledge，而且要有 knowing，怎么获得知识。这个“过程”在台湾是没有的。以前国民党“党化教育”给你灌输一套，到了李扁时期，民进党“台湾史观”又给你灌输一套。从来没有告诉你“应该怎么思考”，“是怎么来的”。上次开研讨会，我讲到，如果我来上高中历史的第一课，我就拿“103 课纲微调”案让学生讨论。很多人就表示反对：这怎么可以，学生那么小，怎么懂得那些呢。我前几天从微信朋友圈看到法国的高考题，都是让学生自由发挥的论述题，主要还是哲学的。台湾的考试只有选择题和填空题，一道问答题或论述题都没有。为了阅卷方便。这样学生的思维就会简单化。台湾的教育把台湾的学生搞死了。

6.5 研究者：这样的教育模式，跟这几年台湾的学运是不是有关系呢？

欧用生：当然有关系。被“一元化”的思考给宰制了。我自己参与教改这么多年，我对台湾教育非常失望，白费了。政治干预太多，尤其台湾，八年就换一次政党。另外，台湾民间团体，民间的力量太强大，专家的意见往往遭受阻力，普通民众又不懂教育的先进理念。每个人都有声音，他的声音都会被听到。

6.6 研究者：这是少数人的声音，可能多数人还是比较中立的，但是这些中立的人又不发声，这样少数民众就“主导”了主流民意。

欧用生：台湾没有民主，只有民粹。台湾对世界了解太少，包括中国大陆。年轻人的“简单化思维”，这是台湾社会最大的问题。我年轻的时候，如果一个年轻人没有出台湾，是一件很羞耻的事情。我那时候多穷啊，还是争取去国外读书。不是说出国有多伟大，而是可以看看小岛之外怎么样，接触不同的人，接触不同的文化。我的同学有的到日本，有的到法国，有的到雅典……现在台湾的学生，不敢离开“舒适区”，这样一种心态。他们想，在台湾可以向家里伸手要钱，出去以后很辛苦。所以，台湾人视野就越来越小，在这岛上搞来搞去，争来争去。

6.7 研究者：有人认为李远哲和台湾的教改很有关系，甚至陈水扁时期的

“教育部长”都是李远哲推荐的，您怎么看这个问题呢？

欧用生：李远哲是挺扁的，记得陈水扁竞选的最后一天，李远哲出来为他站台。陈水扁时期的“教育部长”人选是李远哲推荐的。曾志朗跟李远哲走得很近，所以，李远哲推荐他担任陈水扁的第一任“教育部长”。他比较“中国化”，才当了一年多，陈水扁就把他换掉了。陈水扁主张要用台湾的拼音，原来用 26 个字母拼音，曾志朗比较开放的，他认为要用汉语拼音才能够跟世界接轨。这不合陈水扁的心意，就被陈水扁换掉了。第二任“部长”叫黄荣村，他倾向于“本土化”。最有特色的是当了四年的第三任“部长”杜正胜。有个当“国教院副院长”的朋友跟我讲，“微调课纲”引发民众抗议，学生闹事，国民党的官员都不敢负责任，推给“国家教育研究院”。可是杜正胜就不一样，他说过这样的话：你们去做，我来承担，我负责，需要的话，大不了我回“中央研究院”做历史研究，不做这个“教育部长”。他不遗余力地推动“台独”教育”，意识形态重到不行，所有的“部长”里面他最重。

6.8 研究者：台湾民间团体对教育改革和“去中国化”有什么样的影响？

欧用生：台湾是一个多元的社会，每个团体都会发声。台湾有句话，“爱拼才会赢”，有什么话，你不讲你就输了。几乎每个团体都会有他的政治意图，都会提出对教育的诉求。（非教育类的团体也会？）对。在台湾要成立一个团体很容易，31 张身份证就可以组一个党了。所有团体都希望能够通过强力发声左右政策，“政府”也会笼络他们，给你一些专案、经费。什么联盟，什么协会，什么团体，家长出来了，教师出来了，商人也出来了，都要对教育发声。现在有一些新住民，成立东南亚新住民什么协会，然后提出要推广新住民语言作为学校里的正式语言。他们通常都会找一个或几个“立委”，游说“立委”。台湾有很多客家人，他们也要分一杯羹，他们也组一个客家语协会，争取在学校里开课。相应地，也有“抢救华语文联盟”，开记者会，找“立委”提诉求，比如语文要增加分量和时间，文言文要增加。

早期最有名的团体是环境保护团体和女性平权团体。台湾中小学老师和学生每年有四个小时的研习，一个小时学习“女性主义”，一个小时“环保教育”，一个小时“人权教育”，一个小学“海洋教育”。“九年一贯制”课程“社会学习领域”有七大议题，六大领域，包括女性、环保、资讯等，这些某些人、某些团体透过协会（学会）、“立法委员”强力进入课程里面。听说一开始有三十几个议题要进去，后来因为内容太多，时数太少，消灭了大部分。比如有性别教育课程纲要，送到教材出版社去。有些议题没有编出教材，就希望你融入相关科目的教学，比如课纲里会讲，当社会科讲到这一部分的时候，这一点老师课堂上要融入。但是这个没有约束力，即使融入了老师也不会教。讲不好听一点，就是满足他们的虚荣心。但这足以说明社会团体对教育及课程的影响力。所以，民间团体也把教育瓜分得七零八落。这就是台湾的"众声喧哗"，"政府"不得不处理和对待这些来自民间的声音。

各种团体不断发声，为了回应民众的诉求，"教育部长"就一直换。不过，民意也不是真正的民意，是少数人在鼓噪而已。比如丁志仁的"振铎协会"，就他一个人而已。王立昇，台大教授，"国家联盟"就他一個人，还有"台湾教授协会"，也就几个教授，我也是台湾的教授，我就不在里面的。"台湾教授协会"非常偏激，不过正是偏激的人才会拿到麦克风。台湾的民意被少数人所左右。所以，所谓的民间团体就是利益团体，是小众的，不能代表大多数人的意见。这些少数人很会造势，让你非接受不可他们的理念和诉求不可。中产阶级和大多数人是沉默的，真正的公民力量没有。"政府"很容易受到这些少数人和团体的影响。

台湾放开"党禁""报禁"，都很快，"蹦"一下就民主化了。我们都没想到那么快就可以自己选"总统"。

6.9 研究者：不管怎么，台湾小学社会科教科书的编写花了很多时间、精力、财力，具体教学情况怎么样？

欧用生：不怎么样，关键还是要落实到课堂，可以很多老师就是念课文而已。台湾大部分都是导师教"国语"和"社会"。社会科老师被认为没有什么专长，"配课"比较多。数学系毕业也不一定教数学，他可能会被"配课"教社会科。小学老师一周要教 14 节课，假如我是"国文"老师，我教了 6 节的"国文"，还缺 8 节怎么办？剩下的肯定会被"配课"。配"社会科""美劳""综合活动"的比较多。教科书可以编得很好，但教好很难，特别是社会科。

7. 秦葆琦副研究员访谈记录

访谈时间：2016 年 6 月 4 日 13：00—16：00

访谈地点：台北"国家教育研究院"六楼某会议室

整理时间：2016年6月5日

受访人基本情况：1951年生，女，祖籍江苏嘉定，美国亚利桑那大学教育学硕士，曾任台湾“国民教师研习会”研究员，现任“国家教育研究院”副研究员，1993年版社会科课程标准起草小组成员。

7.1 研究者：1993年课纲起草小组成员由谁来推荐和任命呢？

秦葆琦：先由“教育部”官员任命召集人，再由召集人根据各学科的需求，拟出一份名单，初拟名单的人数会比较多。由“教育部部长”从初拟名单中勾选，成立正式的课纲起草小组。当时是教师研习会主任吴清基去请黄炳煌来担任我们的召集人。1993年版，先是黄炳煌当主任，后来是欧用生。对于这两个召集人，“教育部”都没有什么意见。

7.2 研究者：当时的李登辉“总统”、“行政院”及负责人、“教育部”及负责人会不会对课纲的起草有所干预，比如有什么正式的文件、政策，或者非正式的讲话，暗示等？

秦葆琦：现在想来是没有的，如果有的话，应该是间接的，比如李登辉的“本土化”政策。这些官员对当时的社会思潮会有一些影响，然后社会思潮，大环境，可能潜移默化地会对课纲小组召集人和委员产生影响。可能有，但没办法考证。

其实，“立法院”的影响可能更大一些。在90年代，民进党的人数虽少，但呈现越来越多的态势。而且，民进党，后来被称为“绿营”，他们很善于发表意见，攻击官员，霸占主席台，丢麦克风，他们很会这一套，手段非常激烈，以至于媒体上经常报道他们的诉求，无形中，对大众产生了非常大的影响。一个民进党“立委”的能量，顶得上好几个国民党“立委”。“一纲多本”就是民进党提出来的，相关条例在“立法院”获得通过。民进党的活动也促进了《认识台湾》教材的出版。90年代的教育改革，“立法院”的作用比“行政院”要大，你不做这件事，我就把你的经费停了。

1993年版教科书，我觉得影响最大的是解严。1987年，蒋经国宣布解严，两岸开放，可以探亲，那么就不会那么敌对了。1975年版教科书就把对岸称作“共匪”，1993年版就不会再讲“反攻大陆”了。这对整个课程的走向，有很大的影响。教科书就用平实的语言，去描述两岸关系。从敌对到交流，这绝对是影响1993年课纲的一个最大的因素。社会大环境改变了，比如民主化，开放党禁、报禁，那么大家就会要求改变过去那种过于政治化的课程。

7.3 研究者：1993年版课标起草的时候，有没有民间团体介入，施加影响呢？

秦葆琦：在1993年版课纲起草的时候，也就是1990年到1993年的那段时间，民间团体对社会科课纲起草的影响基本没有，还是专家在起主导的作用。实际上，1993年课纲是建立在板桥模式基础上的，而板桥实验教材已经实验了很多年。"410教改大游行"是1993课纲实行以后的，对九年一贯的影响会大一些。

民间力量的崛起对后来的课程改革影响蛮大的。就在1994年，"立法院"要求"国立"编译馆不可以编统一教材，经费被停掉了，同时放开民间编教材。这个对1993年课纲没有影响，但对"九年一贯"影响很大。实际上，就是因为民进党和民间力量的运作，"九年一贯"才会那么早出来。

7.4 研究者：1993年版"国立"编译馆的教科书"去政治化"比较明显，这个我想跟你们的理念有关系吧？

秦葆琦："去政治化"跟刚刚讲的开放党禁、报禁，政治民主化，还有就是我们这些人不偏国民党，也不偏民进党，我们就希望教科书不要受政治太多的影响。一个政党上台，教科书就要重写，这个很浪费国家资源。所以，我们尽量秉持政治中立，去掉了很多1975年版太政治化、太说教的东西。关于大陆和台湾的对立，我们都没怎么写。

7.5 研究者：当时关于教育的社会思潮是怎么样的？

秦葆琦：我印象比较深刻的是那时候关于《认识台湾》的争议，特别是其中的社会篇和历史篇。比如"日据"变成了"日治"，"光复"变成了"终占"，"明郑时期"变成"郑氏王朝"。所谓"明郑"，那就是奉明正朔，承认台湾和大陆有紧密的联系。民进党就希望是"郑氏王朝"，因为他们要"去中国化"。这样，1993年版的教材就发生了一些变化，"日据"变成了"日治"。这就凸显了台湾的"主体性"。我们1993年版还有相当多中国的内容，可是现在九年一贯制的教材，就完全地"去中国化"了，教导出这帮学生……现在年轻人就觉得中国大陆跟台湾一点关系都没有，很糟糕。

还有一个“410的教改大游行”，当然这个对小学的影响是比较小的。不过他影响到一个东西，就是欧用生老师带领我们做的“乡土教学活动”。90年代中期，兴起一股乡土教育的热潮，包括自然、社会、艺术、语文等，都有乡土教育的科目，各县市都推出这样的科目和活动，社会科是本土教学的一块。乡土教材很多都是社会科的老师去编的。大概1993年、1994年出课纲，1998年的三年级正式使用，用到九年一贯制教材替换所有旧教材，大概用到2003.2004年，后来就归入社会学习领域了。

虽然这个乡土教学活动结束了，但是会影响到九年一贯课纲及教材的编写，比如，九年一贯就列入了“本土语言”的教学要求，九年一贯的“本土化”就顺理成章了。本来是乡土教学活动，后来就进入正式的课程。“国语文”里面有个“本土语言”，比如闽南话、客家话、“原住民语”等。

7.6 研究者：1993年课纲出台不久就放开民间出版社出版教材了，也即“一纲多本”了，那么在九年一贯制之前的“1993年版课纲”，“国立”编译馆的市场占有率怎么样？

秦葆琦：一开始很不错，毕竟是老牌教材出版社，教材都是在实验了多年的“板桥模式”基础上精心编写的。但“国立”编译馆对市场反应比较迟钝，民间出版社售后服务做得比较好，比如他们会配送教具。这时候的社会科出版社有五家，翰林、康轩、南一、新学友、光复等。1993年版早期“国立”编译馆也有两三成，到了五年级就突然下降了。九年一贯制之后，“国立”编译馆就没有了。康轩十几年来的市场占有率都比较高，特别是早期的几年是第一位的。南一、翰林也不错。后来民间版本都趋同了，互相学习。台湾就那么一点点，也养不了太多的版本，现在主要是康轩、翰林、南一“三分天下”。

7.7 研究者：有受访老师说，小学社会科中中国的内容变少了，是因为移到初中了，您怎么看呢？

秦葆琦：现在初中讲中国大陆的也才一年，以前是两年。现在小学和初中讲中国的都变少了很多，这样说，我觉得是在推卸责任。

7.8 研究者：我觉得“去中国化”跟“台湾主体意识”的崛起是有关系的，那么“台湾主体意识”为什么会崛起呢？

秦葆琦：在日本时代，他们本身是受压迫的，在“国民党政府迁台”后，推行“国语”，不让说闽南语、客语，也受到很多不公平待遇。压得越紧，反弹越大。老是这样任人宰割，慢慢就生发出“台湾意识”。

7.9 研究者：课纲里的能力指标并没有说中国或台湾，但为什么教科书就都是台湾的呢？

秦葆琦：那就是因为“台湾意识”、乡土教育意识起来的影响。乡土教学活动的教材用到 2003 或者 2004 年（六年级）。这个教材总共用了四五年的时间，后来归入九年一贯的社会学习领域了。重视乡土教育的氛围，就影响了九年一贯教材的编写。九年一贯就觉得把台湾学好就好了，然后就是全球，世界。中国就跳过去了。基本没有。

8. 王大修副教授访谈记录

访谈时间：2016 年 5 月 31 日 9：00——10：30

访谈地点：台北教育大楼至善楼 819 办公室

整理时间：2016 年 6 月 1 日

受访人基本情况：1955 年生人，美国佐治亚大学社会学博士，1992 年回台，从 1999 年起参加九年一贯课纲起草工作，时任台北教育大学副教授。

8.1 研究者：您是哪一年进入九年一贯制课纲社会科课纲起草小组的？

王大修：我记得是 1999 年。实际上更早两年就开始研究了。我参与起草和修订的。修订的话，是在大概两年之后吧。修订还是我们原先的那些人，就是针对教科书编写过程中发现的一些问题，尤其是能力指标解读方面的问题。在 1998 年，1999 年就已经开始在做研究。做了差不多两年研究的时候，“政府”才要我们做九年一贯课纲。

8.2 研究者：我初步翻了这三个时期的教材，1975 年版、1993 年版，还有最新的九年一贯制教科书，发现两个问题，就是三个时期的变迁呈现“本土化”，“去政治化”的特点，“本土化”说得直接一点，就是“去中国化”。您经历了两个时期，1993 年版和九年一贯制课纲的修订和起草工作，能否谈谈这个问题，就是教科书有没有“去中国化”，是如何“去中国化”的？

王大修："去中国化"或者说"本土化"，课纲和教科书是因还是果呢？实际上，它是社会环境变化的"果"。最近发展的"微调课纲"，民进党上台，这个课纲停下来，实际上这就是"果"，"因"的话就是政治权力的介入。我个人认为，政治团体发声的大小，他们的影响，要远远大过学科专家对知识、对教科书编写的坚持。

8.3 研究者：那时候你们在做九年一贯课纲的时候，据说也受到很多方面的影响和压力？

王大修：是的，这个黄炳煌最清楚，他直接承受来自社会的压力，所谓的"乡土"这一部分。关于社会压力，丁志仁应该比较清楚，因为他一直在"教育部"担任类似于顾问的工作，本身还是民间团体的代表。大部分小组成员政治倾向也不是很明显，不明显指的是，有些人会把学术研究跟个人政治倾向分开，有些人就不容易分开。当然，我们尽量要求学术中立，但肯定也没办法完全做到。我个人觉得，我们那时候还好，政治倾向影响到课纲的，还不强烈。但是，那时候的社会氛围，"乡土教材"兴起的背景要搞清楚，这个很重要。那时候是国民党节节败退的开始（指的是 2000 年前后）。90 年代早期，民进党如果能赢得一个县市的选举，已经很了不得了。那是一个政治气氛。李登辉虽然是国民党，他在 90 年代早期，政治倾向还不是很明显，但民进党在"立法院"，在地方县市，影响越来越大。民进党在"立法院"，人数越来越多，虽然仍是少数，但声音很大，他们很善于发表意见，吸引媒体的注意。在民进党"立法委员"的攻击之下，被质询官员往往毫无招架之力。"立法院"的辩论上了电视，很容易就会影响到普通民众和社会氛围。我觉得这是一个关键。李登辉虽然是国民党，但是，他私底下一直在支持民进党，这个现在大家都知道了。李登辉一开始是"一中"的，为了站稳自己的地位。但后来站稳地位后，他就抛弃"一中"的立场了。这实际上是一种政治和社会气氛，会影响到后续的教育改革。教育是慢慢反映出政治和文化的改变的。

8.4 研究者：在 90 年代的时候，台湾的民间团体、压力集团，对政策的制定，当然也包括教育政策，社会科课纲的制定起了很大的作用，那么您能否谈谈这方面的情况，有没有对你们产生影响呢？

王大修：那时候民间团体确实很多，很活跃，教育问题也是他们关注的焦点。“台湾教授协会”应该是你研究中非常重要的一个对象。他们强调“中华民国仅限于台澎金马”。但是，后来国民党也开始务实了，仅限于这一部分，不会在教科书里谈“反攻大陆”了。务实的结果就是，慢慢地仅剩下台湾了，而不是原来的“图”。“台湾教授协会”不是所有台湾教授的团体，它是一些特别强调“台湾主体性”的人组成的，意识形态色彩很浓的一个团体。在早些时候，民进党及民进党在各县市的力量还不是很强的时候，它是一个强而有力的一个团体。一般来说，教授都会比较理性温和，他们一点都不温和。他们很敢于在公开的场合表达自己的政治立场，要影响教育或行政部门。这是很勇敢很大胆的一群人，一般的台湾教授就显得比较温和。他们那时候的言论很激进，但现在台湾社会的主流看法就是这样，也就是说他们那时候的观点，现在已经被大部分台湾老百姓接受了。他们没有直接参加课纲小组，只是有一次审查会议的时候，请他们参加了一次会议。但是，我们不可能接受那么激进的观点，而且他们的表达方式也不太令人喜欢。我那时候刚从美国回来，觉得他们不像是谈学问的那种，我个人也接受不了。这些教授为什么这么激烈，我想他们以前可能受到国民党的迫害，比如说是“二二八事件”受害者家属。“台湾教授协会”不是一个中性的大学教授的团体，它很小众，但影响力很大。在20年前，“台湾教授协会”就有那么一种在那时看来非常超前的意识和主张。民进党强大之后，“台湾教授协会”的影响力就小了些，可能是因为资源分散了，后来各个县市，各个团体都崛起了。但在一开始的时候，90年代，他们人数虽少，但敢于发声，会发声，声音很大，当然也影响到九年一贯课纲的制定。

8.5 研究者：我想了解下，你们这个课纲起草和修订小组，有八个人，是怎么产生的呢？

王大修：我记得是由黄炳煌提出建议聘用名单，二倍或三倍的名单，然后名单交给“教育部”，“教育部”里面可能是由“部长”铨选。那时候的“部长”（1998年，1999年）是林清江，非常努力，非常敬业，后来得了癌症死掉，非常可惜。

8.6 研究者：“教育部”或“教育部长”，像刚刚说的林清江，有没有干预课纲的起草或修订呢？

王大修：林清江没有“台湾主体”的倾向，也没有强烈的“一中”的倾向，他就是一个很温文尔雅的教育学者。基本上，90年代的几位“教育部长”，他们都是国民党，都不会干预课纲的具体操作。我记得“台湾教授协会”对这个课纲不满，就去攻击吴京。吴京是接续郭为藩的“部长”，他本身对课纲是没有任何影响的，因为那时候课纲已经完成了。我主要是参加1997年到1999年的课纲起草工作。吴京是1996年到1998年的“教育部长”。那时候如果“台湾教授协会”要攻击的话，一定是现任的“教育部长”吴京。吴京个性是比较直的，可能跟教授协会有所冲突。不过，我认为“教育部长”个人对课纲的影响力很小。专家小组报上来的，他基本上就勾了。

8.7 研究者:“教育部”往上是“行政院”和“总统”，那时候的“总统”是李登辉，“行政院长”是连战，他们对这个课纲有没有影响呢？

王大修：不管是李登辉还是“行政院”，我觉得没有影响，如果有的话，也是非常宏观的，非常间接的，这就没办法讲了。他们不可能管这么细的问题的。

8.8 研究者：执笔主要是一线老师，那么初稿完成之后，你们会改动吗？改动多不多呢？

王大修：其他出版社我不知道，我南一（出版社）是请了几位学科专家作为咨询委员，设计完之后再请小学老师来撰写，撰写完之后再由大会再来讨论，你要说对老师们初稿的改变，我觉得主要在教学策略上。比如说，你现在要介绍泉州，那么泉州位置在哪里？这是一种直述的方式，那还可以用历史的方式，以前怎么样，现在怎么样。你可以用不同的方式，介绍泉州，让学生知道泉州。以前小学老师一般用直接的方式，现在我们比较倾向于用其他的方式，比如说故事的方式。这就是不同的理念。有些老师就会反对，说这样实物的介绍不够，双方就在这样的交流中，妥协，修正，打折。但是后来发现，越是西方理念编出来的教材卖得越不好。越是中规中矩的教材卖得越好。为什么呢？好教呀。因为选教材的是老师呀，老师能决定买哪个出版社的教材，买什么样的教材。他教的方便，你新的东西，他不知道怎么教。

8.9 研究者：我们知道教材的编写，专家们、老师们花了大量的时间和精力，可谓用心良苦，可是在实际教的时候怎么样呢？

王大修：教育是百年树人，不是说课纲编好了，教材编好了，就能一下改变多少，进步多少，我想可能要20年才能看到变化。其实，教材编好后，教师的研习也很重要。比如说，你怎么解读这个课纲，课纲本身内容不多的，你怎么理解呢？你告诉他这个能力指标，接下来有这个教学目标，然后有这个教学流程，在研习的时候，他只是坐在那边玩手机，他根本就没听进去，他还是习惯于告诉学生标准答案，特别是像小学社会科这种非主科的文科。他不听，只要时间够了拿到研习证书就好了。

8.10 研究者：就是说，新课纲，新教材出来后，你们对教师是有培训的？

王大修：对的，我们叫教师研习，那时候有教师研习会，在三峡（台湾），后来叫“国家教育研究院”。我们有几种培训。一种是研习会培训一些优秀的老师，这些老师当作种子，分配到各个县市去。另外，也有各个县市的教育局提供经费给老师来研习。我们那个时候叫社会领域的辅导群，就是优秀社会学习领域的老师集中起来，形成一个辅导群，研究怎么培训老师。但是，尽管我是参与者，我觉得那个培训的效果很不好。首先，社会科不是主科，很多老师不是社会科教育专业出来的，往往是被“配课”的老师。他上课就是上语文的方式，念课文。另外，社会科本身是很难教的，不像数学学演算，语文识字、阅读、背诵。有个老师说，教科书80多页，我十天就让学生念完了，接下来我教什么。在升学中，社会科并不重要，学生、家长也就不重视，社会科在学校教育中的地位是很低的。但是我们懂社会科的人知道社会科的重要性。

8.11 研究者：我也听说，在台湾，你教得好与不好，对老师的待遇好像没有什么影响？

王大修：一点影响都没有。一般情况下，一个班教得好不好，校长不知道，各个老师之间也不知道。或者也可能知道，你教得好的话，反而会有压力。比如，小孩子或家长就会说，隔壁班都有“户外教学”，隔壁班怎么样，我们班没有，这样隔壁班的“户外教学”，或者其他教育探索可能就搞不下去了。学校没有给你多发工资，你为什么教得那么好？我们搞纸笔测验，你做“智力闯关”，那么老师就会有压力，你为什么跟我们不一样！那么，在开年级会的时候，有的老师就会提出来，我们所有的评量，教法都应该一致，你不可以特立独行。

9. 章五奇博士访谈记录

访谈时间：2016 年 6 月 18 日

访谈地点：新北市新店安坑小学某教室

整理时间：2016 年 6 月 20 日

受访人基本情况：女，台北教育大学教育学博士，从事小学社会科教学 20 多年，多次参与编写九年一贯课程康轩版社会科教科书。

9.1 研究者：您是什么时候开始参编教科书的，在哪个出版社呢？

章五奇：我应该属于最早的那一批，大概 2000 年就开始参编社会科教科书了，在康轩文教出版社。做了几年就没有参加了，因为我后来读了教育学的博士，没那么多时间了。

9.2 研究者：教科书的执笔老师是如何产生的呢？以前统编本可能是“国立”编译馆决定的，现在呢？

章五奇：执笔老师一般来讲是由出版社编辑决定的，比如康轩出版社的社会科教科书，社会组的陈美燕就有很大的决定权。当然，她也有自己推荐的路径或方式。课纲起草小组成员的教授也会推荐自己的学生。

9.3 研究者：2001 年新的教科书就出来了，后来的修订版和最初的版本差异大不大呢？

章五奇：差异其实不大，知识、素材差不多，但结构会调整，比如五年级（下）的内容可能明年就调到五年级（上）。出版社会听取任课教师的意见，看怎样的编排会比较有利于教学。还有一个变化也比较明显，就是内容会增多，书本变得越来越厚。出版社为了赢得市场，它发现其他出版社出现了好的东西，卖得比较好，就会拿过来借鉴。书本会越来越多需要解释的概念和知识点，越来越变成以知识为中心的教科书。各版教科书互相参照，互相模仿，越来越趋同。有的专家说，现在的教科书又回到“一纲一本”了。

9.4 研究者：实行“一纲多本”之后，市场上一下子出现了很多版本的教科书，如何选择呢？比如说由谁来选呢？校长、家长、教师？还是其他人来选呢？

章五奇：台湾现在教科书有很多民间版本，选哪一个版本，这完全由任课老师自己决定的。校长和“政府”一般不会干预，但老师之间会协商，很少会出现同一个学校同一个年级使用多种版本教科书的情况。不过，今年选用这个版本的教科书，明天就有可能选择另外一个版本教科书。特别是像社会科这种比较不像语文、数学那样重要的科目。

9.5 研究者：你们选择哪一个版本，主要考虑会哪些因素呢？

章五奇：出版社会有不少营销手段，比如说送教具，有点出版社就送得比较多，像原来的“国立”编译馆就不会送。另外，我们也会考虑哪个版本的教材会比较好教。

9.6 研究者：就社会科这一门来讲，你们是如何评价学生的呢？如果考试的话，大概是一个什么样的情况呢？

章五奇：关于评量，我们主要还是纸笔。我出题会出一些需要思考的题目，开放性的题目，大部分老师就会以选择题和是非题为主，可以从书本上找到答案。

9.7 研究者：学生的考试成绩重要吗？会公布吗？老师之间会有比较吗？比如说，这一次某一个班可能会考得比较好。如何评价老师的教学效果呢？

章五奇：学生的分数是不公布的，老师互相之间也不知道自己的学生考得怎么样，教得好不好，都不知道的。不过，校长会“巡堂”，我们也有比较正式的教学观摩。

9.8 研究者：这样的话，老师教好教坏一个样？怎么评价老师呢？比如有职称晋升或者其他奖惩方式吗？

章五奇：我们没有像大陆那样的职称制度，初级、中级、高级什么的。我们都一样的，假设这个老师自主性比较强，他就会去吸收更多好的教学方式，可以教得很好。但是我们没有考评，没有自我要求的老师就会越教越差。待遇主要跟老师的任职时间和学历有关系。

9.9 研究者：这样的话，老师的压力其实是很小的，那么是不是学生的压力也会因此减轻呢？大陆一直有学生学习压力过重的问题。

章五奇：应该说，来自学校和老师的压力是很小的。但是补习班，我们也叫“安亲班”。很多家长晚上要加班到很晚，有不少小孩子下午下课后就去补习班，那边的老师会带他们做一些活动，布置作业，让学生做作业，也有晚餐给他们吃。他们的很多压力来自于补习机构。另外，我们不可能体罚学生，“安亲班”就可以体罚学生，这个大概家长是同意的。

10. 詹志禹教授访谈记录

访谈时间：2016 年 5 月 27 日 15：00——16：30

访谈地点：台北台湾政治大学詹志禹教授办公室

整理时间：2016 年 5 月 28 日

受访者基本情况：1959 年生人，美国某大学教育学博士，“九年一贯社会学习领域纲要”起草小组副召集人，“九年一贯社会学习领域纲要”起草小组召集人黄炳煌的学生。

10.1 研究者：您能否介绍一下“九年一贯制”社会科课纲起草小组成员的基本情况呢？

詹志禹：当时“社会学习领域”课纲起草小组的召集人是黄炳煌，我是副召集人。成员有王大修，也是留美博士，负责小学社会科；彭明辉是初中历史的；丁志仁，来自民间的“振铎学会”，教育改革的活跃人士；陈丽华负责小学，她是台北市立教育大学的教授，现任淡江大学教育学院院长；马凯也是来自民间，经济学家，中华经济研究院的负责人；邓国雄，负责小学社会的，当时是台北市立教育大学的教授，当过大学的校长，现在已经退休了。大部分都比较年轻，三十多岁、四十多岁的比较多。

10.2 研究者：黄炳煌先生是召集人，我想问一下，黄教授在主持这个课纲起草的时候秉持什么理念呢？

詹志禹：黄炳煌的理念是比较开放的，他主张小学和初中贯通，公民、历史、地理、经济各科统整，政治不能干预教育的独立性；要重视学生独立思考能力的培养；要做课程发展而不是课程编制；主张课纲起草小组成员应该有广泛的代表性，维护不同力量之间的平衡。政府当然想更多地影响教育，但黄炳煌老师强调教育要中立，在各种力量之间平衡和妥协，政治议题要尽量采取模糊的方式处理。解严之后，不仅政治多元化，出现多个反对党，媒体也在多元化，发出不同的声音，我们更多地借鉴了美国的经验。

10.3 研究者：我在翻看 1975 年版和 1993 年版教科书的时候，发现很多篇幅在讲“中国”和“中华民国”，但是新教材似乎这方面的内容少了很多，我想问一下，我们在编教科书的时候是如何处理“中国化”和“本土化”的关系问题呢?

詹志禹：这个问题不是我们能解决的，因为这涉及“国家认同”，涉及宪法修改，你不管提什么方案，都有人反对。这实际上是“国会”层面的问题，“国会”如果没有解决这个问题，我们只能以模糊的方式处理。“国会”不能解决的问题不能由我们课纲起草小组来解决。其实，在李登辉执政后期，就已经有《认识台湾》这门课程了，增加了很多台湾本土的分量。这是一种趋势，在后来的九年一贯社会科里，自然地，台湾的分量也会多一些，中国的分量会少一些。像早期版本，我在读中小学的时候，中国大陆是一个省读一课，35 个省就要读 35 课。

10.4 研究者：教科书讲台湾的内容增加，我想可能跟课纲也有关系，那么，你们在起草课纲时，增加台湾的分量，是基于什么考虑呢?

詹志禹：在“九年一贯制”课纲起草过程中，我们首次采用了“能力指标”。如果说关于台湾的分量增加，就代表着我们对台湾某些方面的“能力指标”会增加。比如说对台湾的认识、感受等，要比较深入，比较多。这通常都要透过指标的要求体现。对台湾认识的要求相关指标增多了，教科书中关于台湾的内容才会增加。可是，我们的“能力指标”并没有增加这方面的内容。

10.5 研究者：您刚刚讲黄炳煌老师，还有其他老师都是主张教科书编写要“政治中立”，但是相比之前的版本，应该说“九年一贯制”社会科教科书里讲台湾的内容多了不少，甚至可能从“中国化”走向“台湾化”，那么这个政治倾向是不是发生了某种变化呢?

詹志禹：这个实际上是很难判断的，我们起草课纲时并没有意识到这个问题。早期版本很“中国化”，讲太多中国的东西了，所以我们调整也很正常。不过，要经过一段时间，我们才能知道，我们是不是走过度了，是不是要往回

“摆荡”一点。这就像美国的两党制一样，民主党和共和党轮流执政，左右摇摆，实现“动态式”的平衡。所以说，刚开始是很难判断的。台湾的“统独”政治势力的消长，从陈水扁到马英九，到蔡英文，有点像美国的民主党和共和党一样，左右摇摆。所以，教育也会随政治、时代的变化有所摇摆。

10.6 研究者：您刚刚讲到政治对教育的影响，那么我想问，我们可不可以从已有文献或者从领导人的讲话中，找到台湾政治影响教科书统“独”立场的“蛛丝马迹”呢？

詹志禹：我印象中是没有，一般统治者，包括“部长”或“部长”以上官员，会避免直接下达指令，告诉我们会怎么样一点。就我参加的“九年一贯制”社会科课纲编写来说，“教育部”很少发指示。

10.7 研究者：我们知道，李远哲是 20 世纪 90 年代中后期台湾教改的总负责人，他不属于“政府”官员，他对“九年一贯制”课纲又起了什么作用呢？特别是在教科书的“国家认同”方面？

詹志禹：李远哲不涉及具体政策，他提出的政策比较宏观，比如广设“高中”和“大学”，增加普通高中，减少职业高中，大学要增加，教学要民主化，教授治校，教师参与校务管理，教育民主化。不过，他的教育民主指的是高等教育，要多听不同专业人士的意见。他的“教授治校”指的是大学不要仅仅由行政系统来作决策，学术专业的影响力要发挥作用。在中小课纲和教材编写方面，李远哲没有涉及，毕竟他是搞理科的，宏观方面的教改设计师，也不是这方面的专家。应该讲，课纲的起草这一块，专家还是起主要作用的。

10.8 研究者：那么除了“教育部”，来自民间的呢？您刚刚说课纲起草小组里有几位是来自民间的。

詹志禹：我觉得来自民间压力团体的影响远比“教育部”的多。比如两性平权的，法治教育的，主妇联盟的，环境保护的团体，他们都关心教育包括教科书的编写。这些团体的诉求都要反映在教科书里，但是教科书篇幅总量就那么多，可能也就挤压了“中国化”，包括一些原来国民党意识形态的东西。那时候，有一个“台湾教授协会”，现在也还有，是一个很偏激的、主张“台独”的组织，他们就要求教科书里要写明“中华民国限于台澎金马”，但这个我们接受不了，这个是要“修宪”的。还有丁志仁的“振铎学会”，他们很善于游说“立法院”的“立委”。民间团体通过写信、私人关系、参与公听会、游行、上电视台等途径，影响“立委”和“教育部”的决策。

10.9 研究者：我觉得这是你们当时统整理念的体现，是不是可以说一“统整”，“中国化”的内容就少了？

詹志禹：是的，本来历史、地理、公民都会讲中国，现在合并了就会少很多。“统整”也是“中国化”内容减少的因素之一。但是，最重要的还是“本土化意识”的崛起。因为之前就有《认识台湾》的课程，那这之后的“九年一贯制”的“社会学习领域要能够把《认识台湾》那些内容整合进去，不然可能很多人会有意见。当时有一股批判的声浪：很多人说，台湾的教育把台湾人教得对自己周遭的情况没什么认识，对自己的社区、家乡、本土的东西都不知道，都没有认识，反而对非常遥远的地方很熟悉。说实在，台湾学生能到大陆的也没几个。当时，这个批评的声浪还是蛮大的。

附录三 受访人基本情况汇总表

姓名	性别	出生年	职称（务）	籍贯	专业	供职单位	学历学位
陈丽华	女	1960年	教授（曾任院长）	台湾	教育	淡江大学	台湾师范大学博士
陈美燕	女	1977年	社会组长	台湾	民族学	康轩文教	台湾政治大学大学毕业
邓毓浩	男	1951年	副教授	广西	法学	台师大	台湾师范大学博士
丁志仁	男	1961年	振铎学会会长	台湾	物理	无	台湾师范大学大学毕业
刘坤昌	男	1971年	无	台湾	教育	中山“国小”	台北市立教育大学硕士
欧用生	男	1943年	教授（曾任校长）	高雄	教育	台北教大	台湾师范大学博士
秦葆琦	女	1951年	副研究员	江苏	教育	“国教院”	美国亚利桑那大学硕士
王大修	男	1955年	副教授	台湾	社会	台北教大	美国佐治亚大学博士
章五奇	女	1968年	无	台湾	教育	安坑“国小”	台北教育大学博士
詹志禹	男	1959年	教授（曾任院长）	台湾	教育	台政大	美国德州大学奥斯汀分校教育心理学博士

附录四　九年一贯社会学习领域课纲起草委员基本情况汇总表

姓名	性别	出生年份	职称	籍贯	学科	学位
黄炳煌（召集人）	男	1930 年	教授	台湾	教育	美国哥伦比亚大学教育学博士
詹志禹（副召集人）	男	1959 年	副教授	台湾	教育	美国德州大学奥斯汀分校教育心理学博士
陈丽华	女	1960 年	副教授	台湾	教育	台湾师范大学教育学博士
王大修	男	1955 年	副教授	台湾	社会	美国佐治亚大学社会学博士
丁志仁	男	1961 年	无	外省	物理	台湾师范大学生物系毕业
邓国雄	男	1940 年	教授	台湾	地理	台湾师范大学地理系毕业
马凯	男	1944 年	研究员	外省	经济	美国爱荷华大学经济学博士
彭明辉	男	1957 年	副教授	台湾	历史	台湾政治大学历史学博士
周愫娴	女	1965 年	副教授	外省	社会	美国纽约州立大学博士
周淑卿	女	1965 年	副教授	台湾	教育	台湾师范大学教育学博士
邓毓浩	男	1951 年	副教授	广西	法学	台湾师范大学法学博士

附录五　台湾 1975 年版四年级至六年级社会科教科书目录

第七册　台湾与大陆

一、美丽的宝岛

1. 台湾——复兴的基地

2. 在玉山顶上眺望

3. 欣欣向荣的宝岛

4. “反攻”的前哨——金门、马祖

二、追寻我们的根

1. 金门怀古

2. 夷洲、琉球和台湾

3. 一个姓的故事

4. 我们都从大陆来

三、多少台湾旧事

1. 三百年来的台湾

2. 沈葆桢功在台湾

3. 刘铭传治台新政

4. 爱国史学家连横

四、光复台湾的两位伟人

1. 先“总统”蒋公光复台湾

2. 国民革命与台湾

3. 郑成功光复台湾

4. 台湾是我国海上的堡垒

第八册 “建国与复国”

一、大有为的“政府”

1. 土地改革

2. 地方自治

3. 十项建设

4. 农工业并重的经济

二、安和乐利的社会

1. 丰衣足食的生活

2. 住有屋 行有车

3. 公平的教育机会

4. 丰富的精神食粮

三、健康怡悦的生活

1. 一个健康的人生

2. 一个和谐的家庭

3. 生活的情趣

4. 多么美好的日子

四、“复国大业”的完成

1. 两种不同的生活

2. 日落北京城

3. 怒海求生

4. 风雨生信心

第九册 “国土”与文化

一、中国的地理基础

1. 我国的地形和气候

2. 南部地方和中部地方

3. 北部地方和东北地方

4. 塞北地方和西部地方

二、民族的源流和融合

1. 黄帝的子孙

2. 从部落到国际

3. 华夷一家
4. 海外唐山
三、中国的哲人
1. 代表中国文化的孔孟
2. 智慧达观的老庄
3. 热情救世的墨子
4. 知行合一的王阳明
四、中国人的科学和技术
1. 大禹治水
2. 张衡发明地震仪
3. 李时珍著本草纲目
4. 毕昇发明活字版

第十册　民族与文化

一、中国人的生活环境
1. 季风区的环境与生活
2. 干燥区的环境与生活
3. 海洋区的环境与生活
二、中国人的伦理
1. 中国人的家庭生活
2. 中国人的孝道
3. 人情味和公德心
4. 新生活运动
三、中国政治的传统
1. 我国政治的演变
2. 宰相和御史大夫
3. 人才的考选
4. 保障民权的宪政
四、中国人的爱国情操
1. 爱国诗人屈原
2. 持节不屈的苏武

3. 抗倭为民的戚继光
4. 杀敌保乡的黄八妹

第十一册　近代的中国

一、近代中国的剧变
1. 中西文化交流
2. 政治与工业革命
3. 海陆两路的侵略
4. 中华民族的觉醒
二、民国的创建
1. “国父”孙中山先生
2. 亚洲第一个民主共和国
3. 民国初年的政局
4. 民国初年的对外关系
三、民族的复兴
1. 青天白日飘扬全国
2. 艰苦建国的十年
3. 第二次中日战争
4. 中国的命运
四、三民主义的实施
1. 三民主义的主要含义
2. “复兴基地”的经济
3. “复兴基地”的社会
4. “复兴基地的国防和国力”

第十二册　世界与中国

一、从远古到现在
1. 史前人类的生活
2. 上古时代的文化
3. 跨进了近代世界

二、今日的世界

1. 亚洲

2. 欧洲

3. 北美洲和南美洲

4. 非洲、大洋洲和南极洲

三、地球和太空

1. 地球

2. 人口问题

3. 能源问题和环境污染问题

4. 太空时代

四、新时代的开创

1. 迈向现代化

2. 救国家救人类

3. 中华文化与世界前途

附录六　台湾 1993 年版四年级至六年级社会科教科书目录

第七册

一、台湾与金门、马祖的地理环境

1. 位置与面积

2. 山多平原少

3. 短急的河川

4. 多样的海岸

5. 岛屿之美

6. 湿热的气候

7. 天然灾害

8. 便利的交通

9. 丰富的物产

10. 人口和都市

11. 我爱台湾和金门、马祖

二、台湾的自然资源

1. 自然资源

2. 土地资源与生活

3. 爱护土地资源

4. 水资源与生活

5. 爱护水资源

6. 矿产资源与生活

7. 爱护生物资源

8. 爱护自然资源

三、台湾的开发

1. 了解历史的方法
2. 我们的祖先
3. 史前的台湾
4. 荷西时期
5. 明郑时期
6. 清朝治台前期
7. 清朝治台后期
8. 日据时期
9. 台湾光复
10. 台湾开发的特色

第八册

一、台湾的经济发展

1. 经济发展与资源
2. 糖业的发展
3. 纺织业的发展
4. 资讯业的发展
5. 促成经济发展的原因
6. 经济发展的成果
7. 经济发展产生的问题及解决之道
8. 经济发展的特色
9. 未来的展望

二、台湾的社会变迁

1. 社会在改变
2. 人口向都市集中
3. 妇女就业人口增加
4. 家庭人口减少
5. 老年人口增加
6. 我们的社会福利
7. 家庭消费形态改变

8. 适应社会的变迁

三、台湾的民俗与生活

1. 传统的民谣

2. 传统童玩

3. 常见的台湾戏剧

4. 保存传统戏剧

5. 传统节令的礼俗

6. 信仰与生活

7. “原住民”的祭祀与庆典

8. 台湾的传统民宅

9. 合院式的民宅建筑

10. 从民俗看传统精神

11. 民俗活动的保存与改进

第九册

一、社会的经济活动

1. 自给自足和以物易物

2. 货币的使用

3. 生产与消费

4. 生产与消费的关系

5. 纳税

6. 储蓄与投资

7. 储蓄与投资的关系

8. 聪明的投资人

9. 理性的消费者

二、“政府”与人民

1. “政府”的设立

2. 民主政治

3. “民主政体的中华民国”

4. “宪法”中的权利与义务

5. 公权力和法治

6. 民主政体的建立（一）—孙中山先生革命思想的产生
7. 民主政体的建立（二）—革命的背景
8. 孙中山先生的革命运动
9. 民国以来民主政治的发展
10. 迈向更美好的未来
三、和谐有序的生活
1. 当前社会现象的省思
2. 维系和谐有序生活的力量（一）—道德
3. 维系和谐有序生活的力量（二）—风俗习惯与信仰
4. 维系和谐有序生活的力量（三）—法律
5. 保护自己与尊重他人
6. 道德、法律、风俗习惯与信仰之间的关系
7. 法律的执行
8. 维持社会秩序与安全—尽个人的力量
9. 维持社会秩序与安全—发挥团体的力量
10. 生活的实践

第十册
一、大陆地区的生活环境
1. 大陆地区的海陆位置和邻接位置
2. 大陆地区的经纬度位置
3. 大陆地区的地形特色
4. 大陆地区的气候概况
5. 大陆地区的三大气候区
6. 大陆地区的居民生活（一）—东部地区
7. 大陆地区的居民生活（二）—西部地区
8. 大陆地区的人口分布
9. 大陆地区民族的组成及其分布
二、中华民族的文化融合
1. 文化的融合
2. 中国历史上的朝代

3. 秦朝的文化融合

4. 汉朝与匈奴的文化融合

5. 汉朝与西域诸国的文化融合

6. 魏晋南北朝的文化融合

7. 唐朝与北方及西域各民族的文化融合

8. 唐朝与吐蕃的文化融合

9. 宋朝的文化融合

10. 清朝的文化融合

11. 民族的文化融合

12. 尊重不同的文化

三、中华文化的内涵

1. 建筑

2. 文字与书法

3. 绘画

4. 文学

5. 戏剧

6. 医药

7. 科技

8. 传统思想

9. 传统文化与现代生活

第十一册

一、我们的世界

1. 地球的水陆分布

2. 世界各大洲的主要地形（一）—亚洲和欧洲

3. 世界各大洲的主要地形（二）—非洲

4. 世界各大洲的主要地形（三）—美洲

5. 世界各大洲的主要地形（四）—大洋洲和南极洲

6. 世界的主要气候（一）—影响世界气候的因素

7. 世界的主要气候（二）—三大气候带

8. 世界主要的经济活动

9. 人类与地球
10. 世界一家
二、文明与生活
1. 人类的起源
2. 渔猎时代（一）
3. 渔猎时代（二）—渔猎时代的代表文化
4. 农业时代（一）
5. 农业时代（二）—中国的文明
6. 农业时代（三）—古埃及文明
7. 工业革命
8. 工业时代
9. 迈向资讯时代
10. 文明的发展与省思
三、中外文化交流
1. 文化交流
2. 文化交流对生活的影响——日本的唐化运动
3. 文化交流对生活的影响——郑和下西洋
4. 文化交流对生活的影响（一）
5. 文化交流对生活的影响（二）
6. 文化交流与外来宗教的传人
7. 文化交流对思想的影响
8. 中外文化交流的方式
9. 中外文化交流的回顾与反省
10. 中外文化交流的现况与展望

第十二册

一、和谐相处的地球村
1. 地球村的形成
2. 人类与自然的关系
3. 全球人口快速增加
4. 水资源的利用

5. 土地资源的利用

6. 热带雨林减少

7. 野生动植物濒临绝种

8. 温室效应

9. 臭氧层变稀薄

10. 解决地球村的问题

二、多元化的地球村

1. 多元化与国际合作

2. 多元化的经济活动

3. 多元化的社会生活

4. 面对多元化社会生活的问题

5. 国际组成——联合国的设立及其宗旨

6. 国际组成——联合国的贡献

7. 国际组成——红十字国际委员会和世界贸易组成

8. 维护地球村的共同价值

9. 民间团体对世界共同价值的追求

10. 我也可以做得到

参考文献

一

1.[美] 阿普尔 . 教科书政治学 [M]. 侯定凯译，上海：华东师范大学出版社，2005.

2.[美] 阿普尔 . 意识形态与课程 [M]. 黄忠敬译，上海：华东师范大学出版社，2001.

3.[英] 艾沃 ·F· 古德森 . 环境教育的诞生 [M]. 贺晓星、仲鑫译，上海：华东师范大学出版社，2001.

4.[美] 丹尼 · 罗伊 . 台湾政治史 [M]. 何振盛、杜嘉芬译，台北：台湾商务印书馆，2004.

5. 杜威 . 我们如何思维 [M]. 北京：新华出版社，2010：

6.[法] 古斯塔夫 · 勒庞 . 乌合之众——大众心理研究 [M]. 冯克利译，北京：中央编译出版社，2014.

7.[美] 亨廷顿 . 第三波——20 世纪后期民主化浪潮 [M]. 上海：三联书店，1998.

8.[美]Jack R. Fraenkel、[美]Norman E. Wallen. 教育研究法：研究设计实务杨孟丽、谢水南译，台北：心理出版社，2004.

9.[美]Klaus Krippendorff. 内容分析：方法学入门 [M]. 曹永强译，台北：五南图书出版股份有限公司，2014.

10.[美] 梅雷迪斯 ·D· 高尔、沃尔特 ·D· 博格、乔伊斯 ·P· 高尔 . 教育研究方法导论 [M]. 许庆豫等译，南京：江苏教育出版社，2002.

11.[美] 美国社会科协会 . 美国社会科课程标准 [M]. 陈丽华、王凤敏译，台北：“教育部” 编印，1996.

12.[美] 美国国家社会科协会 . 美国国家社会科课程标准：卓越的期望 [M]. 高峡、杨莉娟、宋时春译，北京：教育科学出版社，2008.

13.[美] 美国公民教育中心 . 美国公民与政府科课程标准 [M]. 单文经译，

台北：“教育部”编印，1996.

14.[美] 迈克尔·罗斯金等 . 政治科学 [M]. 林震等译，北京：华夏出版社，2006.

15.[日] 若林正丈 . 战后台湾政治史 [M]. 洪郁如、陈培丰等译，台北：台湾大学出版中心，2014.

16.[法] 让 - 马克·夸克 . 合法性与政治 [M]. 佟心平、王远飞译，北京：中央编译出版社，2002.

17.[美]Ronald W.Evans. 社会科的战争 [M]. 陈巨擘译，台北：巨流图书公司，2008.

18.[美]Robert P. Weber. 内容分析法导论 [M]. 林义男、陈淳文译，台北：巨流图书公司，1989.

19.[日] 市川博 . 社会科的使命与魅力 [M]，沈晓敏译，北京：教育科学出版社，2006.

20.[美]Tom V.Savage,David G.Armstrong. 小学社会课的有效教学 [M]. 廖珊、罗静等译，北京：中国轻工业出版社，2003.

二

1. 辞海编辑委员会 . 辞海（第六版缩印本）[Z]. 上海：上海世纪出版股份有限公司、上海辞书出版社，2010.

2. 陈伯璋 . 潜在课程研究 [M]. 台北：五南图书出版公司，1985.

3. 陈伯璋 . 意识形态与教育 [M]. 台北：师大书苑有限公司，1993.

4. 陈国彦 . 社会科教育之有效教学 [M]. 台北：学富文化事业有效公司，2014.

5. 陈国彦 . 小学社会科课程内涵分析 [M]. 高雄：高雄复文图书馆出版社，2001：36.

6. 陈孔立 . 简明台湾史 [M]. 北京：九州出版社，2016.

7. 陈孔立 . 台湾民意与群体认同 [M]. 北京：九州出版社，2013.

8. 陈丽华、彭增龙、张益仁 . 课程发展与设计 [M]. 台北：五南图书出版有限公司，2004.

9. 陈水扁 . 台湾的十字架 [M]. 台北：凯达格兰基金会，2009.

10. 陈向明 . 质的研究方法与社会科学研究 [M]，北京：教育科学出版社，

2000.

11. 程健教．“国小”社会科教学研究 [M]. 台北：五南图书出版公司，1993.

12. 方德隆．课程理论与实务 [M]. 高雄：丽文文化事业股份有限公司，2005.

13. 郭庆光．传播学教程 [M]. 北京：中国人民大学出版社，2011.

14. 黄恐龙．野生的太阳花 [M]. 台北：玉山社出版事业股份有限公司，2014.

15. 黄光国．台湾意识与中国意识：两结下的沉思 [M]. 台北：桂冠图书股份有限公司，1987.

16. 黄光雄、简茂发．教育研究法 [M]. 台北：师大书苑有限公司，2003.

17. 黄嘉雄．九年一贯课程改革的省思与实践 [M]. 台北：心理出版社有限公司，2002.

18. 胡祖庆．政治学 [M]. 台北：五南图书出版公司，1990.

19. 江宜桦．自由主义、民族主义与国家认同 [M]. 台北：扬智文化事业股份有限公司，1998.

20. 柯维俊．小学社会学科教学法 [M]. 台北：文景书局有限公司，1976.

21. 林玉体．台湾教育史 [M]. 台北：文景书局有限公司，2003.

22. 李绪武、苏慧悯．社会科教材教法 [M]. 台北：五南图书出版公司，1992.

23. 鲁曙明、洪浚浩主编．传播学 [M]. 北京：中国人民大学出版社，2007.

24. 蓝顺德．教科书政策与制定 [M]. 台北：五南图书出版股份有限公司，2006.

25. 刘丽群．教科书内容的选择与形成——知识准入课程中的国家介入 [M]. 长沙：湖南大学出版社，2013.

26. 刘良华．教育研究方法（第 2 版）[M]. 上海：华东师范大学出版社，2014.

27. 刘国深．台湾政治概论 [M]. 北京：九州出版社，2006.

28. 刘国深．民进党意识形态研究 [M]. 北京：九州出版社，2005.

29. 卯静儒主编．课程改革：研究议题与取径 [M]. 台北：学富文化事业有限公司，2009.

30. 欧用生．“国民小学”社会科教学研究 [M]. 台北：师大书苑有限公司，

1989.

31. 欧用生 . 质的研究 [M]. 台北：师大书苑有限公司，1989.

32. 欧用生 . 教科书之旅 [M]. 台北：“中华民国”教材研究发展学会，2003.

33. 司琦 . 中美日小学社会课本比较研究 [M]. 台北：教育资料馆，1979.

34. 司琦 . 社会科教学研究与实习 [M]. 台北，复兴出版社，1981：2.

35. 尚红娟 . 台湾地区公民教育发展过程中“文化认同”变迁之研究（1945—2008）[M]. 上海：上海人民出版社，2014.

36. 沈晓敏 . 社会课程与教学论 [M]. 杭州：浙江教育出版社，2003.

37. 沈晓敏、高峡 . 小学品德与社会（生活）课程研究 [M]. 上海：华东师范大学出版社，2015.

38. 石鸥、张增田主编 . 教科书评论 2013[M]. 北京：首都师范大学出版社，2014.

39. 陶涵 . 蒋经国传 [M]. 北京：华文出版社，2010.

40. 王文科、王智弘 . 教育研究法（增订十六版）[M]. 台北：五南图书出版股份有限公司，2015.

41. 王锦雀 .“日治”时期台湾公民教育与公民特性 [M]. 台北：台湾古籍出版有限公司，2005.

42. 吴明清 . 教育研究：基本观念与方法之分析 [M]. 台北：五南图书出版公司，1991.

43. 吴密察、江文瑜 . 体检“国小”教科书 [M]. 台北：前卫出版社，1995.

44. 汪澍、洪伟、艾克 . 台湾“民主政治”透视 [M]. 北京：华艺出版社，2014.

45. 薛化元 . 战后台湾历史阅览 [M]. 台北：五南图书出版公司 ,2010.

46. 肖如平 . 蒋经国传 [M]. 杭州：浙江大学出版社 ,2012.

47. 许毓峰 . 解严前后“国小”社会科教科书中的台湾图像 [M]. 台北：稻香出版社，2007.

48. 杨智颖 . 课程史研究 [M]. 台北：学富文化事业有限公司，2015.

49. 杨光斌 . 政治学导论 [M]. 北京：中国人民大学出版社，2007.

50. 岳天明 . 政治合法性问题研究 [M]. 北京：中国社会科学出版社，2006.

51. 庄万寿 . 中国论 [M]. 台北：玉山出版社，1996.

52. 庄万寿 . 台湾论 [M]. 台北：玉山出版社，1996.

53. 张凤山 .“台独”的历史演变 [M]. 北京：九州出版社，2008.

54. 彭维学 .“台独”的社会基础 [M]. 北京：九州出版社，2008.

三

1. 陈华 . 中国公民教育的诞生：课程史的研究 [D]. 上海：华东师范大学，2012.

2. 陈铿任 . 香港小学教科书公民教育内涵之分析 [D]. 台北：台湾师范大学，2004.

3. 陈盈宏 . 解严后“国小”社会科教科书中国族概念之转变 [D]. 台北：台湾师范大学，2006.

4. 傅丽英 . 公民参与之理论与实践 [D]. 台北：台湾政治大学，1995.

5. 胡育仁 .“国小”社会科教科书本土化之分析研究 [D]. 台北：台湾师范大学，2000.

6. 栗蕊蕊 . 社会文化变迁中公民教育的本土演进——基于民国时期中小学的历史考察 [D]. 上海：华东师范大学，2013.

7. 林余真 . 我国现今“国小”社会领域教科书中政治学概念之内容分析 [D]. 台中：台中师范大学，2005.

8. 林瑞荣 . 我国“国民小学”学生政治社会化研究——社会科内涵与小学生态度的分析与比较 [D]. 台北：台湾师范大学，1994.

9. 刘信成 . 台湾政治民主化对小学社会科课程影响之研究 [D]. 台北：台北师范学院，2000.

10. 李世达 .“台湾化与去中国化”——高中历史教材中台湾史书写的批判话语分析 [D]. 台北：台湾师范大学，2010.

11. 林文贤 .“国小”社会科教科书中的“台湾主体意识”变迁之研究 [D]. 台北：台北教育大学，2008.

12. 李丽卿 .“国中国文”教科书之政治社会化内容分析 [D]. 台北：台湾师范大学，1989.

13. 欧用生 .“我国国民小学”社会科潜在课程分析 [D]. 台北：台湾师范大学，1990.

14. 王文岚 . 社会科课程中的公民教育研究 [D]. 兰州：西北师范大学，2004.

15. 王前龙 .“国小”道德实验课程“爱国”德目教材中国家认同内涵之分

析 [D]. 台北：台湾师范大学，2001.

16. 翁耀裕 . 战后“国小”社会科台湾史教材之演变 [D]. 台北：台北教育大学，2008.

17. 薛晓华 .80 年代中期后台湾的民间教育改革运动：“国家—社会”的分析 [D]. 台北：台湾师范大学，1995.

18. 尤玉文 . 台湾“国小”教科书中国家认同概念之演变——以 1949 年后之社会与音乐教科书为例 [D]. 新竹：新竹师范学院，2003.

19. 叶宪峻 . 二次世界战后初期台湾之中国化教育：以初等教育为例 [D]. 台北：台湾师范大学，1993.

20. 卓佩颖 .“国中”社会领域教科书阶级意识形态之内容分析 [D]. 台北：台湾师范大学，2010.

21. 曾滟莹 .“国民小学”低中年级社会科新课程教科书之内容分析 [D]. 屏东：屏东师范学院，2000.

22. 张佑盛 .“国小”社会教科书政治社会化内容分析 [D]. 嘉义：嘉义大学，2004.

四

1. 陈孔立 . 从“台湾人认同”到“双重认同”[J]. 台湾研究集刊,2012（4）.

2. 陈孔立 .“台湾文化民族主义”的建构 [J]. 台湾研究集刊，2013（5）.

3. 蔡佳泓、陈陆辉 .“中国因素”或是“公民不服从”——从定群追踪样本探讨“太阳花学运”之民意 [J]. 人文及社会科学集刊，2015（4）.

4. 郭艳 . 台湾“年轻世代”国家认同的现状及成因分析 [J]. 台湾研究，2011（3）.

5. 黄政杰 . 高中课纲微调的关键问题：台湾史课程的争议焦点 [J]. 课程与教学，2016（1）：1-25.

6. 黄嘉雄 .“国民中小学”九年一贯课程纲要该增订课程内容要素吗？ [J]. 教育研究集刊，2007（4）：36-37.

7. 刘凌斌 . 两岸大交流背景下台湾青年的“国家认同”研究 [J]. 台湾研究，2014（5）.

8. 刘国深、梁颖 . 海峡两岸典型性政治话语比较分析 [J]. 台湾研究集刊，2015（4）.

9. 刘国深 . 蔡英文上台后台湾政治冲突扩散化研究 [J]. 台湾研究集刊，2017（1）.

10. 刘国深 . 论“台独”运动”的阶段性及其转化 [J]. 台湾研究集刊，2000（4）.

11. 刘国深 . 试论百年来“台湾认同”的异化问题 [J]. 台湾研究集刊，1995（3）.

12. 罗筱霖 . 新变局下台湾民众两岸认同异化及解决路径探讨 [J]. 台湾研究，2016（3）.

13. 李鹏 . 台湾难以实现政策稳定的政治文化根源 [J]. 社会主义研究，2007（3）.

14. 林劲 . 民进党意识形态的基本特征分析 [J]. 台湾研究，2010（5）.

15. 钱丽欣 . 对台湾“一纲多本”教材编订制度的思考 [J]. 人民教育，2007（23）.

16. 任冬梅 . 试论台湾学运的历史沿革与演变特点 [J]. 台湾研究，2014（6）.

17. 屠炳春 . 四十年来我国“国民小学”的社会科教育 [J]. 教育资料集刊，1991（18）：19 - 32.

18. 尚红娟 .“本土化教育”与所谓台湾意识的形塑 [J]. 海峡教育研究，2015（1）.

19. 欧用生 .“我国”小学社会科教科书意识形态之分析 [J]. 新竹师专学报，1985（12）：91-125.

20.[韩] 权五铉、沈晓敏 . 韩国社会科教科书中的国家形象透析 [J]. 全球教育展望，2010（11）.

21. 万明钢 . 论台湾的乡土教育 [J]. 西北师大学报（社会科学版），2011（11）.

22. 王晓波 . 是反“中国因素”，还是反媒体垄断 [J]. 海峡评论，2013（2）.

23. 王磊、林冈 . 台湾民众政治认同的代际差异分析 [J]. 江淮论坛，2016（2）.

24. 张文生 . 台湾青少年的政治认同问题研究 [J]. 北京联合大学学报（人文社会科学版），2015（3）.

五

1.“国立”编译馆 .“国民小学”社会第七册（四上）[M]. 台北 .“国立”编译馆，1981.

2.“国立”编译馆 .“国民小学”社会第八册（四下）[M]. 台北 .“国立”编译馆，1982.

3.“国立”编译馆 .“国民小学”社会第九册（五上）[M]. 台北 .“国立”编译馆，1982.

4.“国立”编译馆 .“国民小学”社会第十册（五下）[M]. 台北 .“国立”编译馆，1983.

5.“国立”编译馆 .“国民小学”社会第十一册（六上）[M]. 台北 .“国立”编译馆，1983.

6.“国立”编译馆 .“国民小学”社会第十二册（六下）[M]. 台北 .“国立”编译馆，1984.

7.“国立”编译馆 .“国民小学”社会第七册（四上）[M]. 台北 .“国立”编译馆，2001.

8.“国立”编译馆 .“国民小学”社会第八册（四下）[M]. 台北 .“国立”编译馆，2002.

9.“国立”编译馆 .“国民小学”社会第九册（五上）[M]. 台北 .“国立”编译馆，2001.

10.“国立”编译馆 .“国民小学”社会第十册（五下）[M]. 台北 .“国立”编译馆，2003.

11.“国立”编译馆 .“国民小学”社会第十一册（六上）[M]. 台北 .“国立”编译馆，2003.

12.“国立”编译馆 .“国民小学”社会第十二册（六下）[M]. 台北 .“国立”编译馆，2003.

13. 王瑞馨等 .“国民小学”社会第三册（四上）[M]. 台北 . 康轩文教事业有限公司，2005.

14. 王瑞馨等 .“国民小学”社会第四册（四下）[M]. 台北 . 康轩文教事业有限公司，2005.

15. 周秀卿等 .“国民小学”社会第五册（五上）[M]. 台北 . 康轩文教事业有限公司，2005.

16. 章五奇等 ."国民小学"社会第六册（五下）[M]. 台北 . 康轩文教事业有限公司，2005.

17. 章五奇等 ."国民小学"社会第七册（六上）[M]. 台北 . 康轩文教事业有限公司，2005.

18. 章五奇等 ."国民小学"社会第八册（六下）[M]. 台北 . 康轩文教事业有限公司，2005.

19. 陈锦堂等 ."国民小学"社会第三册（四上）[M]. 台北 . 康轩文教事业有限公司，2015.

20. 陈锦堂等 ."国民小学"社会第四册（四下）[M]. 台北 . 康轩文教事业有限公司，2015.

21. 陈锦堂等 ."国民小学"社会第五册（五上）[M]. 台北 . 康轩文教事业有限公司，2015.

22. 陈锦堂等 ."国民小学"社会第六册（五下）[M]. 台北 . 康轩文教事业有限公司，2015.

23. 陈锦堂等 ."国民小学"社会第七册（六上）[M]. 台北 . 康轩文教事业有限公司，2015.

24. 陈锦堂等 ."国民小学"社会第八册（六下）[M]. 台北 . 康轩文教事业有限公司，2015.

25. 翰林书局 ."国民小学"社会第三册（四上）[M]. 台南：翰林出版事业有限公司，2012.

26. 翰林书局 ."国民小学"社会第四册（四下）[M]. 台南：翰林出版事业有限公司，2012.

27. 翰林书局 ."国民小学"社会第五册（五上）[M]. 台南：翰林出版事业有限公司，2013.

28. 翰林书局 ."国民小学"社会第六册（五下）[M]. 台南：翰林出版事业有限公司，2013.

29. 翰林书局 ."国民小学"社会第七册（六上）[M]. 台南：翰林出版事业有限公司，2014.

30. 翰林书局 ."国民小学"社会第八册（六下）[M]. 台南：翰林出版事业有限公司，2014.

31."教育部普通教育司"."国民学校"课程标准 [M]. 台北：台湾商务印

书馆，1953.

32.“教育部国民教育司”.“国民学校”课程标准 [M]. 台北：“教育部国民教育司”编印，1962.

33.“教育部国民教育司”.“国民小学”暂行课程标准 [M]. 台北：正中书局，1968.

34.“教育部国民教育司”.“国民小学”课程标准 [M]. 台北：正中书局，1976.

35.“教育部”.“国民小学”课程标准 [M]. 台北：台捷国际文化实业股份有限公司，1993.

36.“教育部”.“国民中学”课程标准 [M]. 台北：联教图书出版有限公司，1995.

37.“教育部”.“国民中小学”九年一贯课程纲要（草案）[M]. 台北：“教育部”编印，1999.

38.“教育部”.“国民中小学”九年一贯课程暂行纲要 [M]. 台北：“教育部”编印，2000.

39.“教育部”.“国民中小学”九年一贯课程纲要社会学习领域 [M]. 台北：“教育部”编印，2003.

40.“教育部”.“国民中小学”九年一贯课程纲要社会学习领域 [M]. 台北：“教育部”编印，2010.

41. 仁林九年一贯研发团队 . 九年一贯课程能力指标手册 [M]. 台北：仁林文化出版公司，2001.

六

1. Apple,M.W. *Education and power*[M].Boston：Routledge and Kegan Paul，1983.

2. Apple,M.W. *Cultural politics and education*[M].New York: Teachers College Press,1996.

3. Hyman,H.H. *Political Socialization*：*A Study in the Psychology of Political Behavior*[M]. New York：The Free Press，1969.

4. National Council for the Social Studies. In search of a Scope and Sequence for the Social Studies[J]. Social Education，1984（4）：249-262.

5.Carol seefeldt，Sharon Castle，Renee C.Falconer，*Social studies for the Preschool/Primary Child* [M].Pearson Education，2014.

6.Kerr,D Citizen education in the curriculum：an international review[J].The School Field，1999（3-4）：5-32.

后 记

作为一名闽南人和半个“台湾家属”，对近在咫尺而又长期与祖国分离的宝岛一直充满着好奇和向往，2014 年终于有幸踏上这片神奇的土地。“台湾最美丽的风景是人”，没错，在台湾你处处可以感受到同胞的热情和友好。不过，和台湾年轻人接触多了以后你会发现，他们对祖国很是无感，中国大陆似乎是遥远的他国而非本国。那么，何以如此呢？2014 年在台 20 天的访学和游历，在我心底埋下了写作本书的导火索。

好的学术创作需要火一般的热情，不过，单凭一腔热情很难写出一本书来，比如还需要方法。在我无比困顿时，旁听了华东师范大学刘良华教授的教育研究方法课程。刘老师的课一座难求，稍晚一些，只能站在大教室的最后，或者外边的走廊上了。幸运的是，我不仅能坐在前排，还能在课后单独向刘老师讨教。刘老师对历史研究和实证研究的推崇也深深地影响了本书的写作。本书把研究对象聚焦于社会科教科书，要归因于华东师范大学沈晓敏教授。记得第一次走进沈老师的课堂时，我迟到了。对于这一冒冒失失的“不速之客”，她关爱有加，有教无类。在之后多次交流中，沈老师将学科理论和研究方法倾囊相授，对本书框架的拟定也提出了很多宝贵意见。台湾教育大学原校长欧用生先生已逾古稀之年，为助本书完成，费尽心力与晚辈多次长谈，单访谈记录我就整理了三万多字。他还建议我从政治、社会及课程三个路径探访台湾社会科“国家认同”教育之变迁。台湾师范大学刘美慧老师是我在台湾师范大学访学的指导教授，其担任院长、处长等职务，在百忙之中多次抽出时间与我一起敲定了本书的纲目。她建议我用民族国家的四大构成要素制定类目分析表，解决了本书创作的一个瓶颈问题。以上四位老师点燃了我的创作热情并持续助力，令我在不到半年的时间里，就顺利完成了本书初稿。

张人杰、丁钢、吴康宁、朱益民、黄忠敬、郅庭瑾、贺晓星、马和民、张克勤、周勇等教授，他们以学者的专业眼光提出了诸多修改意见。华东师范大学吴遵民、吴志华、王向民、杨艳红等老师，台湾邓毓浩、周淑卿、秦葆琦、王大修等老师，以多种形式推动了本书的写作。

九州出版社王守兵先生慧眼识“珠”，不到一个月就发来录用邮件；邓金艳女士逐字逐句审阅修改本书多遍，在此一并致谢！

本书献给我的父亲，母亲！

肖振南

2018 年 6 月 10 日于华园 18 号